熊十力 著

佛家名相通释（外一种）

十力丛书

04

上海古籍出版社

"十力丛书"出版缘起

大约在 2006 年，我动念想出版熊十力先生的书，遂与熊先生后人联系。其时我不过是初入出版界的资浅编辑，没想到万承厚女士欣然慨允，给予我极大的信任。万女士为此事咨询王元化先生，元化先生又委托时任上海书店出版社社长的王为松先生主持出版事宜，事情很快落实，由当时我所在的世纪文景公司与上海书店出版社联合出版。

熊十力先生的曾孙女熊明心博士参与了丛书的编校工作，现代新儒家的传人罗义俊先生担任丛书的学术顾问。罗先生不顾久病体弱，亲自参与审稿或复校。王元化先生则将旧文中有关熊先生的片段连缀成《读熊十力札记》以代丛书序，并在前面写了一段引言，据说这是王先生亲撰的最后文字。丛书自 2007 年 8 月起陆续出版，历时两年，而王先生于 2008 年 5 月去世，未及见到丛书出齐。

转眼间十多年过去了，万女士也于今年仙逝。今由上海古籍出版社联合上海书店出版社再版"十力丛书"，因记其始末。新版"十力丛书"改正了不少初版未校出的错讹和不当的标点，将初版遗漏的《论六经》与《中国历史讲话》《中国哲学与西洋科学》等合为一册，《熊十力论学书札》增补了若干新发现的书信，"十力丛书"庶几完备焉。

当时为初版所撰"出版说明"，仍录于下：

1947 年门人刘虎生、周通旦等于熊先生家乡谋印先生著作，名

1

之曰"十力丛书"。盖先生亲定名焉。丛书原拟印先生前期主要著作，因赀力不继，仅印出《新唯识论》语体本及《十力语要》各千部。先生晚年自筹付印《与友人论张江陵》《原儒》《体用论》《乾坤衍》诸书，亦以十力丛书为名，显见先生续成之意。然亦止成数百部以便保存而已。今汇集出版先生前后期主要著作，成为一完整系列，仍决定沿用"十力丛书"之名，亦为完成先生夙愿云。

本丛书编辑体例如下：

一、采用简体横排，以广流传。

二、以原始或原校较精之版本为底本，并参考其他版本点校。

三、依熊先生原文之句读，重施标点。通假字保留；异体字酌改为通行字；凡显系手民误植者，径改不出校记。

四、引文约引、节引或文字与出典稍有出入处，一般保持原貌；与出典差异较大者，予以说明。引文或正文少数缺略的内容有必要补出者，补入文字加〔 〕。原版个别无法辨识的文字以□示之。

补记：《新唯识论》立"翕闢成变"之义，系熊十力哲学的重要概念，为尊重故，丛书中与此相关的"闢"字不简化成"辟"，而写作"闢"。另外适当照顾作者的用字习惯，如"执著"之"著"熊先生习惯写成"着"，古印度论师世亲之兄，熊先生也写作"无着"，今亦仍其旧。

刘海滨

2018 年 12 月 5 日

目录

佛家名相通释

读智论抄

佛家名相通释

题　记

　　《佛家名相通释》作于1936年夏秋间，次年由北京大学出版组出版。此即据该版本点校。

佛學今日

題署 蠲叟 秦篆

马一浮先生为此书 1937 年版所题书名

序

　　汾城刘生锡嘏、朝邑阎生悌徐,并有志研穷佛学,而苦名词难解。余既久病且老矣,口讲殊困,欲以时召二子笔谈,因循未果。然眷怀两生好学之意,辄愧无以副之也。今次北庠授课,实用《新论》,《新唯识论》。顾学子参稽旧籍,仍以名词为苦。番禺黄生艮庸,夙耽法乐,常殷请曰:"俗有《佛学大辞典》,卷帙甚巨,其所集释名词,已不少矣。然读佛书者,欲乞灵于其中,卒无甚益处。盍为一书,疏释名相,提挈纲纪,使玄关有钥,而智炬增明,宁非急务?"余嘉黄生用意,却久置而未有以答也。迄今乃无可复置。爰以夏末,起草是书,及秋获成,题曰《佛家名相通释》。故志其缘起云尔。

　　　　　　　民国二十五年季秋,黄冈逸翁记于旧京

撰 述 大 意

　　本书略分二卷。卷上，依据《五蕴论》，综述法相体系。卷下，依据《百法》等论，综述唯识体系。

　　疏释名相，只取唯识、法相，何耶？佛家宗派虽多，总其大别，不外空有两轮。诸小宗谈空者纷然矣，至龙树、提婆，谈空究竟，是为大乘空宗。诸小宗谈有者纷然矣，至无着、世亲，谈有善巧，是为大乘有宗。大乘有宗，虽亦未尽善巧，然比较小乘，则不能不谓之善巧。如以赖耶代替外道神我说，又破实极微，而仍不妨假说极微，皆较小乘为善巧，此例不胜举也。若严核之，法相是无着学，唯识是世亲学。疏释名相，何故取此二师学耶？二师成立大有，对小宗执有者而曰大有。资于小有，小乘诸部执有者曰小有。鉴于小空。小乘诸部执空者曰小空。又对大空，龙树谈空，超过小师，始称大乘，是谓大空。而成大有。破人法二我故，不同小有；人法二我，解见下卷。遮恶取空故，即救大空末流之弊。恶取空者，谓执一切皆空，于俗谛中，不施设有，于真

6

谛中,真理亦无,如此沉空,便为恶取。故唯识、法相,渊源广远,资藉博厚。而其为书也,又条件分明,如法相书。统系严整。如唯识书。佛家哲学方面名词,盖亦大备于唯识、法相诸要典,撮要而释之,则可以读其书而通其学。大有之学既通,而诸小有小空,爰及大空,一切经论,无不可读。筑室有基,操舟有楫。治斯学者,讵可无依?

　　大乘有宗学,为佛学发展至最后阶段之产物。今疏释名相,不先小宗,而遽首大乘,是将令研究佛学者不循次第,其故何欤?余向主张由小入大。《十力语要》卷一,第四十八至五十四页《答薛生书》,言之备矣。但今日学子,于科学、哲学,若有相当素养,其思考力,曾受训练,则径治法相、唯识诸书,自无不可。若已见得法相、唯识意思,而欲详其渊源所自与演变之序,则溯洄释迦本旨,迄小乘、大乘诸派,顺序切实理会一番,便见端的。如治儒学者,先读阳明或朱子书,然后上追孔孟,中逮群儒,以次分别研究,自然有得。大氐学者用功,只从某一大派精心结撰之著作,苦心探索,由此养出自家见地,再进而寻求此派来源,与其他各种有关的思想,则不至茫然无所抉择矣。余今昔主张,未尝牴牾也。

　　坊间故有《唯识开蒙》与《相宗纲要》一类书籍,皆为初学津梁而出。然尝闻学者持此等书,反复览观,卒无一径可通。甚矣,其劳而无功也。缘此等书,全无意匠经营,只是粗列若干条目,而卤莽灭裂,杂取经论疏记等陈语分缀之。夫经论本文,自有条贯,而学者犹不能通。况割裂其词,缀为单条,既非释辞之编,又异成章之论,将欲始学之徒,阶此而究圣言。是何异教孺子学步,而务絷其足耶!

然则佛学自昔已无门径书欤?是事不然。如《五蕴论》,则法相门径书也。如《百法论》,具云《百法明门》。则唯识门径书也。既有门径,应由之而得矣。然虽综举众名,根极理要,顾其名相辞义,略无训释,绝不可通。初学开卷,茫然面墙,其将奈何!教学以来,极感此困。顷乃就《五蕴》《百法》等论,抉择旨归,搜寻义蕴,分条析理,而为叙述。名相为经,众义为纬。纯本哲学之观点,力避空想之浮辞。佛家自释迦《阿含》以后,大小乘师皆好为悬空与繁琐的分析,而有宗尤甚。即如《唯识述记》一书,本佛家哲学方面之钜典,然每闻治西洋哲学者读之,总觉满纸是废话。盖其玄微深远之旨,辄为繁琐浮词所掩,非精鉴者则莫能有得。根底无易其故,治古学,不可变乱其本旨。裁断必出于己。治古学者,贵其能得古人之精神,与其思想脉络,而于其持说,可加以裁断。故于稽古之中,而自成其学。否则记诵而已,抄胥而已,无关学问。品节既详,统系斯整。虽尔释辞之书,何殊专著之绩。规矩固蹈乎《五蕴》《百法》,义恉实通于群经诸论。后有达者,览而鉴诸。

上来略明撰述意思,更有诚言,为读者告。

吾尝言,今日治哲学者,于中国、印度、西洋三方面,必不可偏废。《十力语要》卷一,《答薛生书》已言及此。此意容当别论。佛家于内心之照察,与人生之体验,宇宙之解析,真理之证会,此云真理,即谓实体。皆有其特殊独到处。即其注重逻辑之精神,于中土所偏,尤堪匡救。中国学问,何故不尚逻辑?《语要》卷一,时有所明。但言简意赅,恐读者忽而不察。自大法东来,什、肇、奘、基,既尽吸收之能,后详。华、台、宗门,皆成创造之业。华严、天台、禅家,各立宗派,虽义本大乘，而实皆中土创造。**魏、晋融佛于三玄，虽失则纵，非佛之过，曹魏流荡之余毒也。**光武惩新莽之变，以名教束士人。其后，士相党附而饰节义，固已外强中干。曹氏父子怀篡夺之志，务反名教。操求不仁不孝而有术略者，丕、植兄弟以文学宏奖风流。士薄防检，而中无实质，以空文相煽，而中夏始为胡。又自此而有所谓名士一流，其风迄今未已，华胄之不竞，有以也哉！**宋、明融佛于四子，虽失则迂，非佛之过，东汉名教之流弊也。**宋承五代之昏乱，故孙、石、程、张、司马、文、范诸公，复兴东汉名教，南渡诸儒继之，明儒尚守其风。若陆子静兄弟，及邓牧、王船山、黄黎洲诸儒，皆有民治思想，则其说亦不足行于世。**揆之往事，中人融会印度佛家思想，常因缘会多违，而未善其用。今自西洋文化东来，而我科学未兴，物质未启，顾乃猖狂从欲，自取覆亡。使吾果怀自存，而且为全人类幸福计者，则导欲从理，而情莫不畅，**人皆发展其占有冲动，终古黑暗，而无合理的生活，如何勿悲？**本心宰物，而用无不利。**现代人之生活，只努力物质的追求，而忽略自心之修养，贪嗔痴发展，占有冲动发展，心为物役，而成人相食之局。直不知有自心，不曾于自心作过照察的工夫。**异生皆适于性海，**异生，犹言众生。性者，万物之一原，故喻如海，见《华严》。人皆见性，即皆相得于一体，而各泯为己之私，世乃大同。**人类各足于分愿，**大同之世，人人以善道相与，而无相攘夺，故分愿各足也。**其必有待中、印、西洋三方思想之调和，而为未来世界新文化植其根。然则佛学顾可废而不讲欤？**此意容当别为专论。

印度佛学，亡绝已久，今欲求佛学之真，必于中国。东土多大乘根器，佛有悬记，征验不爽。奈何今之人，一切自鄙夷其所固有，辄疑中土佛书，犹不足据。不知吾国佛书，虽浩如烟海，但从大体言之，仍以性、相两宗典籍为主要，其数量亦最多。性宗典籍，则由什师主译；相宗典籍，则由奘师主译。奘师留印年久，又值佛法正盛，而乃博访师资，遍治群学，精通三藏，印度人尊之为大乘天。史实具在，岂堪诬蔑。不信奘师，而将谁信？奘师译书，选择甚精。不唯大乘也，小宗谈有者，其钜典已备译，即胜论之《十句论》亦译出。唯小空传译较少，然小空最胜者，莫如《成实论》，什师已译，故奘师于此方面可省也。什师产于天竺，博学多通，深穷大乘，神智幽远，靡得而称。弘化东来，于皇汉语文，无不精谙深造。本传云："自大法东来，始汉历晋，经论渐多。而支、竺所出，多滞文格义。什既至止，姚兴请译众经。什既率多谙诵，无不究尽；转能汉言，音译流便。既览旧经，义多纰缪，皆由先译失旨，不与梵本相应。姚兴使僧肇等八百余人，谘受什旨，凡所出经论，三百余卷。临终，自云：'今于众前，发诚实誓，若所传无谬者，当使焚身之后，舌不焦烂。'及焚尸已，薪灭形碎，唯舌不灰。"详此所云，什师既能汉语，又于译事，备极忠实，观其临终之词，可谓信誓旦旦。又《远法师传》，称什师见所著《法性论》，叹曰："边国人未有经，什以印度为中，故称中夏为边。便暗与理合，岂不妙哉！"又《肇法师传》云，著《般若无知论》，什览之曰："吾解不谢子，文当相揖耳。"夫远、肇二师之文，古今能读者无几，而什师能欣赏焉，其于汉文深造可知。又什师自作汉文偈颂，皆以藻蔚之词，达渊妙之旨。如赠法和云："心山育明德，流薰万由延。哀鸾孤桐上，清音彻九天。"其他皆类此。什师道业既崇，汉文工妙，若彼传译群籍，谓不足信，其将谁信？今之学子，言佛学，亦轻其所固有，而必以梵语为足征。不悟佛学自是佛学，梵语自是梵语。吾国人于《论语·学而》章，皆能读诵训诂。然试问"学"是何等义？"时习"是何等工夫?"悦"是何等境界? 自康成以迄清儒,果谁解此? 而况其凡乎! 以此类推,通梵语者,虽能诵梵本佛书,要于学理,不必能通。学者诚有志佛学,当以中国译籍为本。中译虽多,必考信于玄奘、罗什。即中人自著之书,或自创之说,若持与佛家本旨相较,亦唯什、奘二师学,可为质正之准则。容当别论。舍此不图,而欲以博习梵语为能,则业梵语可也,毋言佛学。虽然,吾非谓读中国佛书者,不当博攻梵语。但须于中国书中,精求义解。学有其基,则梵本颇堪参较。近人治内籍者,亦多注意藏文。藏地固中国之一部分,其文字亦中国文字之别枝也,诚当研习。然晚世藏学,乃显密杂採,非印度大乘真面目。无着之学,盛传于玄奘;龙树之学,宏敷于罗什。故性相二宗之真,尽在中国,非求之奘、什二师译籍不可。

读佛书,有四要:分析与综会,踏实与凌空。名相纷繁,必分析求之,而不惮烦琐。又必于千条万绪中,综会而寻其统系,得其通理。然分析必由踏实。于繁琐名相,欲一一而析穷其差别义,则必将论主之经验与思路,在自家脑盖演过一番,始能一一得其实解,论主,犹言著者。纵由悬空想像而施设之名相,但此等想像,在其思路中,必非无故而然,况其有据而非空想者乎? 此谓踏实。若只随文生解,不曾切实理会其来历,是则浮泛不实,为学大忌。凌空者,掷下书,无佛说,无世间种种说,亦无己意可说,其唯于一切相,都无取著,取著意义极难言,学者须反观始得。脱尔神解,机应自然,心无所得,而真理昭然现前。此心才有所得,便是取著境相,即与真理相违。此种境地,吾无以名之,强曰凌空。如上四要,读佛书者,缺一不得。吾常求此于人,杳然无遇。慨此甘露,知饮者希,孤怀寥寂,谁与为论? 什师颂云:"哀鸾孤桐上,清音彻九天。"

佛家哲学，以今哲学上术语言之，不妨说为心理主义。所谓心理主义者，非谓是心理学，乃谓其哲学从心理学出发故。今案其说，在宇宙论方面，则摄物归心，所谓三界唯心，万法唯识是也。非不承认有物，只是物不离心而外在故。然心物互为缘生，刹那刹那，新新顿起，都不暂住，都无定实。在人生论方面，则于染净，察识分明。而以此心舍染得净，转识成智，离苦得乐，为人生最高蕲向。识者，虚妄分别，名识。在本体论方面，则即心是涅槃。涅槃者，以具常乐我净四德，故名涅槃。即真如之别名，亦即本体之别名。在认识论方面，则由解析而归趣证会。初假寻思，而终于心行路绝。心行者，心之所游履曰行，人心思惟一切义境，如有所游履然，故曰心行。心行路绝者，谓真理不可以知解推度，才起推度与想像，便与真理乖离。故知就真理言，则心行之路，至此而绝也。其所以然者，则于自心起执相貌，起执二字，宜深味。心知才起，便计有如是如是义相，此相即是自心所执，故云起执。由慧解析，慧即俗云理智。知其无实；心知所计为如彼如此等等义境，此决不与真理相应，俱妄识所构之相，故云无实。渐入观行，即观即行，说名观行，此即正智。冥契真理契者，证会。即超过寻思与知解境地，所谓证会是已。吾以为言哲学者，果欲离戏论而得真理，则佛家在认识论上，尽有特别贡献，应当留心参学。今西洋哲学，理智与反理智二派，互不相容，而佛学则可一炉而冶。向欲于作《量论》时，备明此旨。惜年来扰攘，又迫病患，惮为深思，竟未知何时能执笔。然西学于此，所以无缘融会者，以无佛家观心与治心一段工夫故耳。西学只作知解工夫，其心尚沦于有取，更何望其空能取之执，亡知而冥应乎？此意难言。《新论·明心》章，于此颇具苦心。《明心》章下，谈染心所处，广明惑相。谈善心所处，于进修工夫次第，指示精严。须与本书上卷受、想、行

12

三蕴参看。要之,佛家哲学,持较西洋,别有一种精神,别是一种面目。其于中国,在修证上尚有相通之处;其于西洋,在理论上亦自有可通。而根本精神,俱不相似也。此意容当别论。读佛书者,必须知此,而后有所抉择。

凡佛家书,皆文如钩琐,义若连环。初学读之,必循环往复,至再至三。每读一次,于所未详,必谨缺疑,而无放失。此最吃紧。缺疑者,其疑问常在心头,故乃触处求解。若所不知,即便放失,则终其身为盲人矣。学问之事,成于缺疑,废于放失,寄语来学,其慎于斯。

凡佛家书,有宗论籍,只是铺陈名相;空宗论籍,如宗经之作,若《中论》等,宗经而作。只是三支法式。读其书者,切宜言外得意,若滞在言中,便觉毫无义趣。须知中国、印度哲家笔著,皆意在言外,意余于言。所贵好学深思,心知其意。科学书籍,叙述事理,无言外意。而哲学思想之作,则不当如此。以其所谈之理,极普遍、玄微、深妙,而难以言宣也。若哲学书,而亦义尽言中,则其无深解可知。

读佛书,必先读论。读论,必先唯识、法相,而次以空宗。然只读空有诸论,犹不足见佛学之广大渊微。渊者渊深,微者微妙。必也,博习群经。始觉豁人神智,及其讽味涵茹之久,则神智日益而不自知。然非广研论籍,精熟条理者,又断断不可读经。使浑沌未凿者读之,不唯不喻经旨,反益增其混乱。论以析义,而经之说理也,极为深浑。深者深妙,浑者浑全。

凡读书,不可求快。而读佛家书,尤须沉潜往复,从容含玩,否则必难悟入。吾常言,学人所以少深造者,即由读书喜为涉猎,不务精探之故。如历史上名人传记所载目数行下,或一目十行，与过目不忘等等者，不可胜数。秉笔者本称美其人阅览明快，而实则此等人，在当时不过一名士，绝少有在学术界得成为学问家者。宣圣曰："仁者先难后获。"天下事无幸成之功。学问是何等工夫，奚容以轻浮心，辄为浅尝耶！日本学人治中国学术，勤于搜集材料，考据较精，然于哲学思想方面，殊乏穷大致精、极深研几之功。观其著述，如叙述某家学说，往往粗立若干条目，而任意割裂其书中文句，以编缀之，至为浮乱。其于先哲思想系统及广大渊深微妙之旨，全没理会。吾国学人自清末以来，亦被其风，此甚可惧。

"至言不止于俚耳。"《庄子》。卑陋之心于大道必无堪任。无所堪能任受。故儒者言为学之要，必曰立志；佛氏言为学之本，必曰发心。未有心志不正大，不清明，不真切，而可与于穷理尽性之学也。玄奘大师译《大般若经》既成，每窃叹此经义境太高，恐此土众生智量狭小，难于领受，辄不胜其嗟惋。向也不究此旨，今乃知其言之悲也。愿读佛书者，时取奘师此等话头参对，庶有以自激其愤悱之几欤！

吾所欲言，略如前说。复次关于本书，尚有略及者二事。一、本书所由作，实因授《新论》时，诸生以参读旧籍为难。而友人汤锡予适主哲系，亦谓佛学无门径书，不可无作。兼有他缘，如序中说。率尔起草。但因《新论》参稽之便，故书中于要领所在，时下批评，并举《新论》以相对照。虽着笔不多，而吾思想所由变迁，亦大略可见。

二、本书引用书名，多从省称。如《成唯识论》省称《三十论》，亦省称《识论》。《成唯识论述记》省称《述记》。他论亦有述记，则加二字以别之。如《杂集论述记》则云《杂集述记》，《二十论述记》则云《二十

14

述记》之类。《瑜伽师地论》省云《大论》,亦云《瑜伽》。《遁伦记》省云《伦记》。诸如此类,读者宜知。

又拙著《新唯识论》省云《新论》,《破破新唯识论》省称《破破论》,《十力语要》省称《语要》。

卷　　上

本卷大体依据《五蕴论》,而颇有增广。

〔法〕　法字义,略当于中文物字之意。略当之言,显不全肖,后皆准知。中文物字,乃至普遍之公名,一切物质现象,或一切事情,通名为物。即凡心中想像之境,亦得云物。物字亦恒与事字连用,而曰物事或事物。物字所指目者,犹不止于现象界而已。乃至现象之体原,即凡云为万化所资始,如所谓道或诚者,亦得以物字而指目之。如《老子》云"道之为物",《中庸》云"其为物不二",皆以物字指目实体也。故中文物字,为至大无外之公名。佛书中法字,与物字意义相近,亦即至大无外之公名。如根尘曰色法,了别等等作用曰心法,等等之言,谓诸心所。心所后解。又万法之实体,即所谓真如者,亦名无为法。《十力语要》卷一第五十九至六十三页,《答赖振声谈法字义》一书,学者不可不读。

〔**有宗**〕 大乘之一派也，其渊源亦自小乘。小乘说有者，如上座部等，详《异部宗轮论》。虽同持有见之诸部，亦复互有异点。然就大体言之，则凡持有见者，皆与世间见解较为接近，非全同世间见解故，故言接近。用今通途语言之，即犹与常识接近。通途，与言普通略近。后皆准知。大概计着有实物故。须参看《异部宗轮论》。计着者，计谓计度，着言执着，此属虚妄分别。后准知。设有问云："小师建立极微，亦谓现前诸物，是和合假，如瓶等即是多微和合而成，名和合假法。何曾执为定实？"应答彼言：即彼极微，已是执有实物。况所谓和合假法者，还是和合物相，岂荡然无所执耶？故小乘之有，总不离妄执。迄无着、世亲出，世亲本无着之弟，而受学无着。乃继大乘师龙树、提婆之后，力矫沉空，独标有义。虽未始不根荄于小有，而自谓离诸妄执，有则说有，无则说无，大乘有宗自标异其说为有则说有，无则说无，如理如量，而非戏论。详彼持说，果完全符其所标异者否，尚待评判。大概无着说较少病，世亲便多差失，今即其语而通之。无则说无者，如现前所有之砚，眼识于彼但得黑相，乃至身识于彼但得坚相，实无整个的砚相，此乃以无为有。所谓妄执或法执者，即此类也。若了达真理者，于俗所妄执砚等物，知其本无是物，便说砚等实无，是谓无则说无。有则说有者，有体有用故，不应说一切都空，所以有则说有。如不谈体用，便堕顽空，宇宙人生，何由施设？《新唯识论》因是有作。斯以妙契中道。非有非空，名为中道。破小乘妄执之有，故云非有。因大乘师龙树等谈空，而说有以矫之，故云非空。超小师而称大，小师，谓小乘中谈有之诸部。今无着等谈有，实不同小义，故别异小乘，而特称大乘。抗空王而谈有，空王谓龙树菩萨。无着亦精研龙树学，但立义颇与之反，矫空之弊，不能不谈有故。此有宗之名所自始也。然无着之学,实妙得龙树本恉,但说法随机,居然异致。世亲唯识,构画虽精,而病亦在是。倘非精探空有,而冥应真理于文字之外者,欲与论无着、世亲得失,谈何容易哉!

无着说有,实比小乘说有者较为进步。以其经过龙树谈空之后,广破诸执,故无着因之谈有,而不堕世俗之执。诸论说此为空后之有,以其出于空宗之后,其说有也,如理如量而说,不以妄情所执为有故。其实空了执,便显出真的有来,无着仍衍龙树密意耳。小乘初说有,未受过龙树空的洗礼,故其所谓有者,只是一种妄执。诸论说此为空前之有,是盖非真有也。大有小有之别,略如此。

〔空宗〕 大乘之一派也,其渊源亦自小乘。小乘谈空者,颇有多部,详《异部宗轮论》。《轮论》所记二十部,本可总判为空有两大派,但其中有些是空有混合的思想。略举一二。如一说部,计一切诸法,但有假名,而无实体;说出世部,则说世间之法可破坏,皆非实有。是皆遮拨现象界也。及龙树菩萨出,龙树,一译龙猛。神悟天纵,智周万物。以实相之难知,恒缘于情见之封执,实相,即实体之异名。于是妙用遮诠,种种破斥,扫尽一切执相,遮诠,参考《新唯识论》二十三至二十四、五等页。庶几方便,令入真实。入者,悟入。真实即谓实相。至理,本非戏论安足处所。如西洋哲学上种种猜度,种种概念,种种安立,大都戏论也。得龙树之旨而存之,不见而彰,不见者,扫除知见也。知见起于度物,故不与真理相应,必泯息此等知见,而乃真理全彰。易简而天下之理得矣。道齐法界而功高群圣者,其唯

18

龙树乎！古今尊为大乘之一人也。龙树所宗经，有《大般若》等；不详举故，故置等言。后皆准知。所造论，有《大智度》与《中观》等。以其空诸执故，遂有空宗之目，实非持空见而妄计一切皆空之谓。小师执有者，则有即其所持之见。今大师谈空，则空不是见。如将空作见，便计一切都空，成无量过。末流沉空，甚乖其恉。龙树弟子提婆，造有《百论》，堪宏师说。故后之言大乘空宗者，必曰龙树、提婆。空宗义蕴，深广微妙，难可究宣。撮言其要，则诸法无自性义，宜深体认。自性，犹言自体。一切物质现象，都没有独立的实自体，一切心作用亦然。凡情唯不了此，故有法执。此中义蕴，无穷无尽，非是知识境界。而学子轻心，每以知识推测此理，辄谓一切心物现象，都没有独立的实自体，此理平常，有何难喻。实则其所喻者，乃无当实际，苟非真了诸法实相者，何由真喻诸法无实自体义耶？吾《大易》亦谓穷神知化为德之盛，安得深心之士而与之言乎！然所谓无自性，与小空之遮拨现象界，义趣亦相通会。但小师证解尚浅，未能圆证实相，圆证者，谓证解圆满。若少有所证，便非圆满故。盖犹滞于思构，而不得无上菩提故也。梵云菩提，此翻为觉。简异小智，故言无上。此无上正觉，唯大乘有故。

〔**法性宗**〕　空宗之异名也。性者，体义。法性者，谓诸法之实体。空宗破一切情见之执，以显体故。因其为说，在方便显体，故亦名法性宗，又省称性宗。

〔**法相宗**〕　有宗之异名也。相者，相状或形相。有宗解析诸法形相或缘生相，其旨在于析相以见性。析诸法相，而知其无自性，则即诸法而见为实性之显现也。无着本旨如此，世亲唯识便失此意。此《新唯识论》所由作也。然以其善说法相故，因得法相宗之名，亦省称相宗。或曰："法相之名，用今哲学上术语言之，亦可名现象论否？"曰：法相一词，亦略当于现象之义，但此与西洋现象论不可混同。

〔**唯识宗**〕　有宗之别派也。此宗虽导源无着，而实成立于世亲。无着作《摄论》具云《摄大乘论》。授世亲，世亲由此舍小入大，世亲初治小宗。未几创明唯识。作《唯识二十论》，成心外无境义；作《百法明门论》，成一切法不离识义。最后作《唯识三十颂》，理论益完密，而意计穿凿之病，亦不可掩云。拙制《新论》及《破破论》，学者倘虚怀玩之，则世亲学之得失不难见也。

〔**诸行**〕　诸者，遍举之词。行者，迁流义，相状义。谓本迁流不住，而亦幻有相现，通途言幻，便含劣义。实则幻者，不固定义，无实自体义，原不容计胜劣于其间。参考《新论》第三十二页《转变》章。具此二义，故名为行。问曰："所谓行者，依何立名？"答曰：即依一切色法、心法而立此名也。易言之，一切色法、心法，通名为行也。此中色法，即谓物质现象。世所谓心与物，即色。都无实自体，都不是固定的东西，所以把他叫做行。

经论皆云，诸行无常。诸行，即色心万象之称。常谓恒常。无常之言，显无其常。以色心万象，无有恒常不变故。《大智度论》卷五十二第十六页"若法无常，即是动相，即是空相"云云。无常即变动不居义，故曰是动相。既是变动不居，即无实自体，故曰是空相。空者，谓诸行自体空故。了解此段，佛书不难读，《新唯识论》不难读。

〔**五蕴论**〕　此土所翻有二本。一、世亲造，题曰《大乘五蕴论》，唐玄奘译。想是世亲从其兄无着闻大乘法后，首造此论，以传无着法相之学,时尚未倡言唯识也。二、安慧造,题曰《大乘广五蕴论》,唐时中天竺地婆诃罗译。安慧之学,不囿一家,故于法相,颇勤论述。然当时大乘师于内外诸学,靡不精研,无有守一先生之言以自固者,此乃大乘学所以发达之故耳。

〔**五蕴**〕　五,数也。蕴者何?《论》云:"以积聚义故,说名为蕴。"五蕴者,一、色蕴,二、受蕴,三、想蕴,四、行蕴,五、识蕴。案世间计执有所谓我,有所谓宇宙。佛氏便将所谓我与宇宙,加以解析,只是色受等法,互相积聚而已。本无实我,亦无实宇宙,如剥蕉叶,一一剥落,便不见有实物故。

　　五蕴之说,始自释迦,《阿含》可考。但《阿含》译为五阴。阴者隐覆义,谓若执此色等法,便隐覆真性故。阴、蕴二义,须兼取为佳。

　　佛家说蕴,以破执我执物之见,物我俱亡,方显自性清净,此中自性,即谓吾人自己本性。但此自己,又不是小己之谓,乃即吾与万物同体之本来清净体性,说名自己本性。《心经》所谓"无挂碍无恐怖"是也。挂碍与恐怖,其相状极微细沉隐,人皆为此所困而不自觉。此皆执我执物所致,破执即自性显矣,自性上元无此。或者闻五蕴无实,便计人生虚妄,而起厌想,此不善学之故。

〔**色蕴**〕　色之得名,约有三义:一曰对碍,碍者质碍,对者有对。二曰方所示现,有东西等方分。三曰触变。触者触动,变者变坏。虽有对碍与方所,而究非固定,故说有触。又俗计色法坚住,而实刹那灭故,故说有变坏。参考《杂集》等论。此中触变,颇异旧说。

色者何?《论》云：谓四大种，省称四大，亦称大种。及四大种所造，省称造色。皆名为色。

四大种者，一地大，或云地界。谓坚强性；二水大，或云水界。谓流湿性；三火大，或云火界。谓温燥性；四风大，或云风界。谓轻动性。详此所谓大种，即斥指物质宇宙或自然界而言。但分析自然之体性为坚湿燥动四种，其说固依据日常实际经验云。坚劲者固体。流湿者液体。轻动者气体。温燥者，盖有见于热力等现象，而立此温燥之一种也。

问曰："云何名大种？"答言：体性广故，自然界之体性，广大难量。形相大故，无量星球，形相大极。故名为大。种者，因义、类义。能生造色，故有因义；详见下文。坚等性类别故，复有类义。参考《瑜伽》卷三及《伦记》等。以此说名大种。

四大种所造色者，谓众生自体色，即五根，及由根所取色，谓五尘是也。

五根与五尘，皆以大种即自然界。为生、依、立、持、养五因而得生故，故说名造色。由大种为能造，根尘为所造，故名根尘曰四大种所造色。

问："何谓生等五因？"答曰：生因者，即是起因。谓诸大种若不起，即未有物质宇宙或自然界故。造色必不能起，有造色即有众生，假如未有自然界，则众生不能有。故说大种于造色为其生因。此中不谈种子义，与《对法》论文稍异。依因者，谓诸造色，依据大种，方乃得生。故舍大种，无别处住。此义易知。立因者，即随转因，谓若大种变异，造色亦随变异故。生物必适应环境，故大种变异，造色随之变异。持因者，谓由大种故，而造色相似相续生，持令不绝故。吾人现在根尘,望过去根尘,乃相似相续生而不绝者,以有大种即自然界为支持的柱子故。故说大种于造色为持因。**养因者**,谓由大种养彼造色,令增长故。此义易知。详此,则以大种于造色为生、依、立、持、养五因。故安慧《广论》云:"造者因义。"安慧只着此四字,而不略加说明,初学读之,如何得解? 所谓虽有神禹,且不能知也。**言大种为因,令造色生,此造色得名之由也**。谈种子义者,则谓大种与造色,各自有种子。造色虽从自种子而生,然必大种起故,造色方起,否则造色虽自有种子而无大种为依故,毕竟不得生。故大种为造色之因,是义极成。

问曰:"大种于造色为因,是义诚然。但造色当后于大种而生耶?"答言:如情而计,应是大种先起,造色后依之而生。称理而谈,则造色为宇宙灵窍开启,大种之成,正为造色,不得谓大种现起以后,造色乃偶然发生也。是恶可妄计先后耶? 设欲求其先后,则谓大种起于昨午,造色亦生于昨午,固无所不可。如谓答之者妄,则何不自反其追求先后之情,早是妄计,而决不与真理相应耶? 总之,说大种为造色之因者,只明物界乃相依相缘而有,不可于此纷纷起执而更求其生起之时序,不可二字,一气贯下读之。此事毕竟无始故。

云何五根? 谓眼根、耳根、鼻根、舌根、身根。

世亲《论》说,眼根者,"谓色为境,清净色"。安慧《广论》云:"眼根,谓以色为境,净色为性。"耳根乃至身根,文义准此。按根对境而得名,眼根以色尘为其所取之境,故首言色为境也。然眼根虽取境,要只为眼识之凭藉,而不即是识。然则根应有自性矣,自性犹言自体。故安慧云:"净色为性。"言眼根即是清净色法,非心法也。世亲无一性字,文略耳。安慧又云:"谓于眼中,一分

23

净色。"言眼中者，明其部位。言一分者，对余根说，唯此一分成眼根故。耳根乃至身根等文，均应准知。

世人闻佛书说五根，疑即谓肉眼乃至肉体，此乃大错。须知肉眼耳等者，在佛书中则谓之扶根尘。肉眼耳等，乃是扶助净色根之尘法，故名。尘者，诸大种界所摄，即通途所云物质，顽钝而无胜用。吾人身中之尘的部分，与自然界之一切物尘，元无区别。唯净色根，乃人体中最贵之部分，无此，则不成为生机体矣。但净色必赖尘为扶助，其大意如此。然则净色是何物耶？是别于所谓物质而自为一种微妙之物欤？佛家自小乘已说有净色根，至大乘有宗始说根自有种子，又是比量所知，非现量得，唯除佛云。谓佛可现见根。

安慧《广论》释根云："根者，最胜自在义、主义、增上义，是为根义。所言主义，与谁为主？谓即眼根，与眼识为主，生眼识故。如是乃至身根，与身识为主，生身识故。"按此以最胜自在义言净色根，则净色根在人体中自是特殊之部分，所以能发动识，而为识所依据以出生之机括也。又说根与识为主，主者专主，言其为发动识之专司者也。又说根有增上义，谓于识为扶助故。增上者，扶助义。识待根而发动，故是根能助识矣。佛家虽以根摄属色法，名净色故。但决不与俗所谓物质者同类，此为非物非心之一种物事，而与心物相待，如左图：

根—识—物

又根生识之言，非谓识为根之副产物也。以根能扶助识，而令其发动，故说为生。佛家于法相，即现象界。解析精严。根、识、境三法，境即物也。互相依住，识依根及境生，而不从根境亲生。一切现象，相依有故。

云何五尘？谓色、声、香、味、触，今以次释之。

色者，《论》云："谓眼境界，言为眼根与眼识所取之境界。显色、形色，及表色等。"案显色者，《广论》说唯四种，谓青黄赤白，此四皆实色。谓有实质。形色者，谓长短方圆等，此皆假色。无实质，故名假。表色者，有所表示，名之为表，如屈申等相是也，此亦假色。

问曰："《论》于表色二字下，复置等言，此有何义？"答曰：凡诸论文用等字者，唯有二义，曰内等、外等。内等即助词，无别所指；外等者于所举之外，犹有此类法，不及备列故也。然诸论言等者，外等为多，读者万不可忽。今此中等言，即属外等，谓无表色及定果色。无表色，见后。定果色者，如佛入定所变境是也。参考《法苑义林》及《杂集论述记》等。

声者，《论》云："执受大种因声、非执受大种因声、俱大种因声。"今略释如次：

执受大种因声，《杂集论》亦名因受大种。大种说见前。今此中言大种者，谓蠢动之类，即谓众生。揽地等四大而为身，即执为自体而不舍故，是名执受大种。因此发声，如手相击及语言等声，是名执受大种因声。

非执受大种因声，《杂集论》亦名因不受大种。此辞首一非字，犹言不是因彼执受大种所发声。易言之，即于众生所执受为自体之一部分大种以外，自余诸大种界是也。俗计为客观存在之物界或自然界，佛家亦谓器界。因此发声，如风林、驶水等声。

俱大种因声，即前二者之合而作声，《杂集论》亦名因俱大种，如手击鼓等声。手属执受大种，鼓属非执受大种，因二之合而发声，曰俱大种因声。

香者，《广论》云："好香、恶香、平等香。好香者，谓与鼻合时，于蕴相续，有所顺益。恶香者，谓与鼻合时，于蕴相续，有所违损。平等香者，谓与鼻合时，无所损益。"案此中蕴相续一词，即人之异名也。言于蕴相续顺益等，即谓于人有所顺益等也。盖所谓人者，实无此物，特依五蕴相续而假名之曰人耳。众生于此，误执人相；智者于此，不见有人，但说名蕴相续而已。《二十》等论，即名人曰相续，而无蕴字。

味者，《广论》云："甘、酸、咸、辛、苦、淡等。"皆是实法。味尘皆有实质。

触者，前四色、声、味、香。皆举尘境之名，此独名触，不言为何等尘境，盖身根与身识所取境界，最为宽广，不能遍举，故但从触立名也。

《论》云："所触一分，谓身境界，身根及身识所取之境界。除四大种，余所造触，滑性、涩性、重性、轻性、冷、饥饿等。"按所触一分者，此中触尘，只约所造色而言。所造色，说见前。既除去大种，故是一分也。滑涩等性，并依大种分位假立，非离大种外别有实质故。触尘亦通四大种，身根非不触大种也。然此中只约造色言者，以五尘中皆约造色而说故。

《广论》释重轻云："重谓可称，轻谓反是。"以最轻之物，不可称量故。见《杂集记》。又释冷云："暖欲为冷。"此言冷之得名，以有暖欲，故名为冷。又云："触是冷因，此即于因，立于果名者。"如世言触风雪故冷。虽有风雪，无触，亦无所谓冷，是触为因，而冷为果也。今此立冷触之名，故是于因中立果名也。余文可知。

世亲《论》言："云何名为无表色等，谓有表业及三摩地，所生色等，无见无对。"《广论》释云："有表业者，谓身语表，此通善、不善、无记性。所生色者，谓即从彼善不善表所生之色，此不可显示，故名无表。"按由身所造作，有善与不善，名身表业。表业者，业者造作义，即业即表，说名表业。由口所造作，有善与不善，名语表业。据实身语表业，皆是假有，发动身语，实由思故。思者，思心所，详后文。通善、不善、无记性者，善恶不待释，无记者，谓非善非恶故。盖谓身语表业，有时发者是善性，有时发者是恶性，有时发者是无记性，故置通言。从彼善不善表所生色者，彼之一词，即谓身语。实则身语表业，俱从思发。此所谓色，实无形质，本依思的功能上善恶等相，假名为色。今以思既发动身语，乃云从身语表业生此色也。此色所以名无表者，据实而言，唯是意中造作之相，思者，即造作义。不可显示于他，故名无表。

又释三摩地等文云："三摩地所生色者，谓四静虑所生色等。"按三摩地者，定之异名。静虑者，性离嚣高、沉没等障，名静；嚣高，浮乱动荡貌。沉没，即昏沉沦没而同于死物，所谓物化是也，静则离此矣。专思一虑，筹度境门，名虑。专思一虑者，无妄想与杂念也。境门者，所观义理名境，义类别故名门，诸法性相，是无量义故。亦虑亦静，名静虑。此亦禅定之别名也。静虑功行浅深，约分为四阶段，故云四静虑。静虑所生色者，谓于禅定心中，即思的功能上之相，而假说为色。此复不可显示于他故，故名无表色。

以上说无表色,是有表业及三摩地所生。《论》复结云:"此无表色,是所造性,名善律仪不善律仪等,亦名业,亦名种子。"按此无表色,虽无形质,而亦摄属所造色性一类,同有相状,可拟议故。此无表色,相状不显,而实有无相之相、无形之状故。律仪者,律谓法式,仪谓轨范。古有释言,律者类也,仪者式也,种类法式,名为律仪。此通善恶,思的功能,发动身语,而有善不善等律仪。故此无表色,亦得名善不善等律仪也。业者,造作义,即思之异名。种子者,即谓思的功能。以具能生的势用故,故名种子。此无表色,本无形质,唯依意业而假立故,意业即思。故亦名业与种子也。无表色,诸论所说甚纷,关涉过繁,最为难理。此中据世亲、安慧两《蕴论》,姑释其略云。无见无对,下详。

《论》复总结前文云:"如是诸色,略为三种。是中可见有对者,谓显色等;不可见有对者,谓眼根等;不可见无对者,谓无表色等。"按有对者,谓此色法,是质碍性故。无对者反是。可见者,谓五识现量所亲得故。不可见者反是。此云不可见,犹前云无见。问曰:"云何净色根,无见而有对耶?"答曰:依佛家言,是色微妙故,非五识所见,而是色性故,成有情自体故,有情根身,即净色所成也。有情者,众生之异名。非无对碍。但其对碍相,不似物尘之粗显可见耳。

据两《蕴论》具云《五蕴论》,今省称。叙说色法,有极可注意者。一、根尘通依大种而生故,皆名造色,而所谓根者,又别名净色,有自在胜用,诸识依之得生。准此,则生机体之异于无机物者,即由有净色根故。此虽色法,而非物质,亦非心法:在事实上,诚难质证;在理论上,要不妨成立。哲学家从生物学出发者,于

28

此问题，尚堪研讨。

二、五尘依大种界生，而非即大种界。是五根五识所取之境，既非即物界或大种界本相，而是与五根五识相对当之另一种物尘。物尘亦云物质。此中颇有疑难，足资研讨。如触尘之滑涩、轻重等性，依大种分位假立，此犹易于说明。若色声香味四尘，性皆实有，此于物界或大种界外，另为一种物尘，于事实既无征，于理论亦非需要。如我眼识现见白纸，谓此白纸，不必是物界或大种界本相，而是物界或大种界某一部分，或云部位。与吾眼根眼识相待成异故，始现此相，谓白纸相。此于理论可成。若谓白纸不唯非界或大种界本相而已，乃离异物界或大种界，而自为一种与根识相对当之物质，并非由物界或大种界之某一部分与吾根识相待成异，始现此白纸相，是于事既无征，即理论上亦不必需要此种假定。

三、小乘说明色法，皆建立极微，即科学上所谓原子、电子是也。然其发见之早，确足惊叹。印度大乘菩萨，无有不精研小乘学者。吾国人向少提倡小宗，此一短也。近张孟劬先生，独精小乘学云。但小乘及外道，关于极微之陈说甚繁，此中亦不及详。

关于两《蕴论》，色蕴中之名辞，既已疏明如上。此后，便当对于受、想、行、识四蕴，各为训释。但在训释此四蕴之前，颇有几种名辞，须特别提出一说，今略缀如后。

〔性〕佛书中凡言性者，多为体字之异名，其义有二：

一、指绝对的真理而言，即东方玄学上所谓本体或实体及体用之体是也。此在宋明儒书中屡见之。诸儒所谓本原之学，即谓穷究本体之一种学。佛书中所谓实性或实相，皆实体之异名。二、指诸法之自体而言。佛书中每举一法，必刊定其自体。读法相、唯识诸论，尤须明了此意。如安慧《蕴论》，释眼等根云："净色为性。"此性字，即自体二字之别名，无自字者，省文也。言眼等五根，即以净色为其自体也。所以根者，不可混同于识与境。因为识之自体即了别，后详。境之自体即物尘，或云物质。而根之自体是净色，三法各有各的自体，故不容混同也。又如前文四静虑中，吾据《义林》释静字云："性离嚣高、沉没等障。"此词首一性字，即显静之自体。夫所言静者，虽不是一件物事，但在吾人思议时，心中方构一静之观念，却把他当作一件物事来看了，所以必须刊定静之自体，是远离了嚣高、沉没等障，才显出静之为静，是如此一回事，庶几令人对于静的观念，丝毫没有模糊混乱。举此二例，为读者告，将来读法相、唯识论籍，一隅反三，不至疏略。

〔**善等三性**〕　善等性之性字，不可作体字解，当训为德。德性、体性，二义截然不同。体性之性，前条已说，今释德性。德者得也，若物德之德，即言某物之所以得成为某物者也。如白纸之所以得成为白纸者，以具有如此之白故，故谓白是其德也。准此而言，则德性之意义，当可豁如矣。佛家说一切心、心所法，具有三性，善性、恶性、无记性是也。无记者，非善非恶。记谓识别，识作志读。既善恶两非，即不可识别，故云无记。如凡夫之心，即通善等三性：有时发者是善性，曰善心；有时发者是恶性，曰不善心；有时发者是无记性，曰无记心。其善不善等，即吾人之心所具有之德性也。又善性中，分有漏善、无漏善。有漏者，漏谓染污，有染污故，名有漏。翻此，即名无漏，亦名清净。见道菩萨，方证得清净本性，犹未圆满。至佛，则全体清净，始称圆满。

30

唯清净，方名无漏善，离染污故，是绝对的善故，亦即绝对的真故，亦即绝对的美故。远离染污，即有美义。凡夫从无始来，染污所缚，虽有时发见善端，而非纯净之表现，正如日光从浮云中流露，非晴空遍照之太阳也，故谓之有漏善。此善与不善及无记，相间而起故，不可常故，是对待性故。与不善等对待。盖大乘师于凡夫染污位中，分说善不善等三性，等谓无记。至大觉纯净位，则唯是无漏善性，无所谓三性也。而大乘师如唯识家者，则分别有漏善、无漏善，截然异种，种子义，详见后种子条及下卷。而谓凡夫从无始时来，根本不曾发现无漏善。然则凡夫如何能于修有漏善中而达到无漏善耶？岂蒸沙可成饭乎？大乘诸师于此似未注意，盖其一往用解析之术，处处说成截然段片，而不自知其非也。《新唯识论》功能、明心诸章，与前师持论，自是天渊，学者不当忽略。

〔业〕　业有二义。一者造作义。于五蕴中，别名曰行，所谓行蕴是也。于心所法中，别名为思，至下当知。二者用义。用者，具云作用。凡法有自性，犹言自体。必有业用。如《三十论》说心所中，首作意云。作意者，谓警觉应起心种为性，警觉云云，即显作意心所的自性是如此。引心令趣自境为业。引心趣境，是其作用。此一例也，余准可知。

〔三业〕　三业者，所谓身业、口业、意业是也。口业亦云语业。此中业者，即造作义。意业即思心所是也。身语二业，实皆以思为体。思分三种：一审虑思，二决定思，三动发胜思。言将动发身语，其势用强胜也。初及第二，均是意业，至第三思，便成身业、语业矣。

〔假实〕　法相、唯识书中，每谈一法，必分别为假为实。凡法有自性者，便说为实有。凡云有自性者，即自看作一个独立的物事，此依俗谛而说故。如说四大种与根尘等，都是实法。又如眼等八识，亦皆说为实法，此皆依俗谛而说是实。真俗二谛，至后当详。凡法无自性，但依实法上分位而假立者，便说为假有，亦云假法。所谓分位假法，即此。如前所说，身语二业，皆依思上分位而立，思是实，身语业是假。此一例也，余应准知。

〔**假法**〕 假法有三。一、无体假，如说龟毛兔角，但有虚言，而绝无此物事，故谓无体假。推之梵天神我等等，凡属意想所妄构者，皆归此类。二、和合假，众多极微，和合而成桌子几子，以及三千大千世界，此桌几与世界，皆名和合假。三、分位假，就色法言，如方圆长短高下正不正等形，诸如是类，通名分位假。

〔**相**〕 相字有二义。一、体相，如说诸法实相，即实体之异语，亦云真如。二、相状，如法相之相，对法性而得名。此中法性，犹言诸法实体。此相字，即相状之相，乃斥指色心诸行而名之也。故法相一词，略当通途所云现象。

〔**心心所**〕 此等名词，初学骤闻，苦难索解，实则得解以后，亦甚平常。凡每一大学派之专著，其思想自成宏大深密之统系，其名词恒如一独立国之语言，初学读之，不能不为其所困。然倘能不惮艰阻，反复数过，精心以求之，久而必寻得其思路，蛛丝马迹，此牵彼引，千途万辙，莫不贯穿。思路既得，一切了无余蕴矣。恐厌烦文，还归本事。所谓心、心所者何耶？通途谈心，隐然若有一整个的物事，名之曰心。而佛家则正欲对治此等观念，此处吃紧。于是以解析之方便，分析此识，而说有六，所谓眼识、耳

32

识、鼻识、舌识、身识、意识是也。此小乘说。未几更析之为八，于前六识外，加第七末那识，及第八阿赖耶识。此大乘说。如此，则心已不是整个的物事了。然犹以为未足，又更于每一心之中，注意"每一"两字。分析心与心所。如眼识，并不是一个整体，他是心及许多心所类聚而成。因此，可名眼识聚。非整体，故曰聚。将眼识与耳识等对待而谈，眼识便是独立的一种识。但就眼识本身说，他还不是一个独立的整体，却是心及许多心所的类聚，而强名为一个眼识。心所之上，置许多两字，而心字上不言数，此意下文即明，却须注意。心是一，心所便多，心所虽多，皆依一心而与之相应合作。相应义，俟后详。心以一故，乃于诸心所而为之主。无主，则心所既多，将纷然无所系属。多不能制多，故心以一而为多所之主也。多所之所，即心所省称也。后当准知。由此，心亦名王。故一个眼识，实为王所之类聚而成。以上谨记。眼识如是，耳识乃至第八阿赖耶识，皆应准知。凡言乃至者，中间省略，而不便一一具举故。此例亦不可不知。吾教学以来，见学子于心、心所之说，总模糊而不得了解，实则只须用思考与推理作用，并将自家意见放下，而完全体合论主的思路，自无隔阂之患矣。论主，犹言著者。又有当注意者，佛家此等解析，当初固为对治凡情执着之一种方便，本明心无独立的实自体，以此破除神我之执而已，非真计著心为多数分子之集聚体也。其立说，但以分析之形式，元无所建立。但至后来世亲一派，乃始建立唯识，却失去法相家的精神，而直成为集聚论。吾已于《新论》绳之。学者熟玩《三十论》而得其统系，方信吾非妄议前哲也。然《三十论》之宏廓，与其解析力之精锐，要是千古钜典，学者必须精究。且非真解世亲学，亦不知《新论》所由作也。《新论》即《新唯识论》之省称,后皆仿此。

又心所者,具云心所有法。以诸心所不一,故言诸也。各有自性,但依止于心,而与心相应故,叶合如一,名为相应。属于心故,属者系属。即是心上所有之法故,因名心所有法,简称心所。

《新论》亦说心、心所,然其意义则根本不同前师,且不止与世亲异恉而已。学者所当深辨。

〔种子〕 种子者,以有能生的势用,故名种子,亦省称种。复有多异名,曰功能,曰习气,曰气分,非固定物故,曰气分。皆种子之别名也。更有多名,此姑不述。种子说之演变甚繁,姑谈其略:一法相家义,二唯识家义。法相家虽说种子,然其持说,但分析诸法,而无所建立。故谈种,亦甚宽泛,大概以为色心诸行本身即具能生的势用,故依诸行,而假说种子。如《瑜伽》五十二说:"云何非析诸行别有实物名为种子,按非字一气贯下,此言不是剖析诸行之后,而发见其别有一种实物叫作种子也。亦非余处?按余处者,谓诸行以外之处,言亦非别有实物潜在诸行以外之处可名种子,以上乃总明种子非实物。然即诸行,如是种姓、按种姓者,犹言种类。如是等生、按前后一类相续生故,曰等生。如是安布,按现前显现名安布。名为种子,按即依诸行能生的势用,而假说为种故。亦名为果。按果对种而得名,种既依诸行而假说,则果亦如之。果与种子不相杂乱,若望过去诸行,即此名果,按现在诸行,望过去即名果,以现从过而生故。若望未来诸行,即此名种子,按现在望未来即名种,以现在是未来之生因故。如此,则种与果,虽皆依诸行假说,而亦不相杂乱。望彼诸法,不可定说异不异相,按诸法谓诸行,言种子望诸行,不可定说异,以非离诸行别有实物名种故,又不可定说不异,毕竟于诸行而说有种子义故。犹如真如。"按真如与诸行,不可定说异,

34

以真如即是诸行之体故，又不可定说不异，以诸行相非即如故。今种子望诸行，亦难定说异不异相，故取为喻。详此所云，则种子者，非离诸行别有实物之谓，只依诸行有能生势用，而说名种子。此与后来唯识一派之论，显然异其旨趣。《大论》幸存此条，《大论》者，《瑜伽》之异名。堪资比较。吾昔治世亲学，每不满于其种子说，及读《大论》至此，欣然豁目，如获至宝。盖因种子或功能之名词，本屡见于唯识以外之典籍。吾意唯识以前诸大乘师，虽谈种子或功能，而其意义，当不同于唯识书所说，但苦不得左证。既发见《大论》此条，义据甚明，故不觉其乐之至于手舞足蹈也。《大论》为法相根本大典，无着所造，其中所收材料，想多出于小乘，且系积人积世所贻留，无着博采之而加以断制耳。旧云慈氏授无着，托以自神耳。此条自是古义，法相家所宗也。

问曰："云何依诸行，假说功能？"答曰：请以喻明。诸行，喻如稻，而所谓能生的势用即种子者，可喻如稻中生机。稻以有生机故，得为后稻生因，而生机却非离稻别有实物也。诸行以其自体中有能生势用，得为未来生因故，故说名种子，而种子要非离诸行别有实物也。《论》说种子望诸法，不可定说异不异相，思之可知。经部说色心持种，唯识家拨之，谓必有赖耶摄持。吾意就法相家种子义言，既非异诸行别有实物，则无须赖耶持之矣。经部种子，当与法相义相近。

次唯识家义者。唯识家说种子，便异诸行而有实物。所以者何？如彼所说，一切心、心所，相、见分，通八识心、心所而言，非专就某一识说故,故云一切。相、见分之名,俟下卷详之。即所谓诸行是也。彼计诸行,以非一,故云诸。各各有自种子为生因。注意各各两字。如眼识见分,即诸行之一,乃有自家种子为其生起之因;眼识相分,亦诸行之一,亦有自家种子为其生起之因。眼识相、见二分,既各从自种生,耳识等皆应准知。但诸行是所生果法,而种子是能生因法,能所条然各别。故前七识此即诸行。之种子,可离异前七诸法,而潜藏于第八赖耶自体之中,为赖耶所缘相分。所缘犹言所知。即赖耶自家种子,为赖耶自体所含,而亦是赖耶所缘相分。既为相分,明明是独立的物事。据此,则种子与诸行,各有自性。易言之,即种子立于诸行之背后,而与诸行作因缘,亦得说为诸行之本根,故谓其种子离异诸行而有实物。此与前述法相家之种子说,其意义不同显然矣。

唯识家建立种子,以说明宇宙万象,宇宙万象,即色心诸行是。盖近于多元论者。其关于种子说方面之名词甚多,本须择要为释,此中不暇,姑俟下卷,更立专条详之。

唯识家因为把诸行看作实物,所以又进而寻找诸行之来由,因此成立了他底种子说。《新论》不把诸行执实,所以假说翕闢,以施设色心万象,用不着种子了。翕闢的道理,虽是本之《大易》,却是自家随处体察此理,久而益自信,乃敢说出。

〔受蕴〕 受者,心所法之一,于五蕴中列在第二,名为受蕴。《广论》云:"受谓识之领纳。"按此言识者,乃心之别名。领纳即受。识之领纳者,犹言心上所有之受心所法。受与识,各有自性,非是一法故。《三十论》云:"受,谓领纳顺、违、俱非境相为性,起爱为业。"此言受之自性,即是领纳。顺违等者,缘可爱境,谓之顺益;缘者缘虑,后皆准知。缘不可爱境,谓之违损;其非可爱亦非不可爱者,谓之俱非。或谓之中容境。境相,复词也。心缘顺违等境时,心者,具云心王。后皆准知。必有领纳的作用,与心俱起相应,此即受心所是也。

起爱为业者,由此乐等领纳,有起欲爱之作用。业者作用义,解见前。谓于乐受之境,未得,则生贪欲,必期于得故;已得,复贪欲,不肯离失故。若于苦受之境,未得,则有愿幸弗得之欲;已得,则有愿即离失之欲。是爱欲恒依苦乐等受而起,故谓受有起爱之作用也。《杂阿含》及《缘起经》等说受者,此中不及详。

诸论皆说受有三种:苦受、乐受、舍受。舍受者,非苦非乐,故名。按受心所,即相当于心理学上所谓情的方面。

〔**想蕴**〕 想者,心所法之一,于五蕴中列在第三,名为想蕴。《论》云:“想蕴者,谓于境界取种种相。”《三十论》言:“想,谓于境取像为性,施设种种名言为业。”按取像者,如缘青时,计此是青非赤白等,作此分齐,而取共相,青非赤白等,是有分齐也。然青望衣青华青等,即是共相,故缘青时,是取共相。是名取像。由此取像,便起名言,谓此是青等。想之自性,只是取像。这个取像,便是未出诸口的名言,如果心中没有取像的作用,则亦无有名言,故说想有起名言之业用。《广论》云:“想蕴,谓能增胜取诸境相。增胜取者,谓胜力能取。如大力者,说名胜力。”按想心所,即种种取像,与第六识相应之想,略当于观念与概念,在心理学上属知的方面。《广论》称其胜力,亦是尊知的意思。

〔**行蕴**〕 行者,即思之别名,亦心所法之一,于五蕴中列在第四,名为行蕴。《三十论》云:“思,谓令心造作为性,于善品等役心为业。”此言思之自性,只是造作,故能以其造作的力用而与心相应,令心同起善等之造作也。所谓意业,即思是也。问曰:“《论》

言'思令心造作',岂不令余心所造作耶?"余心所者,谓其他心所,即思心所以外之一切心所,皆说名余。答言:亦令余心所同作。但言心者,以心胜故。详见基《记》。于善品等役心为业者,按品者类义,善恶等境,品类异故。等者,谓恶品等。由前想心所取像故,了别善恶境。今此思心所,本是造作性,即于善恶等境,而驱役心及余心所同起善恶等事,故说思心所有役心之业用也。此中思者,非通途所云思想。乃以造作为义,亦名行,亦名业,在心理学上属于意的方面。

前受、想二蕴中,各取一心所法,为彼蕴性。受蕴中,但取一受心所为彼受蕴之自性。想蕴准知。今此行蕴,不唯取一思心所法。即除受想外,若余心所法,并不相应行法,尽行蕴所摄。当以次释。问:"何故行蕴摄此诸法?"答曰:《论》无明文,以意求之,当是造作力用胜故。

先心所法,《大论》等,略说五十一种。此五十一法,于八识中,各别配合,多寡不同,唯第六识全具。后当另详。

诸论说此五十一心所法,其每一法,是通八识各各相应者而言。随举一思心所为例,眼识相应之思,与耳识乃至第八识相应之思,各各有自性,注意各各两字。非是以一个思而遍与八个识相应也。故八个识,即有八个相应之思心所。然思虽有八个,而类同故,如人虽有千万,而其为人之类则同。故不必分别为某一识相应之思,但举其类而说明其通性已耳。思心所如是,自余一切心所,皆应准知。

五十一心数,总分六位。心数者,心所之别名。心所不一,有数量故,故又名心数。后准知。六位,犹言六类。见《大论》等。一、遍行有五,曰触、作意、受、想、思。此五数,遍一切识,一切识心王起时,必各有此五数相应，故说此五数，遍一切识皆有。**遍一切时**，思之可知。**遍一切性**，此五数，通善等三性。善心起时，此五数属善性者，即与之俱起。不善心起时，此五数属恶性者，即与之俱起。无记性准知。**故名遍行。**更有余义，此姑不详。二、**别境有五，曰欲、胜解、念、三摩地、慧。此五数，别别缘境而得起故，**此五数，非如遍行一切时恒有，乃别别缘某种境界而始有之，故云。**故名别境。三、善有十一，谓信乃至不害。此十一数，性离恶秽，于自于他，俱顺益故，**诸论皆说，菩萨以他为自，则益他仍是益自耳。**故名为善。四、烦恼有六，谓贪乃至不正见。此六数，性是根本烦恼。**能生随惑，故名根本。烦是扰义，恼是乱义，扰乱有情，恒处生死，有情者，人与众生之异名，有情识故，故名有情。后准知。有情以具有贪等之故，身心扰乱，以此长溺生死海中，不得解脱。**故名烦恼。五、随烦恼有二十，谓忿乃至散乱。此二十数，随他根本烦恼分位差别等流性故，**此二十数，多依根本烦恼分位而假立，属分位假。差别者，不一义，根本烦恼发现为种种不同的分位，故言差别。如忿如恨等随烦恼，皆依根本中嗔之分位差别而立此等数。等流性者，等言一类，谓随烦恼依彼根本体性，一类相续而流故。**故名随烦恼。**随他而起故，名随。他者，谓根本烦恼。**六、不定有四，谓悔眠乃至伺。此四数，由不同前五位心所，于善恶等，皆不定故，**此四数，通善等三性，故不定摄善法与烦恼法中。又非遍一切心恒有，故不定摄遍行法中。余详《三十论述记》。**故名不定。**此等分类，似欠精简，《新论》改定，务宜参观。

　　如上六位，当以次释。诸论说心所，虽大体无殊，而亦互有详略及小节违异处，然皆无关宏旨。今此以《三十论》为主，因其解说每一心数之自性与业用，较他论为精审。学者非深思而自得之，必不能有契斯言。或曰："此卷本谈法相，而以唯识滥之，可乎？"答言：二家异处，在其大恉，至关于心数之部分，元无根本差异。

初遍行位。一曰触数。《三十论》云："触谓三和分别变异，令心、心所触境为性，受、想、思等所依为业。"按三和者，谓根、境、识三法，更相随顺，故名三和。三法不相乖反，更相交涉，名为随顺。如根与境起时，识必俱起。根为识之所依，境为识之所取，识则依根而能取境。此三法无有乖反而不相交涉者，故谓三和。

变异者，谓三和位三法正和合之位，名三和位，简异未和合时故。唯识中更有种子义，此姑不详。皆有顺生一切心所势用，名为变异。言皆有者，显三法同然故。顺者随顺，生者牵引令生。三法都有顺生一切心所之势用，即此名为变异。又势用二字，《三十论》作功能。然功能本种子之别名，嫌其相滥，故今易势用二字，较妥。

分别，即领似之异名。识亦名分别，此中切勿作识的分别去解，而只是似义。参考《三十论述记》卷十七第四页。谓此触数，依三和生，三法不合时，触自不生故。而有似彼三法顺生一切心所之势用，即是有似彼三法之变异力，三法皆有此变异力，触亦如之，故云似也。故名分别变异。

问曰："何故以三法顺生一切心所之势用，名为变异？"答言：若但三法和合，而不起一切心所时，则识于所取境，便似不作了别，如无想数等，即无了别也。不起情味，如无受数等，即无情味也。不有动作，如无思数等，即无动作也。只是任运自然而已。唯三法皆有顺生心所的势用，遂令这些心所一齐起来，识之于境，才显出种种形相了。易言之，即于所取境，另加一番制造了，岂不是个变异？但推原心所之起，却由于三法都有顺生一切心所之势用，所以不把变异说在心所本身，而要说在三法顺生此等心所之势用上。学者宜深思自得之。吾初读《三十论》至此，却大费思量。又有问言："触亦有顺生一切心所之势用，何故不言三法似触，而言触似彼三法耶？"答曰：触与三法虽同时起，然毕竟因三和故有触，故应说触似三法。

又此触数，不唯有似三法顺生一切心所之势用而已，更能和合心及诸心所法，不相离散，而令心及诸心所，同趣一境。趣者趣取。基师《述记》"设无触者，其心、心所，各各离散，不能同缘，今不散时，皆触自性功力"云云。盖以一切心、心所，各有自性，即各各为独立之体，非有一触数以和合于其间，则不免离散之患。故触数者，殆如众军之有联络队，其重要可知。因此，应许触有自性，是实非假。假实分别，已说见前。而和合心及诸心所令同触境，即是触之自性也。《蕴论》说触，但云三和合分别为性，却太疏略。

受、想、思等所依为业者，言触能为受、想、思等法作所依止，为读去声。是即触之业用也。此中等者，谓受、想、思之余，即指一切心所。

二曰作意数。《三十论》云："作意，谓能警心为性，于所缘境，引心为业。"警心者，谓此作意，警觉心及余心所，令俱起故。凡言心者，亦伏心所，《三十论》有明文。唯识说，警觉应起心种。盖唯识家建立实种子，彼计种子是实有，故名实种子。谓一切心、心所，各各有自种子。一切及各各等字，须注意。此诸种子，潜藏第八识中。由此，诸识未生时，必待作意之种子发动而为现行。现行之名，下卷另

41

详。即于此时，**警觉其自类心及余心所之诸种**，自类者，如眼识相应之作意心所起时，即以其当念之眼识心王及诸心所为自类。**令同起现行，趣所缘境。**基《记》云："作意警心，有二功力。一者，令心未起正起。二者，令心起已趣境。"基云，作动意故，立作意名。**又应起之言，显诸心、心所现起**，诸者，犹言一切。**多因所缘境牵引令起，或由串习力故起。如眼识心、心所现前现起**，上现字，现前之现。下现字，现起之现。**必因境与习等之故，不得不起。**故云应起。**故作意数首伺其几，而警动心等种，令之起也。眼识如是，耳识乃至第八赖耶识，皆应准知。**唯识义，一切心、心所各各有自种，然在谈现行时，不必处处提到种子，但讲到作意警心时，必须说警种。此意宜深思，恐烦不述。

作意数，以警觉为其自性，是实非假，而引心及余心所趣境，是其业用。

《蕴论》云："作意，谓能令心发悟为性。"《广论》云："令心、心所现前警动。"皆不言警种。唯识于此处乃本其种子义而为之解，此与法相大异，不可不辨。

三曰受数。详前受蕴，此是实非假。
四曰想数。详前想蕴，此是实非假。
五曰思数。详见上文，此是实非假。
次别境位。一曰欲数。《三十论》言："欲者，于所乐境，希望为性，勤依为业。"此言欲之自性，即自希望。此希望之起，恒对于所乐境而起，于非所乐，必不希望故。故欲数是缘别境而有，非**遍行也。**非于一切境都有欲故，必于所乐境方起欲故，故云欲者，是缘别

境。以下四数，皆应准知。勤者，勤劬。以有希望，方厉勤故。故此
欲者，勤之所依，能为勤依，是即欲之业用。《广论》解勤为精进，则必
专就善欲说，若不善欲，便非精进所依。

　　二曰胜解数。《三十论》云："胜解者，于决定境印持为性，不
可引转为业。"此中决定境言，或所缘实尘，或所缘义理，通名境
故。第六意识独起思构时，即以所思义理名为境。决定者，谓于所缘境，
无犹豫故。如缘青时，计此是青，不致疑为蓝等，即此青境，便名
决定。此约实尘言之。又如曾受某种学说思想之影响时，于某种
义理，承受无疑，即此义理，于彼心中，成决定境。此约义理言之。
又自所思择之义，具云义理。自谓无疑时，亦名决定境。以上所
说，皆就其当念决定而言。此处吃紧。至于未决定前，及已决定后
而终又怀疑或易虑者，皆为另一问题，此所不论。注意。总之，吾
人心中，不能常处犹豫，而有决定境之时，必居多数。当其缘虑
决定境时，其心上定有一种审决印持作用，谓此事如是，非不如
是。即此印持，是胜解数之自性。名胜解者，是解力胜，不犹豫故，故名
胜解。不可引转为业者，谓当印持顷，于所缘境既经审决印可，即
更有异缘，不能引转令此心中更生疑惑。谓当至此，作一长句。此
乃胜解之业用也。宗教家与通途所云信仰者，只是此所谓胜解耳。

　　犹豫心中，无有胜解，故此数不属遍行。

　　三曰念数。《三十论》言："念者，于曾习境，令心明记不忘为
性，定依为业。"曾习境者，凡过去感官接触之境，及所思维义境，
义理即境，说名义境。皆名曾习。犹言过去经验之境。记忆作用，即是
念之自性。念即俗云记忆。由念力故，令心及余心所，于曾习境，
明记不忘。唯识说念，由过去心、心所取境，熏发习气，潜在本识

中,本识,即第八赖耶识。由忆念力故,唤起旧习。更有别义,此姑不详。然忆念,毕竟是一种独立的作用云。

定依为业者,定者、专注义,由恒忆念所知正理,不忆邪思等故,遂生正定,精神专注。故说念,有为定所依之业用。然散乱心中,不正之忆念,亦无定生。又念属别境者,于曾未习,必无念故;即曾所习,亦有不忆。故念非遍行。

四曰三摩地。三摩地者,定义。定数云何?《三十论》言:"定者,于所观境,令心专注不散为性,智依为业。"此言专注,义至严格。如世说言,某甲专注势利等等,此云专注,实即颠倒,与是中专注义,互相乖反。又或言,某乙专注用思或读书,此云专注,只是勤劬,与是中专注义,亦无涉。今言专注不散,谓心力恒时凝聚,不随所缘流散。虽所缘境,刹那万端,而心恒寂照,不随境迁,若随境迁,即滞于物,而失其无方之照矣。故名专注。由专注力,令心、心所,深取所缘,恒寂然住,如实证境,非浮妄猜度故,谓之深取。住者,即谓不随境迁。此即定之自性。智依为业者,由心定故,明智即生。散乱之心,便无智慧。故说此定,能为智依,是即其业用也。

五曰慧数。《三十论》云:"慧者,于所观境,简择为性,断疑为业。"按简择,即比量智,谓于所观境,由推度而至决定,不笼统、不模糊、不迷谬故。断疑为业者,基《记》云:"此说胜慧,故云断疑。"若于诸法性相,而如实了知者,方名胜慧。不尔,于疑心中,亦非无慧。又慧属别境者,基云:邪见者流,痴增上故,即无简择,故慧非遍行。

别境五数,以假实论,亦皆实有。

三善数位。一曰信。《三十论》云:"信数者,于实、德、能,深

44

忍乐欲,心净为性,对治不信,乐善为业。"据此论,于信依处,谓信所依之处。略说有三。一、信实有,谓于诸法实事理中,于真谛中,有实理故。于俗谛中,亦施设若事若理故。深信忍故。忍者忍可,谓于实事理,起忍可信故。二、信有德,谓于真净德中,深信乐故。执途之人,授之尧名而喜,授之桀名而忧,故虽凡愚,其于真净德,非无信乐也。人性之善,于此可征。三、信有能,谓于一切善法,深信有力,能得能成,起希望故。希望即欲。基云:"信己及他,皆能得能成。"仁远乎哉,欲之斯至,人固不宜妄自菲薄耳。心净为性,谓信者澄净相,与不信浑浊相,正相翻故。翻者反义。对治者,如药所以对治病,此信正是不信之对治药也。余文,思之可知。

二曰惭。《三十论》云:"惭数者,谓依自法力、崇重贤善为性,对治无惭,止息恶行为业。"按依自法力者,据《显扬》云:"依自增上,及法增上。"增上者,扶助义。依自力增上者,是谓自助,知自贵故。依法力增上者,即闻正法而得助,知自贵故。云何崇重贤善?贤谓有贤德者;善谓一切善法,如云正理或正义。无惭之人,自力弱故,难闻正法故,不自贵重故,故于贤善,不知崇敬尊重。其有惭者反是。

三曰愧。《三十论》云:"愧数者,谓依世间力、轻拒暴恶为性,对治无愧,止息恶行为业。"基《记》云:"谓若他人讥毁及羞诸恶法而不作,皆名依世间力。"有恶者名暴,不善法名恶。轻有恶者而不亲,拒不善法而不肯作,由严畏世间诃厌故,此愧与惭所以别也。两《蕴论》于惭愧二数,并云"于所作罪,羞耻为性",则二数无异相也。《三十论》已辨之矣。

四曰无贪数。《三十论》云:"无贪者,谓于有、有具,无着为性,对治贪着,作善为业。"按有谓三有,三界之异名,三界即有,故名。三界者,一欲界,二色界,三无色界,皆众生所依止。而名界为有者,众生恒系着于此,恒以为实有故,故亦名有。具者,资具。有具者,谓能生三有之因。即由起惑造业,长堕诸有,是惑业为三有因。三有,以惑业为资具而得起故,故说惑业望三有为因也。众生贪爱系着世间,念念不舍,是为着有。佛书凡言爱者,皆是贪义,与儒书中爱字,绝不同义。贪爱系着四字,宜玩。于诸惑业,爱染固缚,不能自释,是为着有具。溺于惑业而不悟者,即于惑业而生爱染,孟子所谓乐其所以亡者,义与此通。难言哉着之一字也!如胶之粘物,尚不足形容其万分之一。马蹄着于泥涂则不行,飞鸟着于网罗则死,走兽着于陷阱则杀,人心之着于我及我所,更非此等可喻。着我者,坚执有自我,而自私自爱,深自藏护故。我所者,具云我所有法,如自身及妻子、财物、名位、权势,乃至器世间并所持偏见等,一切皆名我所。由执我故,遂执我所,一切渴爱缠缚,牢不可解,是则名着我所。着者,惨毒之至也。贪之自性为着,反乎贪者,即无着。人心本有无着之势用,廓然顺应,绝无留碍,而人每不自保任,竟至放失,是其自甘颠倒也。对治贪着云云,思之可知。

五曰无瞋数。《三十论》云:"无瞋者,于苦、苦具,无恚为性,对治瞋恚,作善为业。"基《记》云:"苦谓三苦。一行苦,二苦苦,三坏苦。详见《显扬》等。苦具,即彼能生苦者,一切皆是。"按无瞋者,无有憎恚,于诸有情,常存悲愍故,虽遇逆拂,不失柔和故。人情遇逆己者,则憎恚生,而失其柔和之心体矣。无瞋反是。

六曰无痴数。《三十论》云:"无痴者,于诸理事,明解为性,对治愚痴,作善为业。"按明解,即是一种睿智作用。唯识说无痴有自体，非即别境中慧。参考《述记》卷三十四。由明解力，于真谛理，远离一切虚妄分别，无戏论故；于俗谛中，若事若理，称境而知，不以情见变乱事实，离迷谬故。

《瑜伽》五十七，谓"大悲、依无瞋无痴二法而起"，义趣深远。瞋未尽者，不能有悲，尽者断尽。人犹易知。痴未尽者，不能有悲，人或莫之知也。不智而能仁，未之有也。

无贪、无瞋、无痴，此三法者，名三善根。一切善法，皆以此三为根本而得生故。

七曰勤数。《三十论》云："勤谓精进，于善恶品修断事中，勇悍为性，对治懈怠，满善为业。"于善云云者，谓于善品法中能修，于恶品法中能断，即此修断事中，勇健且悍，是为勤之自性。基云："勇而无惰，自策发也；悍而无惧，耐劳倦也。"勇者升进义；悍者坚牢义；满善者，《对法》云"成满一切善品"，此勤之业用也。

《识论》云："勇表胜进"，"悍表精纯"。故俗云勤作恶者，正是颠倒，非此中所谓勤。是故言勤，亦名精进。经说精进，略有五种。一被甲精进，如着甲入阵，即无所畏，有大威势。次加行精进，坚固其心，长自策励。三无下精进，谓不自轻蔑，亦无怯惧。四无退精进，谓遭苦不屈，坚猛其志。五无足精进，虽功已成，更祈胜进，无有止境容息肩故。此即乾之自强不息也。

八曰轻安数。《三十论》云："轻安者，远离粗重，调畅身心，堪任为性，对治昏沉，转依为业。"粗重者，谓一切染污法。此能令人身心粗重，故名。远离者，由轻安力故，粗重不复现起也。基云："离重为轻，调畅名安，轻安自性，即是堪任。"堪者，有所堪能。今俗责人之无能者，曰太不堪。任者，有所任受。《论语》曰："君子可大受。"

又曰:"任重道远。"转依者,谓转去粗重,而依于安稳故。此解依字,与基稍异。

九曰不放逸数。《三十论》云:"不放逸者,精进三根,于所断修,防修为性,对治放逸,成满一切世出世间善事为业。"此不放逸,依精进及三根假立。无贪、无瞋、无痴,名三善根。于所应断恶法,防令不起;于所应修善法,修令增长,故云防修为性。然依精进等功用假立,等者谓三善根。实无别自体。

十曰舍数。《三十论》云:"舍者,精进三根,令心平等、正直、无功用住为性,对治掉举,静住为业。"心或沉没,或掉举,皆名不平等。沉没者,谓心昏没。掉举者,谓心浮起。沉掉二相,高下虽殊,要皆庄子所谓心死之候。离沉掉故,方名平等。正直者,离染故。无功用住者,谓无功用而住。程子《识仁篇》谓不须穷索,不须防检,义与此近。此舍,亦依精进及三根假立。

十一曰不害数。《三十论》云:"不害者,于诸有情,不为损恼,无瞋为性,能对治害,悲愍为业。谓即无瞋,于有情所,犹云于众生处。不为损恼,假名不害。"非离无瞋别有不害之自性故。非字一气贯下为句。

《大论》五十五云:十一善中,不放逸、舍及不害,三是假有,余皆实有。

四烦恼位。一曰贪数。《三十论》云:"贪者,于有、有具,染着为性,能障无贪,生苦为业。"有及有具,并详前善数中。与基《记》亦有异。《广论》云:"谓于五取蕴,染爱耽着为性,谓此缠缚,轮回三界,生苦为业,由爱力故,生五取蕴。"按此中五取蕴者,五言其数,蕴义详前,色等五聚法,名五蕴。取者,趣求义。五蕴聚积,假名生者，有生命者，名为生者，即人与众生之异名。有情于五蕴，执为自我，坚爱不舍，恒于当来，趣求不息。当来，犹言未来。趣者、趣逐，求者、要求，趣逐要求，即是众生生相。最宜深玩。此趣求与五蕴恒随转故，随与流转，不相离失。即依是义名五取蕴。《广论》、《识论》《识论》，即《三十论》异名。词有详略，而义无殊，皆谓有贪故，轮回三界。

　　贪者，着义。具云染着。众生之心，无往不着，由着故，障蔽其本有无着之心。犹如浮云，障翳虚空，空相不显，全成翳相。着即起苦，故曰生苦是其业用。与善中无贪数参看。

　　二曰瞋数。《三十论》云："瞋者，于苦、苦具，憎恚为性，能障无瞋，不安稳性、恶行所依为业。"苦及苦具，详在善位无瞋数中。瞋之自性即是憎恚，其行相最宽，行相者，一切心及心所，于所缘境起解时，各有一种行解之相故，名为行相。须谨记。于一切处，皆得起故。必须深心反观。如于眷属，乃至众生，辄生憎恶，甚者损害他命，堞尸流血，动逾千万，此名有情瞋。于有情而起瞋，故名。由于有情怀瞋故，遂于器世间，亦生憎恚，器世间者，犹云物界。怨人则器物皆罪，伐国则城市为墟，诸如此类，名境界瞋。于境界而起瞋，故名。若乃固执己见，便憎他见。如程朱派之学者，诋阳明以洪水猛兽。西哲康德之学，当时亦有人詈为狂犬妄吠。印度人辩论，动以斩首相要。诸如此类，不可胜数，是名见瞋。于他见而起瞋，故名见瞋。见瞋，本于有情瞋中别出言之，其行相甚遍，而亦甚隐。于一切所知事若理，皆得起见瞋故，故甚遍。凡人恒是己见，憎他见，方且自谓事理本如是，而不自承为憎他也，故甚隐。见瞋为害之烈，足以障真理、起斗争，人类之不幸，莫大乎此也。

　　瞋能障蔽无瞋之心，如贪中说，瞋必令身心热恼，故云不安稳性。然无嗔之心，毕竟能对治嗔心。参善位无嗔数中。

三曰痴数。《三十论》云："痴者，于诸理事，迷暗为性，能障无痴，一切杂染所依为业。"按痴之异名，即是无明。无明者，只是一团迷暗，力用极大，无量无边，众生依迷暗而生，终古恒相随转。又由迷暗力故，于诸理事，任意构画，戏论分别，不悟方计为明，正其已成乎暗也。

痴障无痴，然无痴毕竟能对治痴。学者读破三藏，而实体之身心之间，庶几自识无痴本体。《易》于乾曰大明，又曰乾以易知，般若之义尽此矣。孰谓儒佛谈最上事有异耶？

贪、嗔、痴三法，号三不善根，一切染法，依此为根本而得起故，又名三毒。

四曰慢数。《三十论》云："慢者，恃己于他高举为性，能障不慢，生苦为业。"高举即慢相，此言相者，体相之相，言慢之自体即高举。略有七种。一、慢，谓于劣者，而计己胜；彼虽劣，而我不当计己胜，今计己胜，故是慢也。于等，计己等。于等于己者，而必计己与之等，非慢而何？二、过慢，谓于等，计己胜；故是过慢。于胜，计己等。于胜己者，而反计己与之等，更过矣。三、慢过慢，谓于胜，计己胜。于胜己者，而反计己胜，故名慢过慢。四、我慢，于蕴计我，即于身心五蕴而计为我。自恃高举。五、增上慢，于所未及证之胜德，谓己已得。或得少分，而自谓得，亦是此慢。增上，犹言加上，此慢称增上，即加增其慢之谓。六、卑慢，于他多分胜己者，而谓己仅少分不及。七、邪慢，于己无德，而谓己有德。《论语》云"无而为有"者，即此。

五曰疑数。《三十论》云："于诸谛理，犹豫为性，能障不疑善品为业。"谛者、四谛，后当另详。顺流转故，说苦、集二谛。顺还灭故，说灭、道二谛。流转即轮回义。还灭者，以出脱流转故名。若于诸谛理深怀犹豫，是则名疑。烦恼中所谓疑，限于疑谛理者而已。佛家本主出世，其义则具存四谛，故以疑及此者，便属烦恼。

　　六曰恶见数。《三十论》云："恶见者，于诸谛理，颠倒推度，染慧为性，能障善见，招苦为业。"此中恶见，即依别境中慧数而假立，故云染慧为性。染者，慧通三性，此恶见慧，不善性摄，是染分故。简异善慧等也。据诸《论》言，此见行相，差别有五。一、萨迦耶见，谓于五取蕴，执我、我所，一切见趣所依为业。萨迦耶者，经部师云：萨、伪义，迦耶、身义，遮执有实身故，遂说萨言。缘伪身而起见，名萨迦耶见。萨婆多与大乘师解释身见，与经部义异。此姑不详。五取蕴，详前。我、我所者，如依五蕴而计为我，是名执我。我所者，具云我所有。如计蕴为我，亦复计蕴为我所，至于妻子、田宅、财物、名势、权利，乃至器界，并己所持偏见等，一切皆名我所。由执我故，俱时执我所。俱时、犹言同时，我、我所执同时而起，有我执，必有我所执。世之谈经济改革者，欲除私有，而不肯讲求无我之学，恐难如所期。孰谓东方玄学可打倒耶！执相深隐，学者非反观真切，不自知其颠倒至此。《对法》第一，《婆沙·杂蕴》第一等，研名相者，不妨参考，然实无关宏旨。见趣者，基云："以此我见为所依本，诸见得生，故名一切见趣所依。"趣者，况也，或所归处也。

　　《广论》释萨迦耶，萨谓败坏义，与经部伪义近；迦耶，谓和合积聚义。和合积聚，即是身义，蕴积聚者，假名身故。又云"见一见常，异蕴有我，蕴为我所等"者。谓诸外道，有执我是一、是常，异于蕴而实有此我，非谓蕴即是我故。由计异蕴有我，遂计蕴为我所有之法，故云蕴为我所。然复有即蕴而计为我者，故置等言。余文,思之可解。

二、边执见,谓即于彼,随执断常,障处中行出离为业。边者、偏义,偏执故,名边执。执断者,谓见物灭坏故,即起断见,计一切物,灭便无有。如人死后,即无有故。执常者,谓见物暂住故,即起常见,计一切法,皆当常住。如声常论等是。虽复于物,不计为恒常,但许暂住者,此犹是常见,当暂住时,已是常久未灭之法故。清人姚配中释《乾》之九二"见龙在田",曰:"爻主变,而言在者,暂在也。"与罗素只许有暂时的真实者略近。其识解虽较通途为进,要犹未免滞于常见。中行者,如见非断非常,名中行,此唯入道谛者能之。出离者,灭谛。灭道谛义后详。处中行及出离,此作圣之功,而边见适为之障云。《广论》云:"常边者,谓执我自在,为遍常等。"此即《唯识述记》卷三十六第十一至十七等页中所谓四遍常论者,此无甚义趣,学者若欲考核名相,可查《述记》并《瑜伽》及《婆沙》等论。又云:"断边者,谓执有作者丈夫等,彼死已、不复生。"丈夫,即人之异名。作者一词,其义有二:一者,相当于造物主之义;凡经论中破作者,即是破执有造物主故。二者,即人之别名。今此云作者,属第二义。

三、邪见,谓谤因、果、作用、实事,及非四见诸余邪执,如增上缘,名义遍故。按此中以谤因、谤果、谤作用、谤实事四见,为最大邪见。而此四见以外,诸余邪执,统名邪见。故邪见之名义最普遍,与增上缘名义之普遍正相等故。一切缘皆是增上义。下卷另详。谤因及谤果,《广论》首约十二缘生为说。今此不便为之解释,恐蔓延太甚。关于十二缘生,至后别立专条,学者参稽而自得之可也。《广论》又说:"谤毁善行恶行,谓无有此,名为谤因。"

《对法》所谓无施与等，义亦同此。"谤毁善行恶行果报，谓无有此，名为谤果。"《对法》亦同。"谤作用者，谓无从此世往他世作用，无种子任持作用，不信有赖耶任持种子故。无结生相续作用等。"如大乘说，有情皆有赖耶任持种子故。死此生彼，而不断绝，名结生相续，今亦拨无此事。"谤实事者，谓无世间真阿罗汉等。"凡此，多有关于佛家宗教思想方面之主张，故谤毁此等者，皆名邪见。

诸余邪执者，《对法》云：谓余一切分别倒见。不正之见，名为倒见。《大论》五十八，又略说二种。一、增益见，如外道执我者，计我有边无边等论。执我有边者，若执色为我，体有分限，或在身中，如指节量等。执我无边者，若执色为我，遍一切处。凡此皆妄计，无而为有，故名增益。二、损减见，即无因论等。

四、见取，谓于诸见，及所依蕴，执为最胜、能得清净，一切斗争所依为业。《广论》释见取云，谓于"三见，即前萨迦耶、边执、邪见。所依蕴者，即彼诸见所依之蕴。"《唯识述记》卷三十六云："此于诸见，即余一切恶见，及此所依五蕴，执为最胜、能得涅槃清净法，是见取。"按《述记》谓此于诸见，即余一切恶见，是不主即前萨迦耶等三见，只是三见以外诸余恶见。此解与《广论》异，愚谓《广论》所释为正。盖前三见中，邪见已最遍，除谤因果等四见外，诸余邪执，通属邪见。《对法》云："一切分别倒见，皆邪见摄。"准此，则前三见，已尽摄一切恶见，不应于见取中又除三见而更有所余，此等空泛之分别，殊无典要。须知见取，本依前三见而申言之，其意义特重在执为最胜及能得清净。《广论》云："随计为最、为上、为胜、为极。"亦与此同旨。前述三见，未说及此，故今申述之，而别名曰见取。取者执义，于见坚执，名取。所以明其执相转深，非与前文重复也。余文,思之可知。

五、戒禁取,谓于随顺诸见戒禁,及所依蕴,执为最胜、能得清净,无利勤苦所依为业。谓依诸见所受戒禁,诸见,即前三见乃至见取。依此所受戒禁,如外道所持戒是。戒禁者复词,基云:戒即是禁。即于此戒,及戒所依五蕴,而执为最胜并能得涅槃,是名戒禁取。取义,详见取中。无利云云者,基云:如一切外道受持拔发等,无利勤苦是也。《广论》释戒禁取一段,殊冗乱,此中不及辨正。

如上烦恼数,总分为六,曰贪、嗔、痴、慢、疑、恶见。又将恶见别析为五,曰萨迦耶、边执、邪见、见取、戒取。戒禁取之省称。如是,由贪至疑及五见,共说为十烦恼。此十烦恼,除五见系依别境中慧而假立外,余皆实有。《瑜伽》五十五说诸烦恼中,"见是世俗有,世俗有者,犹云假有。据佛家言,凡世俗所计为实物者,皆是假有,故此即以假有而说名为世俗有。即慧分故。五见即别境中慧数之分位差别故。余是实有,余者,谓贪至疑五数。别有性故。"言贪等五数,各有独立的自体。

此十烦恼,亦名本惑,烦恼即是惑之别名故。又此贪等十数,是一切惑之根本故,诸随烦恼依此生故,故对随而名本。是诸本惑,又依现起之异致,略区为二,曰俱生惑,曰分别惑。俱生惑者,行相深故,不假外缘,而一向恒与生俱故。与生俱有曰俱。此则恒时任运而起,言任运起者,不待思察故。故名俱生。分别惑者,行相粗显故。或由不正之学说思想及诸恶缘,如恶友及社会风气之不良等。而为牵引,方令起诸虚妄分别。或由日常实际生活之关切,计虑过度,即起某种惑,亦名分别。如贪、嗔等之通分别者,多如此。诸师说分别惑,只云要由邪教及恶友力引起,前所谓不正之学说思想云云一段，即本其旨。但只说得一方面，不能赅摄一切分别惑，今补此段，义始圆足。凡此皆经审虑思察始显，故名分别。本惑十数中，如贪、瞋、痴、慢、身见、边见，此六数者，通俱生、分别二惑；如疑及邪见、见取、戒取，此四数者，唯属分别。广如《唯识述记》参看三十六、七各卷。及《大论》等说。

通俱生、分别者，举贪数为例。俱生贪，其行相沉隐，而最宽广，种类无量，恒任运起，而不自觉。分别贪，则行相粗显。昔阳明先生与董萝石等游，见一山中有幽宅极可爱，欲购之。行里许，犹不能忘，乃痛自刻责曰："我之所爱，人亦爱之，奈何欲夺人所有耶？"此亦是分别贪，以其经审虑，而浮现心中，甚粗显故。俗言占有冲动者，大氏是贪、瞋、痴三数混合的现象，不唯是贪也。贪为己有者，必瞋他故，贪、瞋盛时，必有痴俱故。贪数通俱生、分别，瞋数等，皆应准知。禽兽只有俱生惑，而不能有分别惑。人之俱生惑方面，亦同于禽兽。就日常征之，有时明知于男女事无节，及于饮食不择等，足以妨害生命，然犹安而为之者，则以为俱生惑所支配故也。凡诸惑数，学者切宜反躬深自体究，始觉义蕴无穷；若滑口读过，与自家全无干涉，亦无意义。

五随烦恼位。一曰忿数。《三十论》云："忿者，谓对现前不饶益境，愤发为性，能障不忿，执仗为业。"对现前不饶益境者，谓依现在所见闻事，如他有情_{犹言他人。}或他见，竟于己为不饶益，对如是境，便有忿生。忿之自性，即是愤发。如俗云，怒气勃发，不可遏也。不忿即谓无嗔,此忿之业用,能障蔽无嗔,并发动身语恶业执仗争斗等。

忿即嗔之一分,离嗔,无别忿之相用。

二曰恨数。《三十论》云:"恨者,由忿为先,怀恶不舍,结怨为性,能障不恨,热恼为业。"恨即藏怒宿怨之谓,亦是瞋之一分。

三曰覆数。《三十论》云:"覆者,于自作罪,恐失利誉,隐藏为性,能障不覆,悔恼为业。"覆之自性,即是隐藏。凡人既自作罪,而又恐失财利及名誉故,必自隐藏其所作之罪,以为人不之知也。《对法》云,法尔覆罪者,心必忧悔,_{按法尔犹言自然,谓覆罪者其心中自然有忧悔故。}由此不得安稳而住。_{按心忧悔故,不得住止于安稳处也。}覆依贪、痴假立,离贪等无别覆之自性。_{等者为痴。}

四曰恼数。《三十论》云:"恼者,忿恨为先,追触暴热,狠戾为性,能障不恼,蛆螫为业。"由忿而恨,由恨而恼,瞋相转深,罪业益重。追者追往恶,即其所宿藏之忿恨也。触者,现起违缘。如某乙于某甲,夙怀忿恨,现时复以或种缘合,便相与违异。当此之际,乙心中便起嚣暴躁热,凶狠毒戾,不能自宁息,此恼之相也。恼障无瞋,_{不恼即是无嗔。}必损害人,犹蛆恼螫于他人也,此亦瞋之一分。

五曰嫉数。《三十论》云:"嫉者,殉自名利,不耐他荣,妒忌为性,能障不嫉,忧戚为业。"妾妇之固宠,下士之竞名,凶狲之怙权势,皆富于妒忌者也。亦是瞋之一分。

六曰悭数。《三十论》云:"悭者,耽着财法,不能惠舍,秘吝为性,能障不悭,鄙畜为业。"资具荣位等事,皆名为财。一切知能,乃至玄学所究真理,皆名为法。秘者、藏也,吝者、惜也,秘藏吝惜，悭之相也。鄙谓鄙恶，畜谓畜积，《广论》云："非所用物，犹恒积聚"，鄙畜之谓也。此即贪之一分。

七曰诳数。《三十论》云："诳者，为获利誉，矫现有德，诡诈为性，能障不诳，邪命为业。"矫者不实之义，极无德，而诈为有德，谓之矫现。如口说正义，身行险恶者是也。诡诈者，虚伪之称。行诡诈者，必其人全无生理，如粪中蛆，袁世凯之徒是也。邪命者，伪现种种不正事，以诳惑人，故名邪命。《杂集述记》卷三十三，说邪命有五种，皆就僧徒立论，姑不具引。

诳依贪、痴二法假立，无别自体。

八曰谄数。《三十论》云："谄者，为罔他故，矫设异仪，险曲为性，能障不谄、教诲为业。"罔者网帽。凡谄曲者，必曲顺时之所宜，利用人之阙失，而矫设异仪，如罗者之张网，使人堕其术中而不觉。异仪者，如立言行事善投人意，及故徇时尚者皆是。险曲者，基云："不实名险，不直名曲。"或云，险者险恶，何但以不实为训。须知行谄之人，必其生活力不充实，故陷于此等险恶耳。足乎己者，必不苟顺于人，苟合于世也。谄之自性如是，不谄即无贪无痴。教诲者，谓善师友正教诲也。无智故谄，有正智人断不媚世。即是痴分。谄即痴之一分。而障蔽无痴，贪名利故谄，即是贪分。准上可知。而障蔽无贪，枉己以徇人，故不堪师友教诲，由此说谄有障不谄及教诲之业用。谄依贪、痴二法假立，离二贪、痴。无别谄之相用。

九曰害数。《三十论》云："害者，于诸有情，心无悲愍，损恼为性，能障不害，逼恼为业。"此亦瞋之一分，损害逼恼是害相，众生心中皆有此害数，非以三善根对治之，则群生毒苦无已时也。常与人游山，闻林禽和鸣，宜其乐融融，而忘己与鸟之相对矣。乃彼人忽起念曰："若猎而食之，其味当佳。"此念者何？即害数现起也。甚矣，其可畏也，其可愍也。不害即无瞋，害能障无瞋，及逼恼有情，其业用如此。

十曰憍数。《三十论》云："憍者，于自盛事，深生染着，醉傲为性，能障不憍，染依为业。"自盛事者，《对法》云，如族姓、色力、_{基云，色谓妍美，力谓强盛。}聪睿、财富、自在等事。_{凡言自在者，略有三义。}_{一、至净离染，妙用无穷，不可测量，说名自在，如赞佛以大自在是也。二、有殊胜力用，名自在，如于根曰最胜自在是也。三、纵任曰自在，即凡人处顺境，可一切纵任，便含劣义矣。今此中自在义，乃属第三。}醉者、昏迷之谓，傲者傲逸，凡醉傲者，于自盛事，深贪着故。不憍即无贪。染依者，谓憍是一切杂染法所依，憍之业用，即是障蔽无贪，及为染法所依，故可畏也。憍即贪之一分，亦无别自性。

十一曰无惭数。《三十论》云："无惭者，不顾自法，轻拒贤善为性，能障碍惭，生长恶行为业。"不顾自己所习闻正法，_{即自负其所学。}轻有德者而不尊，拒善道而不愿闻。凡人心中若为无惭数所支配时，便失其所以为人之理，而不复知有人生之意义与价值，故不知崇重贤善。无惭能障碍惭，及生长一切恶行，其业用如是。

十二曰无愧数。《三十论》云："无愧者，不顾世间，崇重暴恶为性，能障碍愧，生长恶行为业。"于世间清议，无所忌惮，名不顾世间。不惟轻贤，而更崇敬暴人；不唯拒善，而更尊重恶行。_{暴恶之得志于社会，皆由无愧之徒所鼓励而起者。}比于无惭，又益污下。_{众生终古无惭无愧，所以终古常在黑暗惨毒中。}

十三曰掉举数。《三十论》云："掉举者，令心于境不寂静为性,能障行舍、奢摩他为业。"此云不寂静者,即嚣动相。谓凡夫心常攀缘过去贪欲等事,浮嚣动荡,不堪凝摄,此即掉举相。行舍,即善位中舍数,详前。舍即行故,亦名行舍。此言行者,是相状义。奢摩他者,止义,掉举有能障碍舍及止之业用。

十四曰昏沉数。《三十论》云:"昏沉者,令心于境无堪任为性,能障轻安、毗钵舍那为业。"昏沉自性,即是瞢重。此即心为物役,驯至完全物化,蕣瞢沉重,而成无心状态。无堪任者,谓无所堪能,无所任受。无心故尔。轻安数,详前善位中。毗钵舍那者,观义,昏沉有障碍轻安及观之业用。掉举障止,昏沉障观。然欲对治沉掉,亦唯勤修止观耳。

十五曰不信数。《三十论》云:"不信者,于实德能,不忍乐欲,心秽为性,能障净信,惰依为业。"于实德能云云,参考前善位信数中。心清净,名信。心秽,即名不信。《识论》云:"唯此不信,自相浑浊,复能浑浊余心、心所,如极秽物,自秽秽他,是故说此不信心所。心秽为性。"惰即懈怠数。不信,有障碍净信及为懈怠所依之业用。

十六曰懈怠数。《三十论》云:"懈怠者,于善恶品修断事中,懒惰为性,能障精进,增染为业。"善品应修事,恶品应断事,皆心之所对。所对即境。今由懒惰力故,应修不修,应断不断。

向有问言:"人性本善,何因为恶?"吾答彼云:恶本无因,必不得已,而假说其因,当言万恶皆因懒惰。此义,必深切体认,才有味。或复问云:"如世作恶者,用力甚勤,既非懒惰,何故成恶?"吾复答云:作恶之勤,正是颠倒,讵可言勤? 前善位勤数中,亦已辨之。如世持权作恶者,皆自知罪过,惧人发露,恒以利诱威胁,制人发其伏也。是其心中本知善当为,而恶不当为,然竟为所不当为,弗为其所当为者,何哉？徇欲者,兽性之余习,其势易；顺理,则人类以进而成能,道尊而事难。故痴者,苟以从欲,而惮于顺理,此非懒惰而何？

十七曰放逸数。《三十论》云："放逸者,于染净品,不能防修,纵荡为性,障不放逸,增恶损善所依为业。"于染品法不能防,于净品法不能修,唯是纵恣荡逸,故名放逸。此依懈怠及三毒假立,贪、嗔、痴名三毒。非别有体。

十八曰失念数。《三十论》云："失念者,于诸所缘,不能明记为性,能障正念,散乱所依为业。"按《广论》云："于诸善法,不能明记为性。"《三十论》泛言于诸所缘,似不及《广论》之切要。佛家谈心所法,虽与今所谓心理学极相关切,但毕竟不是心理学,故此中失念,亦不是通途心理学之观点。即非就记忆力缺乏为言,却是就日常生活或修养工夫上有时忘失正念,即说此等现象,名为失念。《广论》以于诸善法不能明记,为失念之自性,确是释迦以来相传本旨。失念,依痴及染污念假立,无别自体。染污念者,念即别境中念数,此通善等三性；染污念即念数之与不善心、心所相应者,此即恶性,故名染污念。

十九曰散乱数。《三十论》云："散乱者,于诸所缘,令心流荡为性,能障正定,恶慧所依为业。"流者驰流,荡者飘荡,基训荡逸,便与放逸相滥。此即放逸加甚之相,亦依贪、嗔、痴三法假立。《识论》谓散乱与掉举异者,掉具云掉举。能令心、心所,于一境起多解；心浮气粗者,有所思察,不能深入,每于一种事理而依浅见,作种种肤泛之解。谚所谓左思右想不得一是者,正谓此也。乱具云散乱。能令心、心所,于一念更缘多境。更者更易，躁扰之心，于所思察，不能贯彻，手一念中，此一事理思之不得，又思及他，仍复无得，又思其别，一念之间，如此更易，缘虑杂多之境。所谓游思杂念，即此况也。乱以驰流飘荡为相，亦即躁扰之谓，能障碍正定及为恶慧所依，是其业用。慧者，别境中慧数，此通三性。恶慧，即与染污心、心所法相应之慧，是恶性故，名恶慧，如本惑中五见及随中不正知等是也。

　　二十曰不正知数。《三十论》云："不正知者，于所观境，谬解为性，能障正知，毁犯为业。"基云："但是错谬邪解，名不正知。不正知多发业，多起恶身语业，而多犯戒等。"《述记》卷三十八。此依恶慧及痴假立。

　　随烦恼亦名随惑，随他本惑而起，故名。参看前文。随惑二十数，又类别为三。谓从忿至㤭，凡十数，各别起故，名小随。具云小随烦恼。无惭无愧，凡二数，遍不善心故，一切不善心，皆有此二与俱故。名中随。掉举至不正知，凡八数，遍一切染心故，名大随。《识论》判别随惑假实，谓小十、大三，定是假有；小随十数，大随三数，定是假有，参看各数本文。无惭、无愧、不信、懈怠四数，定是实有；掉举、昏沉、散乱三数，有说是假，有说是实。参看基师《述记》三十七、八等卷。问曰："随惑中实有者，即离本惑别有自性，云何名随？"答曰：虽别有性，然与本惑体性，是同类故。又本惑力强，此随之而起故，故望本名随。

　　二十随惑，皆通俱生、分别，如《识论》说。

　　六不定位。一曰悔数。《三十论》云："悔谓恶作，恶所作业，追悔为性，障止为业。"恶者嫌恶，即是悔义。基有多解，今唯取此。追悔先所作业，而自嫌恶，此名追悔。追忆先所未作而自嫌恶，亦名追悔，此通善等三性。悔先作不善，即善性摄。悔不善事先未作，即恶性摄。如悔先所未作事属无记者，此悔即无记性。悔能令心、心所怅怏不安故，故说有障止之业用。《识论》说悔，应别有体。然以理准，应说依念、慧二数假立，明了先所已作、未作，即是慧分，追忆即是念分。念、慧二数，均详前别境中。

二曰眠数。《三十论》云："眠谓睡眠，令身不自在，昧略为性，障观为业。"身无力用，名不自在，昧简在定，昧者暗昧，简者简别。昧之一言，所以简别于定中之心，定心有观察妙用，而非昧故。略别寤时。略之一言，所以别于寤时。寤时之心，行相极广，非轻略故。睡眠亦云梦数，其相暗昧轻略。《识论》有说梦数依思想二数假立，思与想，详前遍行位。有说亦别有体，以理推征，前义为正。寤时心、心所法，于诸所缘，而起造作与取像故。造作即思，取像即想。及睡眠中，犹有余势，复得现起，是名为梦。然梦之行相，或极淆杂，或亦似有条理，如寤时心，思维一事，始终不紊。更有现希奇境相，如见人头有角。然此等，亦由寤中于异时异处见头，又于异时异处见角，今于梦中合在一处，故成希奇。凡诸梦境，鲜不于寤境有所依据者。如本无盗心人，决不梦作盗事。又人之一生，精诚所注，恒形诸梦寐，如孔子梦见周公，是其例也。但此等梦，非凡夫染心所有。虔修之僧徒梦见佛，亦同此理。清人姚配中治《易》精专，梦吞乾爻初九至九五，意乃豁如。学者有此精神，无有不成。然世间说梦，多有灵异，如预兆休咎与幽灵等事，有不能尽以变态心理言之者，姑存疑焉可也。吾五弟继刚，于民国七年旧历三月初，在江西病故。吾以六年秋，由武昌赴荆襄，谋参预守军独立事。荆襄败，吾又赴湘，展转兵间，至七年春，始入粤。未曾通家信，亦绝无乡人往来，五弟之殁，吾绝不能知。又弟年甚少，平日亦未虑其早折。旧历四月中旬，吾犹在粤。一日午睡，忽梦吾五弟陈尸在床，吾抚遗体，哭之痛，未几而醒，泪痕犹湿，吾甚怪之。时天门白楚香逾桓与我同住，因语楚香，楚香曰："焉有白昼梦接幽灵之理，想是脑筋昏乱耳。"吾亦不复介意。然此次奔走革命军中，凡所观察，都无好感，已决心舍革命而专力所学。居月余，潜行回鄂，始知五弟已去世，因忆广州之梦，果有征也。计梦期去五弟之殁已月余，此真不可解者。吾平生不敢作诳语，此所记述，无半字不实。

三曰寻数。《三十论》云："寻谓寻求，令心匆遽，于意言境，粗转为性。"

四曰伺数。《三十论》云："伺谓伺察，令心匆遽，于意言境，细转为性。"浅推度名寻，初起之相。深推度名伺。继起之相。此二皆依思慧假立，遍行中思教，别境中慧数。思者意力，详前。慧者智力。详前。凡慧起时，必有思俱，如意志不强，则智慧力用必虚浮而不能深澈，故慧与思必俱也。俱者，相依俱起。他处言俱者，皆准知。《识论》说寻伺二数，并用思慧一分为体，具有深意。基《记》解此，殊失其旨。基师以思但浅推度名寻，慧深推度名伺。如此，则思慧非俱有。参看《唯识述记》卷三十九。令心匆遽者，匆迫遽急也。于所欲知若事若理等境，而起推度，恒努力趣境，若有所掳掠者然，故云匆遽。意言境者，意谓意识，由意起言，故名意言。有说意中取境之相，即分别相，与言说相相似，故名意言，亦通。意所取之境，名意言境。

不定四法，皆是假有。然悔、眠二数，古亦有说是实有者，此非正义，应如理思。

如上六位心数，共有五十一法。若于五十一数外，更分别说多，亦未尝不可。然但举此数，已足说明心相，毋取加多。即更求简要,亦可也。

此五十一数,若依八识,判别多寡,唯第六意识得具其全。非谓一念全具,乃通多念中各起而说故。他皆准知。第八赖耶,但有五遍行法,恒与相应。详《述记》卷十七。第七末那,有四本惑,我痴、我见、我慢、我爱,爱即贪数。及五遍行,别境中慧,八随烦恼,昏沉、掉举、不信、懈怠、放逸、失念、散乱及不正知。凡十八数,常与相俱。参看《述记》卷二十八。前五识中,遍行五法决定是有。别境五数,有说或无。参看《述记》卷二十四。善十一数,有说俱有。参看《述记》卷三十五。本惑有三,曰贪、瞋、痴。参看《述记》卷三十七。中随二数,大随八数,此皆容有。参看《述记》卷三十八。不定中,寻伺二数,有说容俱,究非正义。参看《述记》卷三十八。

五十一数,依三性分属。善十一法,唯是善性。烦恼六法,亦复分为十法。并随烦恼二十法,本是染性,亦云恶性。亦有许通无记。遍行五法,别境五法,不定四法,俱通善、染、无记三性。云何通三性?随举一触数为例。如意识相应之触,非唯一体,实有多数,此多数之触,或是善性,或是染性,或是无记性,故总说言,此通三性。意识相应之触如是,余一切数,皆应准知。

云何本随惑,有许通无记耶?善等三性,前有专条略说。但于无记,犹未详析,今应申述。无记有二种,曰有覆无记,《述记》云:覆者覆障,谓障圣道。虽是染法,而不成恶,故名无记。仍能障善,名有覆。无覆无记。不障善,名无覆。与赖耶相应之遍行五数,皆无覆无记性。与第七末那相应之诸数,皆有覆无记性。问曰:"末那相应之本随诸惑,体是染污,何云无记?"答曰:虽是染法,但与末那相应者,恒时内缘,行相深隐,不同第六相应诸惑粗动趣境、成恶

64

性故，不同一气贯下，至此为读。故名无记。又坚执我相，能障善故，故名有覆。与五识相应之贪等数，体虽是染，然任运起故，非筹度故，由意识所引故，亦通善等三性。唯第六意识相应之一切染数，筹度力强故，行相粗猛故，皆是恶性，思之可知。学者如欲推详，《识论》、基《记》，靡不足征。五十一数，又依三受分别。随举一触数为例。如意识相应善触，与善心、心所俱者，必与乐受俱。若不善触，与不善心、心所俱者，必与苦受俱。若无记触，与无记心、心所俱者，必与舍受俱。意识相应之触如是，余一切数，皆应准知。三受，详前受蕴中。

　　佛家谈心、心所法，只是将世俗所计为实物有之心，实物有者，犹言有实物，有字倒文也。换言之，即有独立存在的东西，俗计心是如此。而施以解析，使成为众多的分子，于是立一心以为之主，名曰心王。亦省云心。以多种心所，与心相应，而同趣一境，如心缘青境，其相应之多种心所，亦与心同缘青境，是名同趣一境。助成心事，若只孤零一心，没有多种心所，则此心不得成其缘境之事故。故心所亦名心数，亦名助伴。见《大论》等。据此，则所谓心、心所法，在性质上根本无有差别，只就关系言，便有主伴之分而已。后来唯识家，始建立种子，因说一切心及心所各各有自种。具云种子。然亦不过将原来解析为众多分子的办法，弄成固定，使那些分子各各有其固定的因素，益成死煞。况且心、心所虽云异种，而彼种此种，同名种故，义自相齐。《新论》初版七十七页《明心》章上有云："心及心所，根本区别云何？此在旧师，未尝是究。虽云种别，而种义齐故。"自注云："如彼所计，心有自种，心所亦有自种，种虽不共，而种义自相齐，即无根本区别可得。"此等批评，至为重要，因此一问题,关涉心理学及人生论、本体论、方法论各方面,于此差误,触途成滞。《新论》谓心是本有,心所是后起;心即性,易言之即本体。心所即习;心是虚壹明静,心所是无始时来,累集经验而成。吾尝言,六位心所,都可分属知、情、意三方面。如五遍行中想属知,受属情,触、作意、思三数,均属意。别境以下,皆可准知。苦乐等情,是习所成,知亦习所成,此皆易知。意亦习所成,人或犹有疑也。实则本随诸惑,及余染数,若总合而言,只是盲目的意志力。此不是固有的东西,即不是本体显现,唯是无始有生以来,串习所成。即一切善数,亦皆由习故有,详在《新论》。故一切心所法实只分知、情、意三方面,而此三方面皆即习所成。故《新论》判定心所是习,是后起,此复何疑?

至以心为本有,即本体之流行,此于佛家大旨,本相吻合。试即本体论而言之,佛家说真如,即是本体之异名,而涅槃又是真如之异名。涅槃者,寂静义,即斥指本心而名之也。本有之心,非后起故,故日本心。即此寂静的本心是真如,即此寂静的本心是实体显现。须知佛家不同西洋哲学以本体为外在的物事、用理智去推求,不同,一气贯至此,为一读。而其诣极,在即心见体。不独涅槃如是,一切经论不外此旨。故《新论》指出心即本体,与佛家相传意思,未始有异。不过佛家谈心、心所处,未尝分别心即体,心所是习。因此,要分别有漏心、心所,及无漏心、心所。然又说众生一向是有漏流行,必至成佛,无漏心、心所始得现起。试问众生既是一向有漏,完全找不着无漏之体,如何成得佛来?此在其本体论及方法论上,皆自为冲突也。又就人生论言之,如不了心所是习,即亦不了何谓本心,终古不见自性。又就知识论而言

66

之，佛家本立真俗二谛，二谛后详。就俗谛言，知识不可遮拨，就真谛言，知识必须遮拨，此二谛义，乃名相反而实相成也。然若不了心所是习，则于俗谛中，何以成立知识？须知由于境有熏习故，方得有知识。于真谛中，何故遮拨知识？知识成于后起之习故，故不与真理相应。将皆不可明也。注意。又就心理学言之，知心所是习，则知科学谓心理学。之所谓心，只相当于吾书之心所法，而与吾所云本心者，不得相滥。此义深微，兹不及详。今之学子稍治心理学，便诋象山之本心、阳明之良知为无据。学贵知类，不知类而妄议，恶乎可哉！总之，《新论》区别心即性，性谓本体。心所是习，自谓析千古之疑滞，无违诸佛。若犹以余为好异者，则必天地异位、日月失明而后可也。此中意义极难说，学者须虚怀详玩《新论》始得。

　　上来已说心所法，次不相应行法。《广论》云："云何心不相应行？谓依色心等分位假立，谓此与彼，不可施设异不异性。"按《杂集述记》云："不相应者，不相似义，不与色心等体义相似故。"色心皆有实自体，此分位假法，非有体故。又云："今独名心不相应者，心是主故，实则不相应言，亦简色法。"亦简别色法，谓此与色法亦不相似。行义，见前诸行条。此分位假法，亦随色心而同名行故，又简无为法故。言行者，亦以简别于无为法故。无为法，俟后详。谓此云云者，此分位假，与所依色心法不可说定异，即是色心上之分位故；又不可说定不异，毕竟是色心上之分位，而不即是色心故。故云："谓此与彼，不可施设异不异性。"

　　此不相应行法，《瑜伽》、《显扬》皆说有二十四，谓从得乃至和合等。一曰得。《广论》云："谓若获，若成就。按得之为言，犹云获，又犹云成就也。此复三种，谓种子成就，自在成就，现起成就，如其所应。"按种子成就者,谓若善种子,未为邪见所损;若不善种子,未为胜定所伏。定力胜故,能伏灭染污种子。未修定者,不能伏之也。如是等种,决定有生现行法之用,皆名成就。现行法者,谓种子所生之法。如善种子为因,而生起善心法,此所生善心法,即名现行法。自在成就者,若加行位所由善法,熏成种子,由此为因而得自在,故加行善等,名自在成就。加功而行,名曰加行。此修行位次,俟下卷详之。加行善,谓闻思修所得善法。由闻法已,而自思择,思已,便如法修故。现起成就者,谓若五蕴法,方现起故,即名现起成就。自余一切法,皆随所应,可成不失,即皆名得。凡可成就者名得,不失亦名得。故总说言,如其所应。

二无想定。《识论》云:有诸外道,执无想天以为涅槃。厌患此想为痈疮等,是生死因,想即知的作用,见前想蕴。以出离想作意为先。谓欲灭想,仍假于想,即先作意,起出离之想故。修习定时,于定加行,厌患想故,谓于定心中,加功而行,厌患此想故。令此心想渐细渐微,由此熏成厌心等种。谓即厌患心,熏成种子故。损伏心想种故,厌心之种,足以摧伏想种,利用此厌,以伏彼想。令不恒行心想不起。不恒行心想者,谓前六识有时间断,名不恒行,此即伏灭前六识想令不起故。即依此等心上分位,而立无想定之名。是定以想灭为首,故名无想定。

三灭尽定。《识论》云:谓二乘者见粗动心起,心劳虑,即厌患粗动心、心所故,以止息想作意为先,欲止息想,必起一种作意,即以作意力而止息此想也。用此等作意为先,方有如下所云。依有顶地,须详三界九地等等名数,此姑从略。由观无漏为加行,无漏者,清净法,即以修净观为加行之功。入遮心、心所,遮者遮止,由观无漏,而入于止息心、心所法,欲令不起故。令心、心所渐细渐微。渐微心时,熏成厌心种子,入本识中。此种厌心种子。势力，能损伏不恒行及恒行一分心、心所法令灭。不恒行，解见前。恒行一分，谓染污意。即依此等心上分位，而立灭尽定之名。

四无想天。《广论》云："谓无想定所得之果，生彼天已，彼天即无想天。所有不恒行心、心法灭。"心，心法者，犹言心、心所法。故名。

五命根。《广论》云："谓于众同分中，先业所引住时分限。"众同分者，谓群生各各相似，后另详。此云于众同分中，犹言在人类或他有情类之中。先业所引住时分限者，如某甲寿命百年，则自其受生以至临终，通计所历百年之期，是其住时分限。而此住时分限，则由某甲过去世中善恶业力所引起，故说先业所引住时分限也。《识论》解释命根，则依据其种子义，而说众生住时分限，由其本识中业种子所引，大意自与《广论》同，不过《广论》泛言先业，《识论》则谓先业熏成种子而已。但《识论》涉及异熟识等名词，缴绕不堪，初学无从索解。法相家每无端翻弄名词，令人目眩。即如不相应行法，若直云色心分位，令人入目便瞭，岂不精简？而乃无端立一不相应之名，使人迷乱。忆吾初阅《百法》至此，受困殊深。及得明代僧徒疏本，仍是朦浑乱猜。后读《杂集述记》，始获的解。然既解之后，种种思维，竟不知其有何要义，而必立此不相应之名，此真可怪。若此中命根一名，《广论》所释，尚称精简。而唐僧昙旷据《识论》作释，必牵涉异熟识与异熟果，及趣生体、根依处种种名词，直须将八个识、种子、现行、总报、别报、三界、六趣诸如是等，无量无边，一切贯穿，而后漫漫讲到命根一词上来，将使初学作何领会？此等名词，在佛家哲学思想之全系统中，并无多大意义，而必如此缴绕，耗人脑力。玩弄名词之弊,至此而极。虽然,佛家解析之精,组织之密,立名造词富于包含性与伟异性,决不可以小疵而掩其大美。但学子心粗解劣者,要未许读佛书。现见西人治梵文内籍者,只是语言文字之学,于佛学不相关。

六曰众同分。《广论》云:"谓诸群生,各各自类相似,名众同分。"《识论》云:"众谓众多,同谓相似,分者因也。依诸有情,自类相似,起同智言,名众同分。由众多法上有相似义故,方令人起同法之智解与言说,是众同法为智与言之因,故曰分者因义。或复分者,即是类义,谓人天等,众类同故。"按分义,前解为正,由众多法上有相似义,故得为因,令人起同法之智与言。知识所由成立,实以此等范畴为基础。如无同分义,吾人不能于万法起同智言,即知识为不可能。

七曰生。《广论》:"谓于众同分所有诸行,本无今有,假说名生。"如某甲在人类众同分中,其所有五蕴色心诸行,当某甲未生前,此诸行未曾现起,即是本无,而今某甲生,即诸行现起,是名今有,依此假名为生。

八曰老。《广论》:"谓彼诸行相续变坏,名老。"《识论》云:"诸行变异,说名老故。"

九曰住。《广论》:"谓彼诸行相续随转,名住。"按所言住者,非谓诸行恒时兀然坚凝而住,只是相续随转,假名为住。《识论》等云,诸法生已,相似相续,名住。唐僧崉旷《百法义记》云:"《五蕴论》云:'住者,即是诸行生已暂停。'"今查世亲、安慧两《蕴论》,并无此文,旷胡乱语。

十曰无常。《广论》云:"谓彼诸行相续谢灭,故名。"按言无常者,略有二义。一诸行刹那生灭,名无常。二依诸行相续之相,假说住时分限,如某甲寿百年。一旦此相续相谢灭,如某甲身终。亦名无常。《广论》只约第二义为释。

十一曰名身。《广论》:"谓于诸法自性增语,如说眼等。"按此言诸法自性者,例如眼根净色,是其自性。增语者,于此等自性之上而安立名言,即谓之曰眼,是为增语。增者增益。诸法自性,本离名言,今于其上,安立名言,故是增益。名者音声,而能诠召诸法。诠者诠释。如眼之名,即以诠释眼根净色法故。召者呼召。如眼之名,即以呼召眼根净色法故。由第六意识相应想数,详前想蕴。于诸法境而取像故,其出诸口而为音声,即成为名。身者自性义,名有自性故。如眼之名与耳之名不同,此二名自性异故。基师《百法解》谓二名以上,方名名身。然则此中云名身者,将不摄单名乎? 甚误。

十二曰句身。《广论》:"谓于诸法差别增语,如说诸行无常等。"按差别者,不一之谓。如"诸行无常"四声,合有二名。"诸"声、表多数,"行"声、表色心法,此二声合为一名,即通一切色心法各各自体而总名之。"无"声、表非有,"常"声、表恒常,此二声合为一名。是故聚集多名身而成句身,为显诸法自体之上,具有无常苦空等等差别义故。句身者,身义同前。如"诸行无常"句,与"诸行无常即是苦"句。此二句所诠之义不同,即二句各有其自性也。

十三曰文身。据《广论》云:"文即字,此能表了前二性故。"又云:"前二性者,谓诠自性及以差别。"按自性者,谓诸法自体,如色心等法自体各别故,此名身之所诠也。差别者,诸法自体上具有种种之义,如色心等法自体上,皆具有无常苦空等义故,此句身之所诠也。诠诸法自体上差别义者,为句身之自性。诠诸法自体者,为名身之自性。此名身、句身二性,皆依于字,方能表示显了,故谓字是能表了前二性也。《广论》复云:"文谓名句所依,显了义故。"名句皆依于字,方得显了法义。又云"谓无异转故"者,当谓字不随异方异音而改转。如汉人习梵字,必模仿梵音故。基师谓字但守先住,更不流转变异改移,只约象形字而言。

十四曰异生性。《广论》云:"谓于圣法不得,故名。"凡夫不得圣法,异圣者之生故,故名异生。

十五曰流转。《杂集》云:"谓于因果,相续不断,假立流转。"此中因果,约前后为言,前法为因,后法为果,刹那刹那,相续不断,故名流转。

十六曰定异。《杂集》云:"谓于因果,种种差别,假立定异。"基云:"因果各别故,名定异。"如豆不生麻。

十七曰相应。《杂集》云:"谓于因果相称,假立相应。"如下雨为因,泥泞为果,雨因泥果,虽复异类,而互相顺故,假说相应。

十八曰势速。《杂集》云:"谓于因果,迅疾流转,假立势速。"

十九曰次第。《杂集》云:"谓于因果,一一流转,假立次第。"基云:"一一不俱,称为次第。"

二十曰时。《杂集》云:"谓于因果,相续流转,假立为时。由有因果相续转故。若此因果,已生已灭,立过去时;此若未生,立未来时;已生未灭,立现在时。"

二十一曰方。《杂集》谓即于色法遍布处所,因果差别,假说上下东西等方。

二十二曰数。《杂集》云:"谓于诸行,一一差别,假立为数。"

二十三曰和合。"谓于因果,众缘集会,假立和合。"

二十四曰不和合。普光《百法疏》云:"诸行缘乖,名不和合。"

如上色心分位假法,共有二十四种。然亦略示其概,未能遍举。故《显扬》云,复有诸余如是种类差别,应知。

〔识蕴〕　色法、心所法及色心分位假法,如前四蕴,一一释讫。今此识蕴,只约八识心王而言。心王名义,详前。

《广论》:"云何识蕴? 谓于所缘,了别为性。"此中识言,通目八个心王。以下省言八识。于所缘而起了别者,此乃八识之通相,故总说言。凡识皆以了别为自性。如眼识,以青色境为所缘时,即起如是青色境之了别,此了别即眼识。耳识,以声境为所缘时,即起如是声境之了别,此了别即耳识。鼻识乃至第八赖耶识,皆应准知。

八识名数,下卷另详。

按《广论》识蕴一段文字,初学难解。兹录如下,而为之疏。初学熟玩此等文势,余处应可思择。

《广论》:"云何识蕴? 谓于所缘,了别为性。疏曰:详前。亦曰心,能采集故。疏曰:心者,采集义。本唯第八赖耶,得专受此称。但若宽泛言之,则八个识亦通名为心云。亦名意,意所摄故。疏曰:意者,思量义。本唯第七末那,得专受此称。但若宽泛言之,则八个识亦通名为意。何以故? 诸了别法,皆在意之一名所含摄之内故。若最胜心,即阿赖耶识。疏曰:虽八识亦通名心,而此八种心之中,唯第八赖耶为最胜。此能采集诸行种子故。疏曰:心以采集为义者,即谓采集种子故,故唯第八特名为心。

又此行相不可分别,疏曰:赖耶行相深微,恒任运起,而无分别。前后一类,相续转故。疏曰:前灭后生,恒相续转,无有断绝。又由此识,从灭尽定、无想定、无想天起者,疏曰:此识谓赖耶。灭尽定等,均详行蕴不相应中。入此诸定者,前六识不现起,唯有种子含藏赖耶自体之中,若赖耶从诸定出,或现起于欲界人道中。了别境界转识复生,疏曰:转识者,前七识之通名。下卷另详。今此云转识,则只约前六识,即眼识乃至意识是也。此六识能了别一切境界,昔在灭尽等定中,是诸转识不生。今既出定,即彼赖耶从定中而现起于人道中,则了别境界之转识,俱以赖耶为根本依而复生起。根本依者,赖耶之别名,谓前七识通依此为根本故。待所缘缘差别转故。疏曰:前六转识,皆待有所缘境,差别而转。转者,起义。差别者,不一义。如眼识待所缘色境而起,耳识待所缘声境而起,乃至意识待所缘一切法境而起,名差别转。数数间断,还复生起,疏曰:六转识,皆有时间断。如重睡等位中,六识不行故。然虽间断,仍复得生起。又令生死流转回还故。疏曰:第六意识造作善恶业故,而能令第八赖耶识轮回生死海中,不得出离。阿赖耶识者,谓能摄藏一切种子,疏曰:赖耶摄藏前七识种及其自种。又能摄藏我慢相故,疏曰:第七末那识,依赖耶起而执赖耶为自我,起大我慢,故赖耶是我慢相所依处,因此假说摄藏云云。又复缘身为境界故。疏曰:身者即眼等五净色根,详前色蕴中。五净色根,总名根身,赖耶执持此根身为自体,亦复以根身为其所缘之境界,故唯识说根身为赖耶相分。又此亦名阿陀那识,执持身故。疏曰:阿陀那者,执持义,执此根身故。

　　最胜意者,谓缘藏识为境之识,疏曰:虽八个识皆得名意,而第七末那,恒内自思量我相,故意之名,特属第七而称最胜。此最胜意非他,即缘藏识为境之识是也。藏识者,赖耶之别名。第七执赖耶以为自我,故云缘赖耶为境。**恒与我痴、我见、我慢、我爱相应**，恒字注意。本惑诸数中，如痴数中我痴，恶见数中我见，慢数中我慢，贪数中我爱，皆恒与末那相应，无有不俱之时。**前后一类**，疏曰：唯是有覆无记。**相续随转**，疏曰：恒与赖耶俱有，无断绝故。**除阿罗汉圣道灭定现在前位**。疏曰：阿罗汉云云者，此等灭定现在前之位，即末那执我之相已被折伏，令不现起，故唯除此位。若此以外，末那即恒现起。

　　如是六转识及染污意、疏曰：第七执我，故曰染污。**阿赖耶识，此八，名识蕴。"**疏曰：此总结也。如此中所说，赖耶即是轮回之主体，死此生彼，恒不断绝。若本此旨，而宽泛言之，即个人之生命，死后不断是也。此等理论，在哲学上亦得依据信念而成立之，不必遽斥为迷信也。须知穷理至究极时，只有信念为依据耳。唯灭尽等等定境，某天如何，某界如何，某地如何，在佛书中似作事实叙述者然，实杂宗教思想。吾于此，只存而不论。

　　此五蕴法，若综合言之，实只色心二法。受、想、行三蕴中，一切心所法，皆摄属心法。行蕴中不相应法，并属色心分位，然心为主故，亦摄属心法。参看《杂集述记》。

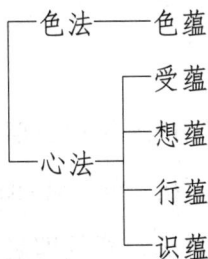

```
        ┌─色法──色蕴
        │        ┌受蕴
        │        │想蕴
        └─心法──┤行蕴
                 │识蕴
```

　　佛书中识字，含义广狭，须随文抉择。如《五蕴论》中识蕴，此识字专目心王，以心所法皆在受、想、行三蕴中已说故。除此而外,凡言识者,多摄心所法。如云眼识缘色,此识字,便摄其相应之心所,非单举眼识心王也。又如云万法唯识,此识字,即总目一切心、心所法,决非单举一切心王也。

〔十二处〕《广论》云:"问:处为何义? 答:诸识生长门是处义。"谓识虽有自性,而不孤起,必依根仗境,方乃得生,故根境合名为处。十二处者,谓眼处、色处、耳处、声处、鼻处、香处、舌处、味处、身处、触处、意处、法处。

眼处………色处

耳处………声处

鼻处………香处

舌处………味处

身处………触处

意处……法处

 ⋮   ⋮

六根   六境

眼等五处,及色声香味处,详前色蕴造色中。触处,《广论》云:"谓诸大种及一分触。"按一分触者,谓所造触,亦详色蕴大种及造色中。但两《蕴论》并云:"意处即是识蕴,法处谓受、想、行蕴,并无表色等,及诸无为。"此释意处嫌泛,释法处,益缴绕而无理。若依后来唯识而言,意处即意根,如末那为第六之根,赖耶与末那互相为根,下卷另详。是诸根义,皆意处摄。法处,摄一切

76

法，凡为识之所缘者，通名法故。

〔十八界〕　据两《蕴论》等，列举如左：

六根……六境……六识

眼界……色界……眼识界

耳界……声界……耳识界

鼻界……香界……鼻识界

舌界……味界……舌识界

身界……触界……身识界

意界……法界……意识界

六根、六境、六识，合名十八界。眼等六界，及色等六界，如处中说，可不赘。意界，应摄第七第八意根，如前已说。法界，不唯意识所缘一切法，应知亦摄第七第八境。

六识界者，《广论》："谓依眼等根，缘色等境，了别为性。"按眼识，依眼根，缘色境，即此了别色境之了别，是眼识故。耳识，依耳根，缘声境，即此了别声境之了别，是耳识故。乃至意识，依末那为意根，缘一切法境，即此了别一切法之了别，是意识故。第七末那识，依赖耶为意根，亦执赖耶为我，《广论》所谓缘藏识为境是也。即此思量我相之了别，是末那识故。第八赖耶，依末那为意根，缘根身器界等为境，即此了别根器等之了别，是阿赖耶识故。虽云六识界，而意识界中，亦摄第七第八，应如理思。

《广论》释意界，谓："即彼无间灭等，为显第六识依止。"按此云无间灭者，即过去意。前念已灭之意识，名过去意故。灭简现在。言灭者，所以简异于现在法故。无间之言，谓由过去已灭识，望现在识,中间无有间隔,谓即前前识灭已,后后识继起,继起之识,亦不必与前念灭识紧接,意识有断时故。然虽有断时,而后起之意识,仍是继过去意识而起。中间都无他类法为间隔故。若前已灭而后未生时,中间有他类法生,即此意识前后相望,中间有他类法为间隔也。今此不然,故名无间。小乘只立六识,无第七、八识,而其言意根又不许色法得为根,此义详在下卷。故说过去意,即无间灭识,是第六意识之根。易言之,即现在意识,依止过去意得生。《广论》云"为显第六识依止",即此意也。《蕴论》释意根,尚据小乘义。及《摄论》成立第八赖耶,因说有第七末那,于是以末那为第六意识之根,理论益精密。《识论》破小乘过去意,以过去灭法,无自性故,非思量故,义极精审。法相家多因仍小乘义,虽说有八识,而于意根犹承小学,唯识改定极是。上文,释处中意处,便据唯识,学者宜知。

《广论》:"问:界为何义? 答:任持无作用性自相是界义。"按《杂集论》有云"能持自相义是界义",与《广论》同,但《广论》于自相二字上,增置"无作用性"四字。今先释持自相义。自相,犹云自体。如眼根,有自体故,名眼界。耳根,有自体故,名耳界。余应准知。持谓任持,根等诸法,等者谓境及识。各各能任持其自体而不舍失故。凡法,若不能任持自体,即吾人不能有认识。试即根中,眼根为例。如眼根不能任持自体,倏忽为此,倏忽为彼,即此眼根完全不可捉摸,吾人如何认识之乎? 唯眼根能任持自体而不失故,故为吾人所可认识。由此眼根有持自体义故,说名眼界。眼界如是,自余诸界,耳界乃至六境六识等界。皆应准知。问曰:"已知持自相义,如何是"无作用性"义?"答曰:《广论》于自相二字上,增益"无作用性"一词者,明根境识诸法虽各各有自体,而都无实作用故。识能取境，而不可视如人等有实作用性故。根为识所依，境能为缘生识，而皆不可视同实物，谓有实作用性故。根为至此，为句。《广论》恐人于根等自性，计执有实作用，故加"无作用性"一词，以明示根等自性具有如是意义。佛书中多有此等词句，而论文尤甚，读者最不宜忽。

又《杂集论》云："问：界义云何？答：一切法种子义，谓依阿赖耶识中种子，说名为界，界是因义故。"此中以因义释界，谓一切种，与前解异。依前解，界是体义，谓诸法自体故。

凡佛书中言界者，略有三义。一曰界者体义。此复随文取义：有以诸法自体言者，如上文以持自体义，释根等十八界是也；有以诸法之实体言者，如真如亦别名法界，此界是体义，即谓一切法实体是也。二曰界者因义，已见上文。三曰界者类义，如欲界色界等，界类别故。读者务随文抉择。

如前所述，十二处、十八界，不过将五蕴中所有法数，另作一种编排。因此，在处与界中，都没有多话说。但两《蕴论》于法处、法界，均将无为法列入，此中姑据两《蕴论》为言，实则此种说法，余论皆有之。则无端缴绕，而自乱其例矣。揣其所以如此，或因蕴中摄法不尽，不摄无为法故。故于法处，必欲摄无为法。又以受、想、行蕴并无表色，法处以外，都不摄故，遂亦摄法处，可谓矫乱至极。夫眼等五处，皆以根言，何独意处非根，而泛云识蕴耶？色等五处，皆以目境，何独法处非境，而以与心相应之心所，亦摄法处耶？至无为法，若为正智所缘时，本可假说名境，摄入法处。但不必列举，只泛称一切法，或一切所缘境，则无为法自摄法处中矣。若十八界中，法界误释，准处中可知。印度人论述，务求精析法义,条分件系,排列整齐,此其所长。然过求解析,往往失之烦琐;过求整齐,往往失之牵强拉杂。读其书者,所贵辨章得失,毋忽所长,毋堕所短。

〔无为法〕 无为法者,对有为法而得名。云何有为法? 谓即色心诸行是。问:"色心诸行,由何义故,亦名有为耶?"答曰:诸行即是生灭法故。生灭法者,生灭灭生,无断绝故,有起作故,故名有为。问:"《新论》初版第十五页,谈因缘中小注云,有能生力用,故名有为。是则言生,未尝言灭。今此以生灭释有为,何耶?"答曰:《新论》释因缘中,但约能生义边而说,理实言生,即亦赅灭。若非故灭,焉有新生? 应知言生,便已显灭。

无为法者,谓色心诸行实性,易言之,即一切有为法实体。《大智度论》卷三十第十四页:"复次,离有为法则无无为,所以者何? 有为法实相,即是无为。按实相即实体之异名。见前相字条。无为相者,则非有为。"按执有为相,以推度无为,便成邪谬。数语精简,最宜深玩。法相家于一切法,析成零碎。其于有为无为,亦剖析为二片,而无综会之辞。今此引《大智度》有为法实相即是无为云云,庶几圆融无碍。故治法相学者,贵得空宗指要。

《广论》:"云何无为? 谓虚空无为、非择灭无为、择灭无为及真如等。"

《百法》:"无为法者,略有六种:一虚空无为,二择灭无为,三非择灭无为,四不动灭无为,五想受灭无为,六真如无为。"

按《百法》谈无为,析以六种,较《广论》加详,兹据《百法》为释。

问曰:"夫无为法者,即是一切有为法实性。若克就有为而言，固是条然宛然，万有不齐。条然分殊貌，宛然不实貌。若摄有为归无为，即一味平等，绝无差别。《百法》谈无为，析以六种，有何义趣？"答曰：无为法者，又名一真法界，万法实体，名为法界。一者绝对义，非算数之一。真者真实。本无差别，但从证解方面，义说六种。易言之，即依证解所及，以如是六种义，显无为相。因此，假说六种无为，理实无为不可解析，不可分别种类。何以故，无为不是一件物事故。此语吃紧。

　　虚空无为者，谓真常理，离诸障碍，犹如虚空，豁虚离碍，从喻得名。真常理体，难以言显，故假虚空为喻。儒者亦言心体虚明，无有滞碍，犹如太虚，义与此通。下五无为，义仿此说。

　　择灭无为者，择谓简择，此即别境中慧数，慧通善等三性，今此简择，是无漏善慧。灭谓断灭，由无漏智，断诸障染，所显真理，因立斯名。别境中慧数，凡位有漏，不得名智。圣者断除有漏，而得无漏，此慧亦更名智，又称无漏智。

　　非择灭无为者，一真法界，本性清净，不由择力断障所显。如虚空寥阔，非由日光力灭除云雾始显其空。或染诸法，缘阙不生，所显真理。如孟子所谓夜气，即染缘暂阙，不生障故，因得显露本心，无诸邪妄，义与此通。以上二义，故立此名。由上二种所显真理，皆名非择灭无为。

　　不动灭无为者，第四静虑以上，唯有舍受现行，静虑者，禅定之别名。此所关涉之名数甚繁，兹不及详，前色蕴无表色中，亦可复阅。舍受者，以不苦不乐故名。不为苦乐所动，因此所显真理，名不动灭无为。灭者，谓苦乐灭故，或诸粗染相灭故。

　　想受灭无为者，灭尽定中，诸不恒行心、心所法，谓前六识。及恒行一分心、心所法，谓染污意。皆伏灭故。复阅前不相应行法中灭尽定。然但名想受灭者,以想受用胜,受心所详前受蕴。想心所详前想蕴。就强为名故。强者灭已,自余不言可知。由想受灭所显真理,名想受灭无为。此中涉及诸定诸天等等名数,皆略而不谈云。

真如无为者,普光云:"法性,本来常自寂灭,不迁动义,名为真如。"见《百法疏》。基云:"理非倒妄,故名真如。真简于妄,如简于倒。"又曰:"真如者,显实常义,真即是如,如即无为。"见《百法解》。昙旷云:"何故无为名为真如,由彼自性无变异故,真即是如。"《百法义记》。

如上六种,总显法性,法性者,亦云一切有为法实体。寂寞冲虚,湛然常住,无所造作,故曰无为。

〔**止观**〕《显扬》卷二云:"止者,由缘三摩地影像境作意故,三摩地者,定之别名。参看前行蕴定数中。影像境者,第六意识起时必有影像生,如定中之心,内敛寂静,此时心上必现寂静之相,是名影像境。作意心所,详行蕴中。此言止者,由定心所起时,令心及余心所成定,即缘彼定中影像,而有作意俱起相应,策动定心,令不退故。得安三摩地故,于定中得安故。住心于内。"不随境迁动也。此宜深玩。"观者,由缘三摩地影像境作意故,得安三摩地故,简择诸法。"简择,详行蕴别境中慧心所。此慧于转成无漏时,即名为智,亦云真慧。由智简择力故,于法相法性,若有若无,一切抉择,无诸迷谬,无有戏论。即止即观,即观即止,是名止观双运。

〔**十二缘生**〕 本名十二支。初无明支。无明即本惑中痴数,详在行蕴。庄生曰:"人之生也,固若是芒乎? 其我独芒而人亦有不芒者乎?"芒即无明之别名。伏曼容释《易》之《蛊》曰"万事起于惑",惑亦无明之别名。《分别缘起经》云:"如是无明,隐覆真实,显现虚妄,以为行相。"《唯识述记》:"无明支,亦通种子而言。"无明，是心所法，而有自种为因故生，唯识说一切法皆有种子，故言无明，亦必兼举其种。

二行支。谓即身、语、意三行，此行之自体，即是思数，详在行蕴，行亦名业。《唯识述记》："行支，亦通种子而言。"

三识支。《缘起经》："云何为识？谓六识身，眼识、耳识乃至意识，是名为识。"《唯识述记》则云："识支，唯取阿赖耶识亲因缘为体。"按亲因缘者，即谓名言种子。云何名言种？下卷当详。引《瑜伽》卷九十三为证，是唯识与经说异。

四名色支。《缘起经》："云何为名？谓四无色蕴，一者受蕴，二者想蕴，三者行蕴，四者识蕴。云何为色？谓诸所有色，一切四大种，及四大种所造。"详此，则通取五蕴，合名名色，五蕴已说如前。似与余支，多相杂乱。然余支据其胜用而别说故，亦不相妨。吾著《破破新唯识论》谈十二缘生处，可资参考。《唯识述记》则谓色蕴中除根，下另说六处故。名中四蕴，受蕴全除，下另说受支故。行蕴中触，除第八识等相应触。下有触支。然无明与爱，亦均行蕴所摄，无明即本惑中痴数，爱即贪数，皆摄行蕴。《述记》未除，犹嫌杂乱。名色支，据《述记》亦皆通种子而言。吾谓十二缘生，须宽泛说去，若析得太死煞，终说不通。即如《述记》将行蕴中除去若干，其所余下的东西，又是怎样生法？仍以经说为正。

五六处支。《缘起经》："谓六内处，眼处、耳处乃至意处。"《述记》亦通种子而言。

六触支。《缘起经》："谓六触身，眼触、耳触乃至意触。"《述记》："除第七识，取第八相应触。"又引《大论》卷九，说六触身，名为触故。此支，唯识亦通种子而言。

七受支。《缘起经》:"受有三种,谓乐受、苦受、不苦不乐受。"《述记》云,此受,唯在种位。唯约受心所之种子而说故。

八爱支。《述记》:"唯取爱数一法为体。"爱数,即贪心所之异名。此言贪心所一法,是爱支自体故。亦通种子而言。《缘起经》说"爱有三种,谓欲爱、于欲界而起贪,故名欲爱。色爱、准上可知。无色爱。"

九取支。《缘起经》:"云何为取?谓四取,一者欲取,按欲即别境中欲数,取者执着义,若于所欲求而坚执不舍者,即名欲取。二者见取,三者戒禁取,按此与上见取,并详前行蕴五见中。四者我语取。"按由坚执我故,遂亦坚执我语,名我语取。《述记》有说取支通一切烦恼为其体,殊嫌宽泛,要以经说四取为正。然四取复依三见及贪假立,其体即恶慧与贪,恶慧,即别境中慧数,本通三性,此与染心、心所相应者,故名恶慧。贪即本惑中贪数。亦通种子而言。

十有支。《述记》云:"即前行及识、名色、六处、触、受为爱与取所滋润故,转名为有。"《缘起经》云:"有谓三有,谓欲有、色有、无色有。"《述记》所说较精。

十一生支。《缘起经》:"谓彼彼有情,于彼彼有情类,诸蕴生起,是名为生。"诸蕴,即色等五蕴。

十二老死支。《述记》云:"即五蕴变灭。"变者衰变,谓老即形气衰损故。灭者灭坏,死时诸蕴坏尽故。

此十二支,相缘而起故,起者生义。亦名十二缘生。是中缘者,即依藉义。《缘起经》云:"谓依此有故彼有,此生故彼生,所谓无明缘行,行缘识,识缘名色,名色缘六处,六处缘触,触缘受,受缘爱,爱缘取,取缘有,有缘生,生缘老死。"

云何无明缘行?谓于真理无知无见故,愚痴故,黑暗故,以此为缘，而发身语意行。

云何行缘识？谓由业种业者，造作义，即行之异名。诸所造作，熏成种子，入本识中名为业种。为缘，感发本识中亲因缘种，令起现行故。此中识支，依《述记》解。

云何识缘名色？谓由本识从种现起故，即有色心诸蕴，因说识缘名色。

云何名色缘六处？《缘起圣道经》云："由有名色，便有六处，如是六处，名色为缘。"

云何六处缘触？《缘起圣道经》云："六处为缘，而有其触，由六根处，能触境故。"

云何触缘受？由于境有触故，故有苦乐等领纳，因说触为受之缘。

云何受缘爱？由于境有领纳故，遂生爱染，故说受为爱之缘。

云何爱缘取？欲等四取，若无爱染，即不生故，故说爱为取之缘。

云何取缘有？由爱与取，合润业及识等五种故，五种下详。转名为有，故说取为有之缘。

云何有缘生？谓业及五种，由爱与取所合润故，如外种由水润已，势用方胜，即名为有。由有为缘，即有其生，因说缘有故生。

云何生缘老死？有生，故有老死，因说生为缘故，有老死。

此十二支，复分四支。一、能引支，谓无明与行，能引识等五果种故。能引假说名因，所引假说名果。

二、所引支,谓本识中有亲生当来异熟果所摄识等五种子,皆前二支所引发故,异熟果,俟下卷另详。当来犹言未来。前二支即无明与行。识等五者,一识支、二名色支、三六处支、四触支、五受支,此五各有自种,故云五种子。

三、能生支,谓爱及取与有,能近生当来生、老死二支故。

四、所生支,谓生与老死,是爱取有三支近所生故。

附节《缘起圣道经》。

尔时,世尊告诸大众:"吾未证得三菩提时,按三菩提者,正觉义。独处空闲,寂然晏坐,发意思维,甚奇世间,沉沦苦海,都不觉知出离之法,深可哀愍。谓虽有生、有老、有死,此没彼生,而诸有情不能如实知生老死出离之法。

"我复思维:由谁有故,而有老死?如是老死,复由何缘?我于此事如理思时,便生如是如实现观:由有生故,便有老死。如是老死,由生为缘。按如理思者,适如其理而思,不以情见妄推度也。现观亦云现量,由能知心,于所知境,明了观察,符契正理,而不杂一毫虚妄分别,此名现观或现量云。

"我复思维:由谁有故,而得有生?如是生者,复由何缘?我于此事如理思时,便生如是如实现观:由有有故,便得有生。如是生者,由有为缘。

"我复思维:由谁有故,而得有有?如是有者,复由何缘?我于此事如理思时,便生如是如实现观:由有取故,便得有有。如是有者,由取为缘。

“我复思惟：由谁有故，而得有取？如是取者，复由何缘？我于此事如理思时，便生如是如实现观：由有爱故，便得有取。如是取者，由爱为缘。

“我复思惟：由谁有故，而得有爱？如是爱者，复由何缘？我于此事如理思时，便生如是如实现观：由有受故，便得有爱。如是爱者，由受为缘。按自爱以下，如受支、触支并六处支、名色支、识支，逐层说法，皆同上文，兹略而不录。谓识为缘而有名色，名色为缘而有六处，六处为缘而有其触，触为缘受，按言触为缘而有受也。下准此。受为缘爱，爱为缘取，取为缘有，有为缘生，生为缘故，便有老死愁叹忧苦扰恼生起，如是积集纯大苦聚。

“我复思惟：无有谁故，而无老死？由谁灭故，老死随灭？我即于此如理思时，便生如是如实现观：无有生故，便无老死。由生灭故，老死随灭。

“我复思惟：无有谁故，而无有生？由谁灭故，此生随灭？我即于此如理思时，便生如是如实现观：无有有故，便无有生。由有灭故，生即随灭。

“我复思惟：无有谁故，而无有有？由谁灭故，此有随灭？我即于此如理思时，便生如是如实现观：无有取故，便无有有。由取灭故，有即随灭。

“我复思惟：无有谁故，而无有取？由谁灭故，此取随灭？我即于此如理思时，便生如是如实现观：无有爱故，便无有取。由爱灭故，取即随灭。按自取以下，爱支乃至识支，说均同上，故略。

“无明灭故，行即随灭。由行灭故，识亦随灭。由识灭故，名色随灭。名色灭故，六处随灭。六处灭故，触亦随灭。由触灭故,受亦随灭。由受灭故,爱亦随灭。由爱灭故,取亦随灭。由取灭故,有亦随灭。由有灭故,生亦随灭。由生灭故,老死愁叹忧苦扰恼皆亦随灭,如是永灭纯大苦聚。"按十二缘生,乃释迦氏所反复宣说,详在《阿含》。无明乃至老死,是流转相。无明灭乃至老死灭,是还灭相。自释迦以后,佛家大小乘部别虽多,然在人生论方面,始终不离此根柢。《缘起圣道经》全依据《阿含》,故节录如上,冀学者了然佛家本恉。

吾于《破破论》谈十二缘生,虽训释名相,不必甚符经论,而大指殊不相违。间与诸生论及此,诸生有随笔之者,较《破破论》为详。兹附之如左:

《阿含》详谈十二缘生义,可见佛家元始思想只是人生论,而宇宙论即并没于人生论中,故不另谈宇宙论。

十二缘生,是据凡位即染位言,而有顺逆观。顺之即无明乃至老死,即苦集二谛。逆之即无明尽,乃至老死尽,即灭道二谛。西洋哲学家皆建立一法,如心或物,或非心物。以为诸法本原。诸法者,即谓现象界。而十二缘生之说,既不于自家生命以外,别说有客观存在的宇宙,更用不着为所谓客观的宇宙寻找一个托子或因素。只反在当躬,把自家生活认识清楚,不过是无明乃至老死一串互相关联而又相续不断的事情。岂不妙哉! 岂不妙哉!

此中缘者,藉义。无明缘行,由无明为缘故,行乃生。无明不是行的本原,只是于行作一种缘藉。以下缘字,皆准此知。须知十二缘生说纯是对于吾人生活内容的一种描写,绝不用意见去推求人生的来由,推来由,便已是无明。只就吾人生活内容的多方面,切实描写。十二缘生说,只是如此,须虚心领会,必恰如其分而领会之。

无明居首，此义深微，真不可穷。吾人戴天而能问天如何有乎？履地而能问地如何有乎？吾人又能问生何所从来，死将何所往乎？乃至一饮一食，能问其所以必饮必食之故乎？总之，人生种种，不容起意设问道理。如其设问，亦无可答。即答，亦终归无答。如问，汝何故食？曰饿思食。又问，汝何故饿？汝将在生理上说一些道理来。吾更就生理层层诘汝，到了最后，还是不知如何有生，而且不知如何叫生，又如何要生，此为必然之结果。然则汝所答者，其为答耶？抑实无答耶？是其为无答也无疑。人生日常用心，总是处处设问道理，而不知其所谓道理，元来都是不容问，不容答。他偏要于此问答纷然，结果只是一团迷雾，这个迷雾，就叫无明。而此无明，势用极大，由此为缘，遂得生行。佛家毕竟破无明而得正智。吾《易》之《乾》，亦曰大明，此义须另详。

行亦名业，即造作义。一切造作，缘惑无明。故生。惑无已故，造作亦不已。惑无穷故，造作亦无穷。

通无明与行而观之，则哲学家所谓盲目无明。的冲动，即行。亦近是矣。

然此造作的势用，本缘无明而有，却以无明故，偏不安于无所解释，必作种种虚妄分别。此分别即识，此识即缘造作而有；设无造作，亦即无所谓分别。故曰行缘识。言行为缘故，识乃得生。

由虚妄分别故，遂于自家浑一的生命中，无端分出能所。即分别有所谓内而自我身心、外而世界，故曰识缘名色。名色即通目五蕴，色蕴名色，余四蕴谓之名。虽更有异解，然不过小异。总之，五蕴即赅摄内而身心外而世界以言之也。由识分别为缘故，名色得生，即见有自己身心，及身心以外之宇宙，此谓识缘名色。

由名色为缘，六入得生。六入即六根，亦云六处。乃向外追取的六种工具。既分别内而身心、外而宇宙，则向外追取之具自生，故曰名色缘六入。

有六入故，触亦俱有，故曰六入缘触。由六具六种工具。有追取势用故，其追取于境，即领似其境而起变异。此所云领似其境而起变异者，即名为触。如眼入追取色境，即领似此色境而起变异。由眼入以此色为己所取物，是时眼入对色即起一种变异也。故触，以六入为缘而得生。此中言触，与旧唯识师讲触心所处不必同，即与《新论》谈触处亦相异也。

由触为缘故，受乃得生。受者领纳，有苦受乐受等，即快不快之情是也。触于境故，便有苦乐等受生。

由有受故，爱亦随生，故曰受缘爱。难言哉爱也！触境起受，而自有不容己之爱。不容己三字，宜深玩。若无此爱，即人生一息不能生活下去。故人生之最难言者，莫如爱。或问："乐受为缘，其爱不舍，是事无疑；苦受为缘，何堪起爱？"曰：当苦受时，必努力求避此苦，人之自爱其生，往往因苦受之至而益显，子何不思！

爱为缘故，取乃得生。取者，追求义。六入但是追求之具，此中取者，即克就追求的势用之本身而言也。爱不容己故，追求亦不容已，此真人生之秘也。

取缘有者，即前行支乃至受支，为爱与取所滋润故，转名为有。前之行支乃至受支，皆为各别的势用。今此所谓有，则不是表示一种实势用之辞，但谓行至受，为爱与取所滋润故，各各势用增盛,名之为有。

由有为缘,而乃有生,由生故有老死,此不必一一详说,但深心体玩即得。若粗忽过去,便于此义无入头处也。

〔三苦〕《显扬论·成苦品》首建立三苦相:一行苦,二苦苦,三坏苦。《显扬》行苦列第三,吾置第一者,行苦是诸苦之本,一切苦皆依此而生故。行即诸行之行,义如卷首所说。色心诸行,此中诸行即谓身心。粗重所随,谓一切杂染种子,恒与身心随转,令不轻畅故。是故诸行自体是苦,说名行苦。苦苦者,上苦字,逼迫义;下苦字,名词。种种忧患逼迫,皆名为苦,故曰苦苦。苦苦,种类无量,此姑不析。坏者变坏,如十二支中老死,即坏苦故。

〔四谛〕　苦、集、灭、道,谓之四谛。兹据《显扬》卷二《摄事品》,略释名义。谛者,实也,事实如是,即说如是,名之为谛。如苦是实,故说苦谛;集为苦因,是事实尔,故说集谛。余应准知。云何苦谛? 如三苦、八苦等皆是。三苦者,行苦、苦苦、坏苦,已如上说。《显扬》所说五取蕴苦,实即行苦。五取蕴义,详前。八苦者,生苦、老苦、病苦、死苦、怨憎会苦、怨憎会集故苦。爱别离苦、爱欲和合,而今乖离,故苦。求不得苦所求不得,故苦。等。八苦,皆从三苦中分别而说。更有说百余苦者,亦依三苦析言之。集谛者,谓一切三界烦恼及业,皆名集谛。三界者,欲界、色界、无色界。烦恼即本随诸惑,详前行蕴中。业体即思心所,亦详行蕴。一切烦恼及业,能为感苦之因,故说名集。灭谛者,谓由真慧简择力故,真慧,详前无为法中注文。于集谛即诸惑及业,惑即烦恼别名。悉令无余断弃、断弃已尽,故云无余。吐尽、如吐弃秽物令尽故。离欲、离诸染欲。灭没、一切杂染灭没。寂静。染灭尽故寂静。道谛者,谓诸无漏真俗智,真智亦名根本智,俗智亦名后得智。

下卷另详。无漏者，清净义。**此于苦谛、集谛、灭谛，为遍知故，**遍知一切苦谛。**为永断故，**永断一切集谛。**为作证故，**灭诸杂染，证知真理。**一切圣道。**圣智所行，名为圣道。

〔**二谛**〕 **二谛者，一俗谛，二真谛。俗谛，具云世俗谛。护法云："世谓隐覆，可毁坏义。**按迁流义是世义，堕世中故，隐覆真理，故云隐覆。世间法相不实故，名可毁坏。**俗谓显现，随世流义。"**显现者，世法虽无实，但宛尔有相现故。又幻相生灭不停，名随世流。**此谛理应名隐显谛，隐覆空理，有相显现。**空理者，谓由空诸法自相所显真理，名为空理。**如结手巾为兔等物，隐本手巾，兔相显现，此亦如是。今但名世俗谛。又复性堕起尽，名之为世；**世分过去、现在、未来。过去灭尽，是尽相；现在方起，未来当起，通名起相。故所言世者，即起尽相是。性者，谓诸法自体，是生灭法，此皆与世同有起尽相故，故云性堕起尽。**体相显现，目之为俗。**体相，谓诸法自体。世间诸法虽复起尽无常，本无真实，但亦条然宛然，有体相显现，如所谓宇宙万象是。**世即是俗，名为世俗。谛者实义，约世俗言，有如实有，**所谓有者，如实是有。如瓶如衣，乃至日星大地，于世俗谛，皆实有故。**无如实无，**如依五蕴，而计为我，五蕴实有，而此我相，如实是无。余可思择。**有无不虚，名之为谛。世俗即谛故，**世俗中法，即是实故。**名世俗谛，或复省言俗谛，或复省言世谛。**

真谛，亦名胜义谛。胜谓殊胜，义有二种：一境界名义，二道理名义。境界又略分二种。一者实尘法，得名境界，如色声等物尘是也。二者本非实尘法，而有实体用。如俗谛中，说心、心所为实法；真谛中，真如是实法。真如为正智所缘时，即名境界。心、心所返缘时，其被缘之心，此中言心，亦摄心所。**亦名境界。是诸境界，皆得名之为义。道理者，如无常苦空无我，与涅槃常乐**

我净,诸如此类,无量无边道理,亦皆名之为义。胜义者,于一切义中,最极殊胜,故名胜义。谛者实义,事如实事,宇宙万有,如色如心,诸生灭法,皆依大用显现,而施设色心或宇宙等名,此所谓大用,亦名为事。是事如是,非不如是,离诸戏论,故名如实。理如实理,理谓真如,即诸法实体。然理与事,实非有二,就其显现为万事而言,即此理亦得名为事故,即事即理,体绝言思,故名如实。然此中谈理事,实据我《新论》为释。理事不谬,名之为谛。胜义即谛,亦同前释。此复有多异名,或云实谛,或云第一义谛,或云非安立谛。安立者,施设言说之谓。一真法界,体绝言思,故名非安立。

俗谛中一切法,只于俗谛,说为实有。若推入真谛,即都无自性,说之为空。经言有名无实者,即是世谛。如五蕴中色法,约俗谛言,此色有实自体。若入真谛,色但假名,便不可说色有实自体故。受想行识,亦复如是。

真谛,即一实真如。《涅槃经》云:"文殊师利菩萨摩诃萨白佛言:世尊,所言实谛,其义云何? 佛言:善男子,言真谛者,名曰真法。善男子,若法非真,不名实谛。善男子,实谛者,无颠倒。无颠倒者,乃名实谛。善男子,实谛者,名曰大乘。非大乘者,不名实谛。善男子,实谛者,是佛所说,非魔所说。非佛说者,不名实谛。善男子,实谛者,一道清净,无有二也。"此处吃紧。

又复当知,真依俗立,俗待真诠。俗待真而可诠说也。无真,即无俗可说故。基云:"俗是真家俗,真是俗家真,有俗亦有真,无真亦无俗,真俗相依而建立故。"《大智度论》云:"不坏假名而说实相。"假名,谓俗谛中一切法。实相即真谛。盖即俗而见真,即不于俗中起执,便唯一真,此般若了义。基师《义林》释二谛,广分门类,名相烦琐,纷如乱丝。今此只约二谛大义而谈,除去繁芜。唯识于真俗各分四重,似无必要。

〔**外道十六异论**〕　外道虽有九十六种,大意莫过十六异论。详在《瑜伽》第六、七卷,《显扬》第九、十卷,兹节述如下。

一、因中有果论者,谓雨众外道,雨众即是数论宗摄。但数论宗中有十八部之计不同,此中雨众,或与数论余部取义有别,故另列一派。执诸法因中常有果性。如禾以谷为因,欲求禾时,唯种于谷,禾定从谷生,不从麦生,故知谷因中,先已有禾性。不尔,应一切从一切法生。

二、从缘显了论者,谓即僧佉及声论师。僧佉师计一切法,自性本有,从众缘显,非缘所生。若非缘显,果先是有,复从因生,不应道理。若非以下,申明一切法自性本有,只待众缘方得显了,并非缘合方生。所以者何? 若缘合方生者,则当如雨众计,因中已先有果。不知果既先有,如何又说从因生耶? 以此破因缘生义,而成立其一切法自性本有只待缘显之义。

声生论言:声体是常,而相本有,无生无灭,然由数数宣吐显了。此言声体是本有,但由喉舌鼓动,数数宣吐等等缘力,声相始显,非声本无,今遇宣吐等等缘合而方生故。非字一气贯下为句。

三、去来实有论者,谓胜论外道,及计时外道等,皆计有去来世,去者过去,来者未来。犹如现在,实有非假。小乘亦作此计,今但举外道。

四、计我实有论者,谓兽主等一切外道,皆计有我,有萨埵,有命者、生者等。萨埵、命者、生者三名,皆我之异语。有情识故名萨埵,其现起而为有生命者,故名生者。此生者,寿命有分限故,故名命者。由起五觉,知有我也。五觉者,谓我见色、我闻声等是。谓见色时,萨埵觉等。谓诸众生,于见色时,必有萨埵即我为觉者故。若无我,谁为能觉? 闻声等时,亦可准知。

五、诸法皆常论者,谓伊师迦,计我及世界,皆实常住。即计全常、一分常等。参看《瑜伽》《显扬》。又如唯物论者,计极微是常,亦是此摄。

六、诸因夙作论者,如无惭外道,谓现所受苦,皆宿作为因。若现精进,便吐旧业。由不作因之所害故,言不作因者,由现时不作感苦之因,故名。如是于后,不复有漏。

七、自在等因论者,谓不平等因者计。不平等因者,如计有梵天等为宇宙之因,此因名不平等。以建立一尊,为万有之主宰故。如莫醯伊湿伐罗等,或执诸法由大自在天变化,或丈夫变化,丈夫即是具有人格的神,能与一切法为因,此与大自在天等相似。或计大梵变化为诸法因。总之,凡建立一法,以为万有之因者,皆属此类。

八、执害为正法论者,以损害生命为正法,故名。如诸婆罗门,起如是见,立如是论: 若于彼祠中,呪术为先,害诸生命,若能祀者、若所害者、若诸助伴,彼一切皆得生天。

九、边无边等论者,谓有外道,起如是见,立如是论: 世界有边,世界无边,世界亦有边亦无边,世界非有边非无边。

十、不死矫乱论者,此计有不死净天,谓若有善答他问者,死得生彼。彼谓不死净天。此等外道,遇有来诘问者,即于彼所问,以言矫乱,或托余事,方便避之,或但随问者言词而转。佛家注重因明学,亦与此有关。

十一、诸法无因论者,谓无因外道,计我及世间,无因而起。

又自然外道,亦此所摄。

十二、断见论者,谓如我身死已,断灭无有。犹如瓦石,若一破已,不可还合。

十三、空见论者,妄计无有一切诸法体相。即于真谛理及俗谛中,若事若理,不能如实知故,便总非拨,一切皆空。又不信有善恶因果。

十四、妄计最胜论者,谓如婆罗门,起如是见,立如是论:婆罗门是最胜种类,刹帝利等是下劣种类;婆罗门是白色类,余种是黑色类。如是等计。今五洲各民族,种界之邪见甚烈。

十五、妄计清净论者。谓有外道,于五欲坚著,嬉戏娱乐,随意受用,妄计此即现法涅槃。今日主张物质上之享乐者,亦皆属此流。复有外道,计持狗戒,以为清净。或持牛戒,或持油墨戒,或持露形戒,或持灰戒,或持自苦戒,或持粪秽戒等,计为清净。前行蕴烦恼位戒禁取中,言外道所持戒者,即谓此等,可参看。

十六、妄计吉祥论者,如历算外道,谓日月薄蚀、星宿失度等,有关人事得失。按上十六计,只略就各派之主张相同者,即总区为如是等计。佛家思想,即广对治此十六计,学者所宜究心。

〔数论〕 印度外道与大乘关系密切者,莫如数论、胜论,故此二家,以次略说。

数论,创始者名劫比罗。其后弟子之中有筏理沙,此翻为雨。雨时生故,即以为名。其雨徒党,名雨众外道。梵云僧佉,此翻为数,即智慧数数度诸法根本立名。从数起论,名为数论。此师所造,有《金七十论》,本七十行颂,因金耳国王以金赐之,遂名《金七十论》。世亲为之作长行。可见世亲曾受此派影响。

基师《述记》叙数论义，依《金七十论》，立二十五谛。总略为三，次中为四，广为二十五。

总为三者，谓变易、自性、我知者。

变易者，谓中间二十三谛，即自性所作，名为变易。

自性者，冥性也。今名自性，古名冥性。今亦名胜性。未生大等，但住自分，名为自性。若生大等，便名胜性，用增胜故。

我知者，神我也。

次中为四者，一、本而非变易，即自性是。自性能生大等，故名为本。不从他生，故非变易。

二、变易而非本。一说谓十六谛是也。即十一根及五大，总十六谛。又说，但十一根是。即除五大。此唯从他生，名为变易。不能生他，故非本。

三、亦本亦变易。此复二说。一说谓七谛是也，即大及我慢，并五唯量。又说，并五大合十二法。于前七谛，又并入五大，故为十二法。此从他生，故亦变易。复生他。故亦本。

四、非本非变易，谓神我谛。

广为二十五谛者，一、自性，二、大，三、我慢，四、五唯，五、五大，六、五知根，七、五作业根，八、心平等根，九、我知者，于此九位，开为二十五谛。

问："自性云何能与诸法为生因也？"答：三德合故，能生诸谛。三德者，勇、尘、暗。暗即佛家所谓无明，一名为惑。此中三德，甚有深义，学者宜玩味。

问："此我知者，为是作者，为是受者？"答：是受者，三德为能作故。问："既非作者，用我何为？"答：为领义故。此中义字，当训为境。于境证知,名领义。由有我是知者故,得证于境。余不能知。又从冥性既转变已,有诸境界,我受用故。

自性本有,法尔本有,非始起故。无为常住,唯能生他,非从他生。

由我起思,受用境界。故自性与我,于诸谛中特为根本。前说我非本者,不生他故。今说我亦为本者,能受用他故。

从自性先生大,注意先字。大者,增长义。自性相增,故名为大,或名觉,亦名想、名遍满、名智、名慧。

从大,生我执。我执者,自性起用,观察于我,知我须境,故名我执。初亦名转异,亦名脂腻。

有说,我慢生五大、五唯、十一法。五大者,谓地、水、火、风、空。其所云空者,别有一物,名之为空,非谓虚空无为及空界色等。五唯者,谓声、触、色、味、香。

有说,我慢但生五唯,五唯生五大,五大生十一根,为我受用故。

十一根者,初五知根,谓眼根、耳根、鼻根、舌根、皮根。次五作业根,一语具,谓语所须口舌等是。二手,三足,此中手足,即取皮根少分而言。前取皮总相,今但取支故。四小便处,五大便处。又次心根,《金七十论》说心根即分别为体。有说以肉团心为体。

神我以思为体,故因明说,执我是思。

三德,是生死因。由所转变,扰乱我故,不得解脱。若知二十三谛转变无常,生厌修道。自性隐迹,不生诸谛,我便解脱。其为说大概如此。

兹依二十五谛,列表如左:

卷　上

一　自性

二　大　（从自性生大。）

三　我执　（从大生我执，我执亦云我慢。）

四　声　┐
五　触　│
六　色　├　五唯　（从我慢生五唯。）
七　味　│
八　香　┘

九　地　┐
十　水　│
十一火　├　五大　（从五唯生五大。）
十二风　│
十三空　┘

十四眼　┐
十五耳　│
十六鼻　├　五知根　（从五大生十一根，谓五知、
十七舌　│　　　　　　五作乃至心根。）
十八皮　┘

十九　语具　┐
二十　　手　│
二十一　足　├　五作业根
二十二小便处　│
二十三大便处　┘

二十四心根

二十五神我

99

世亲唯识依数论自性，而改立种子义，其第八藏识，亦与数论神我相当。

〔胜论〕《述记》云，成劫之末，有外道名嗢露迦，此云鸺鹠，造《六句论》，诸论罕匹，故云胜也。其后有五顶者，受其化导，鸺鹠为说六句义法：一实，二德，三业，四有，五同异，六和合。

后其苗裔有惠月者，立十句义：一实，二德，三业，四同，五异，六和合，七有能，八无能，九俱分，十无说。

实有九种：一地，二水，三火，四风，五空，六时，七方，八我，九意。

若有色、味、香、触等，是名为地。若有色、味、触及液润等，是名为水。若有色触等，是名为火。若有触等，是名为风。若唯有声，是名为空。别有空大，非虚空无为，亦非空界色。若是彼此俱不俱迟速能诠之因，是名为时。彼此俱不俱及迟速，以何法为此等能诠之因，即时是也。若无时，则无彼时、此时、俱时、不俱时及迟速可诠说。若是东南等能诠之因，是名为方。东西南北上下等，以何法为其能诠之因，即方是也。若无方，便无东南等可说。若是觉乐苦等九德，和合因缘，能起智相，是即名我。若是觉乐苦等，不和合因缘，能起智相，是即名意。德有二十四种：一色，二味，三香，四触，五数，六量，七别性，八合，九离，十彼性，十一此性，十二觉，十三乐，十四苦，十五欲，十六嗔，十七勤勇，十八重性，十九液性，二十润，二十一行，二十二法，二十三非法，二十四声。

眼所取一依，名色。舌所取一依，名味。鼻所取一依，名香。皮所取一依，名触。一实与非一实能诠之因，是名数。实者，九实，即所数计之物也。非一实者，二以上之数。量有五种，一微性，二大性，三短性，四长性，五圆性。别性者，谓实等差别能诠之因。_{等者，}谓德及业。如九实等，一一差别，以何法为其能诠之因，由有别性故。合者，二物先不相至，而今至，名合。离者，二物先合，而今反之，名离。彼性者，依时、方及数，远觉所待，故名为彼。如云此物是一，彼物是二，故属于数。此时彼时，故属于时。此方彼方，故属于方。此性者，彼性之反。觉有二种：一现，二比。谓根与境合时，有了相生，名为现量。_{此宗意说，眼根舒光，至于色境，方始取之，如灯照物。声、香、味、触四境，来至于根方始取之，故远见打钟，久方闻声，声来入耳，方可闻也。根与境合之时，有了相生，此了相是现量体。}比有二种。_{比者，比度推求。}一见同故，比见不相违法。如见烟时，比知有火。二不见同故，比见相违法。如见雹时，比禾稼损。或见禾稼损，比有风雹。乐是适悦义。苦是逼恼义。希求色等物，名欲。损害他有情等，名嗔。欲作事时，先生策励，有发动势，此名勤勇。坠堕之因，名为重性。_{重故坠堕。}流注之因，名为液性。_{液故流注。}为地等摄受因故，名润。_{由润故，地等有所摄受也。}行有二种。一念因，谓现比智所生数习差别，_{即现比智起已，便有余习续生，为忆念因。差别者，不一义。此以迁流名行，即心行是。}二作因，谓攒掷等业所生势用。_{此言行者，是势用义。}法有二种。一能转，谓得生死胜身之因。_{如于生死中，得人天趣身，即望地狱等名胜身。}二能还，即出世间之因。正智，正因也。非法者，即与能转能还二法相反之因。耳所取一依，名声。

业有五种：一取，二舍，三屈，四伸，五行。

若于上下虚空等处，极微等先合后离之因，名为取业。_{如室东隅处，有极微和合物，名书桌。此书桌即诸极微，先与室东处合，而今离异}

者。由此书桌即诸极微,已被取去之故,故此取业,是彼诸极微先合后离之因也。**舍业反此。先离而远,今合而近之因,名屈。**由屈故,使离远者而近合。如熔铁片而屈折之,使其东西两端,近合为一,则屈业是其因也。不屈,则东西两端远离,无缘近合。**伸业反此。有质碍物,先合后离之因,名行业。**行者动义,不有行业,则先合已,终不离异。

有体是一,六句义中,第四句所谓之有,其体只是一。实德业三,同一有故。

同异体多,第五句中,所谓同异,其体便多。实德业三,各有总别之同异故。有总同总异及别同别异,思之可悉。

和合唯一,第六句中,所谓和合,其体唯一。能令实等不相离而相属者,即此和合。

《俱舍钞》曰:六句义。一、实者,通以九法为体,是常。世界成即聚,亦不增;坏即散为极微,亦不灭。与德句二十四法,为所依。《十句论》曰:如是九实,地由几德,说名有德? 答:由十四德,谓色、味、香、触、数、量、别性、合、离、彼性、此性、重性、液性、行。乃至我有十四德,谓数、量、别性、合、离、觉、乐、苦、欲、嗔、勤勇、法、非法、行。意有八德,谓数、量、别性、合、离、彼性、此性、行。

二、德者,通以二十四法为体,此则依前九实。此德,即实上所具之德也。

三、业者,通以五法为体。离前实德外,别有五法,令实德作业。

四、有者,亦云大有。即前实德业,不能自有,由别有一大有有之。此大有非假法,乃有实自体。

五、同异者，离实德业外，有别自性。人与人同，人与畜异，由别有同异法，令其成同异也。同异，亦非假法，准大有可知。

六、和合者，能令实德等不相离而相属故。此和合，亦有实自体，非假法也。

如上略说六句义。其十句义，除与六句相同者外，自余亦不及详。胜论全用解析法，其说至为繁碎，而其观想所至，今人甚难理会。学者若非虚怀澄虑，以细推彼之思路，而如其所经，在自己脑筋中重演一番，则必茫然不知其所谓。学者至此，为一长句。此不独治胜论为然，即于数论亦然。而于佛家之学，尤须如此用功，才有少分相应也。胜论典籍，有《十句论》，《述记》卷五，并其他疏钞，亦须参考。

又胜论建立极微，参考《二十论述记》等。九实之中，唯空、时、方、我，四无质碍，即无极微。余五皆有碍。即有极微。问："地水火风皆极微为体，是说易知。云何意亦有碍？"答曰：据基《记》云："胜论说意是微，微者极微。如二微果许大，而亦有碍。"此与言心亦有原子者同。今谈胜论义，即依彼说，至其当理与否，又为别一问题。

世亲唯识，颇尚繁琐的分析，与胜论方法亦近似。其种子义，亦与极微不无相关。

胜论分析实德业等，其所析果皆精审与否，姑置勿论。但由其义而归纳之，可得一原理焉，即宇宙万象，唯互相依而有已耳，更不须别索原因。如此，即已远离西洋形而上学之种种妄猜，其识顾不卓哉！

数论于宇宙人生之体验，较胜论为深澈，其三德曰勇、尘、暗，吾欲名之曰能、质、惑。势力之谓能，拘碍之谓质，与能质俱始，其动若机括而自不容已者，是乃惑也。深广哉！三德义也。非天下之至精，其孰能与于此！虽然，此自宇宙形成以后言之也，此云宇宙形成以后，明但约形气分上说之，要非真理本然也。未常亲证实相也。若乃于变易见不易，于流行识主宰。则至健而阒，必非与暗相俱之勇。至健而翕，亦似尘而实非尘。湛然明觉，绝诸戏论，固无所谓暗也。《新论》唯显实相，与数论观点截然不同，学者宜分别观之。

若以阒言能，则当曰势用之谓能。着一力字不得，恐其滥于形气界之力也。若以翕言质，则当曰显现之谓质。虽本无拘碍，然非空洞无物，故乃宛尔显现，依此假说名质。

104

卷　下

本卷，准《百法论》成立唯识大指，而旁搜《识论》之体系。取诸名相，详为疏释，具有纲纪。

〔**百法论**〕　具云《百法明门论》，亦世亲撰。世亲始从有部出家，本治小学，<small>小者小乘。</small>后从兄无着闻大乘义，始舍小而入大，未几盛张唯识之论。《百法》一书，依据《瑜伽·本地分》中，略录名数，即心法八，心所法五十有一，色法十一，不相应法二十有四，无为法六，合得百法之数。提纲挈领，取此百法，而彰论旨，成立唯识。<small>论者，抉择法义，而兴诠辨，持之有故，言之成理，故名为论。今此论之恉，则在成立唯识也。</small>云何唯识？以一切法不离识故。说识名唯，非谓唯有识故，方置唯言。<small>非字至此为句。</small>一切法中，识用殊胜，推识为主，故首心法。<small>心法有八，谓一身有八识。此八名数，已见上卷。后当更详。</small>二者心所法，是心助伴，<small>参看上卷。</small>故不离识。心

105

所法五十一，均详上卷。三者色法，识所变故，色是识之所变，至后当详。故不离识。色法，上卷色蕴中已详者，兹不赘。但上卷亦有略而未及者，即十二处中法处所摄色，除无表色外，尚有四种：一、极略色，又名极微。二、极迥色，如明暗光影，及空界色皆是。空界色又分为二，上视者名空一显，下视之名迥，如上总摄极迥色中。三、遍计所起色，如意识思维荷花时，必变似荷花之影像，即此名影像色。四、自在所生色，谓定心所变色等境，皆实有故。四者心不相应行法，是色心分位故，皆不离识。问："色上分位，如何不离识？"答：色不离识故，色上分位亦不离识。五者无为法，是识实性故，亦不离识。无为法详上卷。是故以《百法》与《五蕴》对观，《五蕴》只分析一切法，识与诸法，平列而谈。法相家立说之旨，即此可见。《百法》则识为主，以之总摄一切法，而成立唯识论之统系。宜黄欧阳先生，首明唯识、法相非是一宗，参考《百法》、《五蕴》叙，及《杂集论》序，并《瑜伽》序，均金陵刻经处刊本。诚哉发奘、基未泄之秘。

《百法》总明一切法无我。由何义故名我耶？基云："我如主宰者。如国之主，有自在故。又如辅宰，能割断故。有自在力及割断力，义同我故。"《述记》卷二。基师此释，即偏就人我执一方面而言。实则所谓我者，若宽泛言之，只是计着有实在物事的观念。故凡执有实法者，亦名法我执。

人我执者，谓即坚执有补特伽罗我相。云何补特伽罗？此有二释，若随俗译名，应翻为人。若约义译，名数取趣。夫所谓人者，本依五蕴而假名为人。然皆不悟此是假名，恒于意念隐微中坚执有实人相，亦即计有实自我相，是名人我执。

数取趣者，趣谓六趣，六道之别名，人、天、地狱、饿鬼、修罗、畜生，是名六道。谓诸众生，数数起惑造业，由此能取当来或种趣故。当

106

来犹言未来。或种者,如人趣或天趣等。**别有解云,于六趣中,数数往还,名数取趣,此释较宽。**前释但约现惑业能感当来趣而说。佛家持轮回说,故名人为数取趣。

　　法具轨持二义。上卷开端,及《语要》卷一,并解法字义,此不须赘。若于世所计色心等,但假施设,而说名为法,此亦无过。若于所谓一切法者,而皆计执为实物有,实物有一词,参看上卷行蕴中心所法总束处一段小注。此即名为法我执。凡计有实物相,即是执着相。此执着相,即是我相,故名法我执。

　　又人我执一词,有时省言我执。其法我执一词,有时省言法执。

　　又有云我法执者,我即人我,法谓法我。

　　又有言二执者,即人法二我。

　　又有只言一执字者,实即总合人法二我而言。

　　若论我执具云人我。法执具云法我。二相广狭,二相者,谓二执相状。则法执最宽。于一切法而取着其相,通名法执。若执真如为实物有者,亦是法执。真如,详上卷无为法中。真如亦得省称如。如虽本有,但可冥冥证故,不应当作外在物事而推度故。此处吃紧。我执者,唯执为自、为内,对他名自,对外名内。非于一切法皆计为我人故,故我执便狭。但我执,亦就法执中别出言之。诸有所执着,通名法执。计执我人故,亦是法执。但以执为内自我故,遂别于法执而另名我执。学者切须善会。

　　问:"云何二无我?"答曰:如《百法》言,一补特伽罗无我,二法无我。补特伽罗无我者,谓如五蕴诸色心法,皆互相为缘而有,于中都无实我可得。若即蕴而计为我者,蕴则非一,为计色是我耶？为计一一心、心所皆是我耶？若离蕴而计有我者，我在何处？故知人之一名，但依五蕴假立，都无主宰实自在用。都无一气贯下为句。由此，说补特伽罗无我，亦曰人无我。世所谓人者，实即无我，故名人无我。

人无我故，名为人空，又名我空，又名生空。人我亦名生者，故人我空亦名生空。法无我者，谓如蕴界处诸色心法，蕴界处详上卷。皆互相为缘而有。所谓彼依此有，此亦依彼有；无后不成前，无前亦不成后；无甲不成乙，无乙亦不成甲。一切法相待而有故，绝无独立固存之一物。易言之，即一切法都无实自性。若有实自性，可名为我。既诸法无实自性，即诸法本空。空故无我，是名法无我。亦云法空。

问曰："诸行无实自性，诸行，即蕴处等色心法之都称。详在上卷。名空无我，是可无疑，岂谓真如亦无自性耶？"答言：真如自性，离心言故，真如自性，非心思所涉。何以故？一涉心思，便成为物故。又非言说所涉，何以故？一涉言说，便成为物故。大用昭显，不可言空。本性自寂，离诸妄执，不可言不空。既空与不空，两不可拟，云胡计着真如，而谓有如情见所执之我。云胡至此为句。《涅槃经》卷五十五云："我说涅槃，如幻如梦。"涅槃亦真如之别名。若当有法胜涅槃者，我说亦复如幻如梦。此破法执，最为警切。

佛家说一切法，而不取一切法。故三法印，其一无我。佛家有三法印：一曰诸行无常，二曰诸法无我，三曰涅槃寂静。异此不名佛法。《百法》成立唯识，首明无我，是所宗故。但世亲持论，是否不堕法执，吾读《识论》，窃有疑焉。《新论》之作，知我、罪我，其在于斯。

《般若》明无我，《涅槃》成立常乐我净之我，此不相违。情见

108

所执之我，即二执是。如实是无，而世妄计为有，故应遮拨。内在主宰不随境转之我，此即常乐我净之我。是遍为万法实体，讵可言无？吾心之本体，即是万法之本体，非有二也，所谓一切法皆如也。《涅槃》《般若》立说虽殊，而意自相贯。《新论》融会《般若》诸法无自性义，及《涅槃》主宰义，学者宜知。《新论》《转变》《成色》诸章，于宇宙论方面，融会《般若》诸法无自性义；《功能》《明心》诸章，于本体论及人生论方面，融会《涅槃》主宰义。

〔识论〕 具云《成唯识论》，亦云《三十论》。在昔释尊示灭，佛法一味。及百余年间，有大天者出，始兴诤论，判为二部：一大众部，二上座部。大众部复分为九，上座部析为十一，合二十部。诸部繁衍，约当佛灭后四百年间云。后龙树菩萨兴于南天竺，约当佛灭后六百年顷，始造《大智度》等论，宣说法空，是为大乘。其弟子提婆菩萨造《百论》等，宏阐指要。然末流沉空，将资矫正。迄佛灭后九百年间，北天竺有无着菩萨者，旁治小学，《瑜伽·本地分》多详小乘义。董理大乘。以其对治空见，世遂目其学为有宗，而区龙树、提婆之学为空宗，自是大乘乃分为二。无着异母弟世亲菩萨，本习小乘，遍通异部，造论五百，隐蔽大乘。无着悯之，托疾命诱，中路闻诲，方信大乘，改轨宏扬，亦造论五百。具如别传。

按世亲闻法无着，始归大乘，虽复克承家学，而卒乃自创唯识一派，未尝笃守其兄之说。无着本善谈法相，而已渐具唯识之体系。其生平撰述甚富，就此方所译者言之，当以《大论》及《辩中边》为最要。《大论》乃法相钜典，自来治有宗学者皆知之。《辩中边》已大备唯识之规模，而言唯识者多不之察，乃群奉《识论》

为宗主。此自印土十师已然,非独吾华慈恩派下如此也。吾于上卷,有云唯识学是世亲学者,特据其传授影响而言之,非谓无着不言唯识也。《中边颂》,无着自谓闻之慈氏,与《大论》闻之慈氏,同一托词。盖皆其所自造,而假慈氏以神其说,亦可见其矜重之意。无着造此《颂》,付世亲为之释。基师云:"旧以为世亲所造,非也。"释文既出世亲手笔,自是世亲归趣大乘以后时事,想无着已届暮年,故委释文于世亲也。《颂》初明虚妄分别有,以此具摄三自性,三性后详。宏廓深远,而无世亲识论派烦琐与穿凿之弊。余常欲疏其大义,苦不得暇,冀后之达者,游意于兹。

世亲唯识之论,《百法》总其弘纲,《识论》完其组织,大纲细目毕具。至于《摄论释》重在成立赖耶,《二十论》偏明唯识无境。无境者,谓无心外之境故。及《识论》出,而《摄论》《二十论》之义,亦无不于兹汇聚。《识论三十颂》本世亲晚年所作,释文未竟而卒。十大论师继起,十师者,一亲胜,二火辨,三难佗,四德慧,五安慧,六净月,七护法,八胜友,九胜子,十智月是。法海波澜,至为壮阔。其间护法、安慧,声德尤振。玄奘大师译《唯识》时,本主十家之释,各别全翻。窥基法师特欲糅集十师之义,成为一部,异义纷纶,悉折衷于护法。基师初禀奘师,奘师未允,盖久而后许焉。今所传《识论》,即基师译本,虽云糅集十师,而实一宗护法,无异为护法一家之学。基师称护法云:"此师所说,最有研寻,于诸义中,多为南指。邪徒失趣,正理得方。迥拔众师,类超群圣者,其唯护法一人乎!"《述记》卷一。基师又自述其参糅之绩云:"初功之际,十释别翻,昉、尚、光、基四人同受。数朝之后,基求退迹。大师固问,基殷请曰:'群圣制作,各驰誉于五天,虽文具传于贝叶,而义不备于一本，情见各异，禀者无依。请错综群言，以为一本，楷定真谬，权衡盛则。'久而遂许，故得此论行焉。大师礼遣三贤，独授庸拙。此论也，括众经之秘，包群圣之旨，何滞不融，无幽不烛，仰之不极，俯之不测，远之无智，近之有识。虽复本出五天，然彼无兹糅释，直尔十师之别作，鸠集犹难，况更撼此幽文，诚为未有。"又云："不立功于参糅，可谓失时者也。"《唯识枢要》卷一。详此，则基师揉集《识论》，虽义据十师，而功同独创，匪唯护法之嫡传，实乃世亲之冢嗣。然或者以《识论》独崇护法，九师之旨，书佚难详，又不无遗憾云。基师既成《识论》，更为《述记》，凡论中不尽之义，与众说之待搜罗，己意之当发抒者，皆于记中见之，此传译最善之法。然《述记》文字难读，想是随时笔札，未经整理。基师与其门下疏通《述记》之作，复有八种，卷帙繁重，其内容多不必可贵。学者非专于其业，鲜不废然束阁。实则读此等书，正如入山采宝，虽云荆棘载途，虚劳步履，然偶于无意中得一至宝，其价值不可思议也。《识论》之研究，大盛于唐，唐人章疏目录今可考者，犹百余种。但即其现存者观之，大氐失之烦琐。禅学之徒，起而匡其失，至不立文字，则矫枉过直，虑非梵土佛家本旨也。

印度论文体制，先以韵语，总括全书意义，名之为颂。次依颂作释文，名曰长行，则论之正文也。世亲作《三十颂》，未及为长行而卒。

〔诸识〕　识者，对境受称，设无所缘境，则能缘识之名，亦无自而立故。唯识不谓无境，但不许有心外独存之境，详前谈《百法》中。然识有多名，曰心，曰意，曰了别，曰分别，曰现行，皆其异名也。如某甲有别字、别号。唯心意二名，虽通八识，谓八个识，通名心与意故。而约偏胜义，则第八独名心，集起胜故，集起者，谓集诸种子，起现行故，此据《识论》等说。但《五蕴论》则云采集诸种子故，名之为心，与此稍异。详上卷识蕴中。第七独名意，思量胜故。恒审思量我相，故胜。前六通名识，了别胜故。了别一切境界，前六为胜。此义深详，请咨《摄论》。《所知依分》。

现行一词，有时虚用，即现起之谓，但常用为识之别名。现者，显现义，非如种子沉隐故；非字贯下为句。行者，相状义，识生即有相状，虽本无质碍，而有无相之相，无形之状故。非无自体故。了别即其自体。此识亦名现行者，对种而得名故。种子每省言种，后皆仿此。如某甲对父便名子，今识对种便名现故。现行每省言现。后皆仿此。又现行与识两名，有时并为一个复名词，如曰现行识，或更省言现识，皆随行文之便而用复名，非有何等异义也。

缘字有二义。一、缘虑义，如能缘之缘是也，犹云能知或能观等。二、缘藉义，如缘生之缘是也。凡内典中言缘起，言众缘，言四缘等者，皆此中第二义摄。

《三十论》云："识言总显一切有情，各有八识。"谓凡言识者，总显一切有情各各有八个识，非单就某甲一身中八识而言故。总显二字，注意。云何八识？ 一眼识，二耳识，三鼻识，四舌识，五身识，六意识，七末那识，八阿赖耶识。此八，各有相应心所，举识便已摄所。如举眼识，即摄眼识相应触等法故。心所详在上卷。余准知。

　　将谈八识，须详识所依根。初五识所依根，是谓五根，曰眼根、耳根、鼻根、舌根、身根，此五皆以清净色为体。详在上卷色蕴中。

　　旧作《识论讲疏》云："五根体即净色，清净色，亦省言净色。他处准知。是色微妙，世所不了，但由发识势用，比知是有。比者比度。识生必有凭藉，若非净色根具有发识之势用，此识无缘得生。故由发识，比知决定有根。此根所具之势用，其盛大至不可测。火药炸发，势用虽猛，犹可测量，根之势用，终无物力可为喻况。如眼根，发生眼识，而趣色境，是乃至神，不疾而速。傥有能言其力之几何者，万世一遇，犹旦暮也。"《俱舍·分别根品》说："根者，最胜自在义。"《五蕴》同此。普光《记》云："最胜自在，即是有大势用。"根与扶根尘，和合似一，而实非一。谓一身中，有净色根，有扶根尘，此二和合似一，而实不是一法。扶根尘者，亦名根依处，即是器界之一部分。此尘能扶助净色根故，名扶根尘。又谓此尘是净色根所依之处故，即名此尘曰根依处。或作浮尘根者，大错。

　　唯识诸师，于根义颇有聚讼。如难佗等，说五识功能是名五根，无别净色为眼等根，即以世亲《二十论》、陈那《观所缘缘论》而为依据。安慧以理教相违破之，理教相违者，谓与正理相违及与圣教相违故。广陈九难，详见《识论》卷四，及《述记》卷二十六，其辞甚辩。护法假朋《二十论》等文，朋者，比助义。谓助难佗等张目，而解释《二十论》等文，以为可据也。假朋者，非真有意为助，特故顺之，令尽其辞。安慧复申十辨,直令敌者词穷。盖护法本非赞同难佗说者,其为难佗等所引二论设救,非必故与安慧相反,姑引令安慧盛张其说已耳。《识论》此处文字,须善会。

　　难佗说五识种即五根,则以根为种子之异名,实不许有净色根也。安慧破难佗,其词虽辨,固犹未了难佗本意,而只为名词之争耳。原安慧所谓根者,正目净色。难佗则谓无别净色为眼等根,其说五识种亦名根者,自非安慧之所谓根也。据实而言,安慧与难佗之争,乃在根之为有为无,而非种子是根与否之问题。设难佗亦许有所谓根者,则根与种非是一物,又何待剖? 然安慧斤斤焉辨种之不可为根,卒不悟难佗所言根者,与己殊恉,此所以虽辩而无当。至护法乃如射者中的矣。护法以难佗不许有净色根,乃依教理以折其净。其说以为藏识变似色根,藏识者,赖耶之别名。有圣教量,为楷定故,不可拨无。又根相虽非现量得,依世间说故,非现量所得。而由发识用,比知是有。《述记》二十六第十一页:"以有发生五识用故,比知有根,由果推因故。"非肉团即扶根尘。能发识故,参考《述记》。故应说根体即净色。护法以此折伏难佗,证成净色根定有,而后聚讼之端始息。

　　安慧与难佗关于净色根有无之争,见《识论》卷四、《述记》卷二十六。然西明《要集》疑与难佗争者非安慧,而判属火辨,不知西明别有据否。慧沼则据《述记》,断为安慧说,谓疏主既是此翻糅者,故能深达,可不劳疑云云。姑并存之。

　　大乘净色根,本用小宗之名而异其实。如《俱舍论》言:眼根极微，在眼星上，傍布而住，如香菱花，亦说如颇胝迦；耳根极微，居耳穴内，旋环而住，如卷桦皮；鼻根极微，居鼻额内，背上面下，如双爪甲；舌根极微，布在舌上，形如半月；身根极微，遍住身分，如身形量。此说净色根即极微为体，有形状显现。但在唯识，则谓根有自种，伏藏本识，遇缘生现，现谓根也。唯识说一切法各有种子，故根亦有自种，伏藏本识之中，遇缘则生现根。而不许有实极微。又世间不能现见，故不可拟其形状。盖大乘所谓净色根，颇有神秘意义，与小乘所说，名同实异，不可无辨。友人桂林梁漱溟，谓净色根即今所谓神经系，就小乘义言，似可通，而于大乘不合。

　　如上略说五根。次第六意根。世亲《摄论疏》云："譬如眼等五识，必有眼等五根为俱有依。俱有依，即根之别名。识与根同时相俱，故云俱有，是识所依以生者，故复名依。如是意识，亦应决定有俱有依。"此但谓应更成立意根。至意根为何等法，佛家亦不无争论。如上座部等，以胸中色物即谓心脏。为意识之根，是谓色根。此与晚世言心意作用以脑筋为所依者，义亦略近。胸中色物与脑筋虽异，但以意识所依为色根则同。余部不许色根，而立无间灭识为意根。余部，谓上座等以外之诸部。无间灭识，详上卷十八界中。世亲初研小学，造《俱舍论》，即作是说。参考《俱舍·分别界品》。其后向大，更造《五蕴》，犹存旧义。详在上卷。诸不许意根是色法者，则以意识行相宽广，其分别力最强，故所依根必为心法，而非色法。何以故？心法势用猛利，堪为意识作所依；色力钝劣，不任为依故。今人欲纯以脑筋说明心意作用，而记忆及幽深广博之思想，如何可说为脑筋之副产物？吾总觉其不可通。但小乘以无间灭识为意根，不悟此属已灭无，凡法已灭，便无有，名已灭无。若未生者，即现在无有，名未生无。此等名词,亦须记着。何得为根？及大乘立八识,始说第七末那为意识之根,而以前念无间灭识,但望后念为等无间缘所依,等无间缘后详。理论始精密。无着为世亲造《摄论》,即明斯义。自是而意根体即末那,遂成大乘定论。

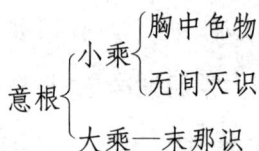

意根 { 小乘 { 胸中色物 / 无间灭识 } / 大乘——末那识

说第六根已。七、八云何？第七以第八为所依根。《大论》五十一说:"由有本识故,有末那。"《楞伽经》卷九有《颂》云:"阿赖耶为依,故有末那转。"转者起义。《述记》卷二十六:"八若无时,七亦无故。"此皆言末那用第八为根也。

第八亦以第七为所依根。《大论》六十三说:"藏识恒与末那俱时转。"又说:"藏识恒依染污。"染污即第七也。《述记》卷二十六:"第七若无,八不转故。"此皆言藏识用末那为根也。七、八互为根故,不须建立九识为第八之根。

如上所说诸根,总分二类。一、净色根有五,曰眼净色根,乃至身净色根是也。二、意根有三,谓末那为第六根,及末那与赖耶互为根是也。凡此诸根,各具四义。注意各字。一、决定,谓所依根若无,能依之识定不起故。如所依眼根若无,则能依之眼识决定不起故。又凡言识,亦摄心所。二、有境,根体定是能照或能缘法。五根体即净色,能照境故,名有境。意根体即末那等,能缘境故,名有境。唯此能照或能缘法,方有力用,得为根也。余扶根尘法，非能有境，不得为根。三、为主，即有自在力故。最殊胜力，名自在力。心所依王，便非自在，故不为根。心王是主，有自在力，方为根也。如第六意根，即是第七心王。七、八准知。又净色根，亦得说为自在，非同扶根尘之顽钝也。四、令能依识，取自所缘。如五识取自所缘尘境，即由五根增上，令其自取故。余准可知。凡此四义，具《三十论》，见《论本》四、《述记》二十六。唯识谈根，只此云尔。

上来略释诸根，今应释诸识名义。《瑜伽》卷六十三说"识有二种，一者阿赖耶识，二者转识。此转识。复七种，所谓眼识乃至末那识"云云。准此，则前七识通名转识。问："何故名转识？"答曰：转者，转易义。谓十地位中，此前七识入观时，是无漏善性，<small>定中起观，即名入观。</small>出观已，<small>出定故，便出观。</small>仍是有漏染性。<small>十地后详。</small>此说前七有转易故，名为转识。问："金刚心后，第八亦由有漏转成无漏，云何不名转识？"<small>金刚心，亦后详。</small>答曰：第八一转即永转，非前七例，故转识名不通第八。

转识有七种，此七复别以三类，曰前五识，曰第六识，曰第七识。前五识者，所谓眼识乃至身识。第六曰意识。五及第六亦合称前六识，以同是随根立名故。

云何随根立名？谓依、发、属、助、如五义胜故。依义者，谓即依眼根之识，故名眼识。乃至依意根之识，<small>意根即第七识。</small>故名意识。发义者，谓即眼根所发之识，故名眼识。乃至意根所发之识，故名意识。属义者，谓即属眼根之识，故名眼识。乃至属意根之识，故名意识。助、如两义，准上可知。<small>助义者，谓能助根取境，故说助义。凡根皆有取境之用，但必有识为助，始成其用故。由根望识言，则</small>

曰根助识。由识望根言,则曰识助根故。如义者,谓识依根发,亦恰如其根之势用,而共趣境故,故说如义。**或许六识随境立名,亦可无遮。**

随根立名	随境立名
眼识	色识
耳识	声识
鼻识	香识
舌识	味识
身识	触识
意识	法识

六识性相云何?《识论》卷五云:"识以了境为自性故。此中识者,即通六识而言。即以了境为行相故。能了别境,名为识故。如经说,眼识云何? 谓依眼根,了别诸色。乃至意识云何? 谓依意根,了别一切法。"《杂集》等说,亦复同此。或云,梵本《三十颂》,但言识以了别为自性,而不言行相,今《识论》亦以了别境为行相,疑基师所增。此说不知确否,然以理准,兼显行相,于义无违。

五识行相唯局,不遍名局。谓眼识唯了诸色,耳识唯了诸声,乃至身识唯了诸触。第六意识,行相周遍,谓遍了一切法故,《摄论》所谓"无边行相而转"是也。

意识,亦依其分位差别,而说为四。一五俱意识,二独散意识,三梦中意识,四定中意识。梦意,略见上卷行蕴眠数中。诸论亦复无所解说。定心,定中意识,省云定心。非凡位所有,此中皆不欲谈。通途所谓意识，只相当于散意。具云独散意识。前所云意识行相周遍者，实就独散位而言。问："由何义故名独散?"答曰：独者，简别五俱位；散者，简别定位。凡夫未得定，心恒散乱故。独起思构故，行相粗动故，意识不与五识俱时，能独起思构，而分别一切法，势极猛利。如晨起而思昨日所尝之馒首，停午而忆曩时所见之梅花，彼眼舌二识久已灭无，而意识独起焉。又或冥搜哲学上之问题，色声等识皆不现行，而意识独起。故名独散意识，亦云散心，或云散意。亦云独头意。不与五识俱故，名独头意。

云何五俱意识? 谓即五识起时，意识定与之俱。定字吃紧。依此，立俱意名。五俱意识，省云俱意。《解深密经》说："佛告广慧，有识，即指下文眼识。眼眼根。及色色境。为缘，生眼识。根境为缘，眼识得生，此就识望根境而言。实则根境识三法，同时互为缘生，非谓先有各在之根境二法，待其合而后生识也。此等处，若稍有误解，便与唯识义全乖。向见人有误解者，不可不慎。与眼识俱，随行、同时、同境，有分别意识转。意识分别力胜故，名分别意识。眼识起时，其与眼识相俱起者，即分别意识是也。此意识既与眼识相俱，即是两相随属而行，故曰随行。又必同时而生，故曰同时。又必同缘一境，如眼识缘青，意识亦缘青，是名同境。有识，指下耳等四识。耳鼻舌身四根。及声香味触四境。为缘，生耳鼻舌身识。与耳鼻舌身识俱，随行、同时、同境，有分别意识转。准上可知。广慧，若于尔时，一眼识转。即于此时，唯有一分别意识，与眼识同所行转。转者起义。若于尔时，眼识生时。二三四五诸识身转。即于此时，唯有一分别意识，与五识身同所行转。"详此所云，五识若同时并转，即一意识能与五识俱。因是意识亦随所俱，而成差别。如自其与眼识俱之方面言，则为眼识家俱意。自其与耳识俱之方面言,则为耳识家俱意。自其与鼻识俱之方面言,则为鼻识家俱意。自其与舌识俱之方面言,则为舌识家俱意。自其与身识俱之方面言,则为身识家俱意。如是总名五俱意识。

问:"由何义故,建立俱意?"答曰:如诸论言,略有三义。一曰助五。五者五识。后均仿此。五无计度等分别力故,必须有俱意助五,令其了境,如师导令弟子解义。弟子解义由自,而必资师引。五识了境由自,而必资意引。法喻相当。若无俱意,五定不生,以五力微劣故也。二曰极明了。俱意与五,同取现境,分明证故,俱意与五取境,同是现量。非如散意缘久灭事。散意多缘虑过去事。基云:"五识赖意引而方生,意识由五同而明了。"言其相依之切也。三曰能引后念独散意识令起。《集量论》说:"五识起时,必有意识与俱。即此意识,能引第二念寻求意识生。"详《述记》二十七第七页。如俱意与五识同取青境时,唯是现证,本无计度分别。但此俱意起时,即有势用,能引次念散意起。散意起时,即于前念现量所证青境,而起寻求,谓此是青非赤白等耶? 或此青者,是衣青、非华青等耶? 综上三义,俱意故应建立。

佛家八识,析成各个,而其眼等五识,以今心理学上术语言之,应云纯粹感觉。言纯粹者。以其不杂记忆与推想等作用故,即未成为知觉故。若不建立俱意,则疑此感觉力用微劣,而于境无分别,将不得成为识矣。第一义中,助五之说,诚为重要。又八识既是各别,则五识取境,应不能为后念意识所追寻,以第六与五不相关故。由建立俱意,方无此患。故第三义,关系尤重。然此等拼合法,正可见其立义不符理实。心不是拼合的东西。《新论》持说自与旧学根本不同,学者无妨研玩。

六识缘境,于一时缘,多少不定。《大论》五十一说:"如一眼识,于一时间,于一事境,唯取一类无异色相。如唯取青色境。或于一时,顿取非一种种色相,如青黄赤白等。如眼识于众色如是。耳识于众声,鼻识于众香,舌识于众味,亦尔。又如身识,或于一时,于一事境,唯取一类无异触相。或于一时,顿取非一种种触相。如是,分别意识,于一时间,或取一境相,或取非一种种境相,当知道理亦不相违。"此与萨婆多说有异,萨婆多不许一时缘多境。谓如眼识,本方缘青,忽然黄色来夺,碍彼眼识,不于青生,云云。然眼等六识,容有一时专缘一境,如萨婆多所说,但非一切时恒尔。

《大论》卷三说,六识取境,由四因故,能令作意,警觉趣境。作意心所,详在上卷行蕴。"一由欲力。谓若于是处,心有爱着,心则于彼,多作意生。二由念力。谓若于彼,已善取其相,已极作想,心则于彼,多作意生。念者记忆。于过去境,而行追忆,能令分明再现,是名善取其相。追缘过去,而取其像,不忘失故,名极作想。三由境界力。谓若彼境界,或极广大,或极可意,正现在前,心则于彼,多作意生。四由数习力。若于彼境界,已极串习,已极谙悉,心则于彼,多作意生。"如行通衢者,汽车前来,眼识便了。由尔时俱意助眼识,多于汽车作意故。此等作意,一由境界力,相极猛故。二由数习力,前此谙悉汽车能违害生命故。举此一例,以见其余。

六识取境，前五皆局，第六特遍，由第六分别力胜故。《杂集论》云："唯意识有三分别，一自性分别，_{自性犹云自相。}二随念分别，三计度分别。"

自性分别者，谓于现在所受诸行自相行分别。按此中自相，犹云自体。现在所受诸行自相者，如眼识现缘白色，即此白色自体，是名现在所受诸行自相。眼识缘此白色自体时，能缘入所缘，亲冥若一，是即于白色自相而行分别。此中分别一词，与后二分别，名同义异。盖由能缘识，亲冥所缘境之自体，绝不于境起忆念及推度等等分别，但以亲冥境体故，_{如前所云眼识亲冥白色自体。}说名分别。由识与境冥，虽无粗动分别，而不同木石块然无知故，_{而不同三字，须一气贯下读之。}冥冥证故，_{虽有证知，而若无知，故曰冥冥。}行相深微故，故名分别。非以同于后二分别，始名分别。_{非以至此为句。}此于诸行自相行分别，即是现量，本唯五识得有。而《杂集》说意识有此者，据五俱意说故。

随念分别者，谓于昔曾所受诸行，追念行分别。按昔曾所受诸行者，谓过去所缘境。念者记忆，由忆念力，追忆曾更事，而行分别。

计度分别者，谓于去、来、今不现见事，思构行分别。按去、来、今不现见事者，即非五识所缘实尘境故，是诸法上种种差别义，所谓共相。_{共相，故非五识所现见事。}由意识相应寻伺二数，思构力故，_{寻伺二数，详上卷行蕴中。}于诸法共相，而行分别。此中计度分别，与前随念分别，相依俱有。常忆曾所已知，以与现所欲知事，而相比度，无有计度不杂忆念故。_{无有至此为句。}计度分别，或是比量，或是非量。如于诸法无常，而计是常，此即非量。

于诸法无常，而知是无常，此即比量。

上来解释三分别，于自性分别说为现量，而许意识唯与五俱时方有，实唯五识全具自性分别。此与《杂集》不免少有出入，然以义准，《杂集》欠精，应当是正。又《摄论》许自性分别在五识，此即现量。唯俱意得与五同有，理则实尔。《摄论》可依，吾非无据而臆说也。

意识具随念、计度二分别故，不唯缘有法，而亦缘无法。问："无即无有，如何名法？"曰：汝作无想时，不能以无为有，即此所谓无者，有轨持义，可名为法。详在《十力语要》卷一，此姑不赘。《大论》五十二说："有性者，性者体义，如色等是有体法，名有性。安立有义，能持有义。安立者，施设言说之谓。持谓任持。如色等是有性法，今于彼说为实有者，即以彼能任持自性，不舍失故。若无性者，安立无义，能持无义。如空华是无性法，今说彼为无，即以彼亦能任持自性，非于无之时可舍无为有故。故皆名法。有无皆能任持自性，故皆名法。由彼意识于有性义，若由此义而得安立，即以此义，起识了别。于无性义，若由此义而得安立，即以此义，起识了别。若于二种，谓有及无。不由二义谓有及无。起了别者，不应说意识缘一切义，取一切义。义者境也。谓若意识于有无二种法，设唯于有义起了别，而不于无义起了别者，即意识非能于有无二义都起了别，便非能缘一切境，取一切境。何以故？不缘无法故。设作是说，便应违害自悉檀多。悉檀多者，宗义。又不应言如其所有，谓于有法，则如其所有而说有。非有亦尔，亦尔者，蹑上文也。谓于无法，则如其所无而说为无。是如理说。又不至此为句。是故意识，于去来事非实有相，过去已灭无，未来未生无，皆非实有。缘彼为境。彼者，谓即去来非实有相。由此，故知意识亦缘非有为境。即缘无法为境。复有广大言论道理,由此证知有缘无识。谓有缘无法之识也。谓如世尊微妙言说,若内若外,及二中间,都无有我。此我无性,妄计有我,实无其体。非有为摄,非无为摄,有为无为两不摄者,明我相本无故。共相观识共相本虚,无体可见,而意识能作共相观,因此说意识为共相观识。非不缘彼境界而转。彼境界者,谓我。转者,起义。我本无也,而意识于彼得起焉,此非缘无而何? 此名第一言论道理。又于色香味触,如是如是,生起变异,安立饮食、车乘、衣服、严具、室宅、军林等事。此饮食等,离色香等都无所有。饮食者,本以目所饮所食之物,饮即汤等,食即米等。理实色香等是有,汤米等是无。俗计有汤米等实物,此真倒妄。眼识但得色,鼻识但得香,舌识但得味,均不曾得若汤若米。汤米者,本无其物,意识依色香味等法上,而起增益执,妄计有汤米等其物,此以无为有也。饮食如是,衣服乃至军林等等,皆可类推。此无有性,非有为摄,非无为摄,共相观识非不缘彼境界而转。意识作汤米等想,亦是缘无法。是名第二言论道理。又拨彼执梵天等为邪见,原文举例,世不易了,若为解释,又嫌词费。今改用梵天为例,与原意无差。若梵天等是有,即如是见,应非邪见。何以故? 彼如实见,如实说故。此为反诘之词,意云执梵天者定是邪见,以梵天本无故。此既是无,诸邪见者缘此境界,识应不转。亦反诘之词,言梵天既是无,识应不于彼而生。今诸邪见者,既于彼无法而识得生,以是证知意识缘无。是名第三言论道理。"详此所云,证明意识常于无法而转。可见意识中之宇宙,纯由意想构造。虽其构造,未始不以五识现量为依据,然由虚妄分别胜故,恒起种种倒见。譬如目眩,视不明了,迷杌为人。人虽本无,而目眩者,视力乱故,不能如实明解杌相,而恒妄自坚执为人。意识妄构,亦复如是。

又据诸论,六识各有五心。各字注意。五心者,一率尔心,二寻求心,三决定心,四染净心,五等流心。率尔心者,初堕于境,初念创起,观所缘境,名为初堕。名率尔堕心,此唯一刹那顷。此以一刹那为一念,六识率尔心皆唯一念。有说意识率尔通多念起者,此非正义。初堕境故名率尔,后刹那即寻求矣。寻求心者,率尔初缘,未知何境,为了知故,次起寻求。有欲俱转,希望境故。欲数与心俱转,于境起希望故。更有念俱,忆所曾习,过去所经之境,名曾习境。以为比拟。于现境不了,方起寻求,即有念数与心俱起,以曾习境,与现境比拟。比拟者,求其同异也。寻求起已,犹未了知,更起寻求,便通多念。决定心者,既寻求已,了知先境,决定心起时,即寻求心已入过去,故后念决定心,以前念寻求心所寻求之境为先境。理实境随心刹那生灭。决定心之境,本唯现在,以其似于前心之境而随转故,故依现境而作先境解。次起决定,印解境故。《义林》二说决定多念相续者,实不应理。决定之次念,于境或住善、或住恶、或住舍,即是染净心。染净心者,决定既已了知境界差别,于顺住善,顺者违之反。心于顺境,不起嗔等,而生乐受,名住善。于违住恶,违者顺之反。心于违境,便起嗔故,而生苦受,名住恶。于中容境非顺非违。住舍,非苦非乐名舍。染净心生。染净唯一念,次念即是等流。故有说五识染净心通多念起者,亦不应理。等流心者,前后相似名等,相续名流。成染净已,次念顺前而起,顺者随顺,似前心故。故名等流。即此等流,容多念起,容者不定。等流起已,次念若遇异缘,即创观新境,又成率尔,前念等流便不相续,若无异缘,即有多念相续故,故置容言。然复应知,如是五心,唯率尔、寻求,定无间生,寻求已后,或时散乱。《瑜伽》有文,此姑不详。

如上五心,六识通具。颇有举《瑜伽》为难者,谓《瑜伽》说五识无寻求等,即五心唯在第六意识。又意识起寻求等,非是现量,若五识亦有寻求等者,如何说五识唯现量耶?故知《瑜伽》持义为正。此其所难,实未尽理。设五识率尔灭已,无有寻求等起,则是五识唯一刹那,不得相续。以理推征,事不应尔。如眼识缘青,由意引生,刹那、刹那,连言之者,显前后相续故。专注未舍。恒观于青,未休睹时,名为未舍。云何不许多念相续?夫意与五俱,意识于率尔心后,有寻求等心相续而起,五亦应然。唯就量言,乃不一致。意识寻求等心,行相粗动,发现散著名动,分别强盛名粗。故有名言诠别,不得亲冥境相。亲冥境相义,详前自性分别中。若五识寻求等心,行相深细,深故不显,细故若无。尚无名言诠别。故意识非现量时,五识尽是现量。又《瑜伽》不说五识有寻求等者,以无粗动行相,说之为无,要非无深细者。基师《述记》二十七,取安慧义,主张五识相续。《义林》卷二,说率尔等五心,乃六识所通有,所持甚谛。唯说理似欠精析,故令学者,犹滋疑惑。

问:"俱意无现量耶?"答言:俱意实具五心,其初念约一刹那,名为一念。率尔堕境,定是现量。寻求以后,若行相深细,心与境冥,亦随五识,同名现量。若寻求起时,筹度力强,便非现量。

五识缘境,诸师颇兴假实之诤。凡法有假实分别,已说见上卷。如色法是实,色上分位如长短方圆等等,是假。一师说五识缘实,不缘假。何以故?假法无体,不能为缘引生识故。此中缘者,谓所缘缘。后详。又五识现量证境,无有名言种类等分别。起粗动想,即有名言分别。现量证境,无粗动想故,无名言分别。意识于境筹度故,有同异等等种类分别。五识现量,亦无此事。如眼识缘青色时,即冥证青色自相,浑然为一。既不起此是青色之行解,如何得有长短等

126

觉？因此，说五识定不缘假。

二师说五识假实并缘。以缘假之时，必缘其实，假依实有故。如缘形色，即长短等。假实合取。然两师义，第一为正。彼计缘形色，假实合取，为在五识者，此不应理。如俱意与眼识同缘青色，眼识本不作此是青色之行解，岂复有青色长短等觉？俱意初念率尔心中，为例亦同。但由俱意引生后念意识，便起青色行解，亦即于青色之上取长短等形色，此时可谓假实合取。然此乃属意识中事，无关眼识。但意起迅疾，行相难分，因误计眼识假实合取，实则眼识不曾缘形色也。眼识如是，耳识乃至身识，皆可准知。

六识行相，同属粗动。浮嚣故，名动；取外境故，名粗。又缘外境数数转易故，名动；行相易知故，名粗。详《述记》卷四十。然第六意识，能独起思虑，有寻伺相应故。寻伺详上卷行蕴中。五识无寻伺，说名非思虑。有难："五非思虑，何谓能缘？何得名识？"答曰：此云思虑，即是分别异名。分别有二种：一寻伺为体，二非寻伺为体。《瑜伽》说诸寻伺必是分别，分别自有非寻伺者，义据足征。今此言思虑者，以寻伺为体，故五识非。若离寻伺，而但以于境证会，名分别者，即五识亦是能缘。义匪一端，奚劳唐难。

旧作《识论讲疏》云：五识转时，但可说为一种动作；意识有寻伺与俱，方成思虑。有如红色现前，眼识发生缘用，尔时能缘冥会所缘，浑然一体而转，即此说为一种动作。唯与眼识同时意识，有寻伺俱，俱者相应。方于红色寻求、伺察，而有此是红色之行解，始成思虑。盖此云、是云，必广经推校。言此则有其非此者，言是则有其所否者，此与是等等行解，赋予于红色之上，即红色经思虑之构造，而似有相现。似有云云者，此相唯依虚妄分别而起故，非实有故。是唯意识有此胜用，而五识则否。

五唯外转。唯缘色等外境故，名外转。意识外缘一切境，而亦反缘。反缘，即意识之自知。如世照相器，能照外物，而不能自照。意识不尔，能内照故。又诸论说，六识有五位，俱不现起，名为五位无心。五位者何？一、无想天。外道所谓想者，唯前六识想，非第七、八，彼不立七、八故。详《述记》四十第十四页。外道有以想为生死因，遂起厌患而修无想定。由定力故，能违碍不恒心、心所令灭。七、八恒行，前六皆不恒行。想灭为首，遂名无想。二、无想定。由出离想即作涅槃想也。作意为先，令不恒行心、心所灭。想灭为首，立无想名。《瑜伽》十二说："问：以何方便，入此等至？等至，定之异名。答：观想如病、如痈、如箭。唯谓无想，寂静微妙，于无想中持心而住，如是渐次离诸所缘，心便寂灭。"三、灭尽定。由止息想作意为先，令不恒行前六。恒行染污第七。心、心所灭，立灭尽名。以上，并参考上卷不相应法及无为法中。四、极重睡眠。六识通不现行，故立此名。五、极重闷绝。六识亦不现行，故立此名。又正死生时，亦无意识，无五识不待言。即闷绝摄。参考《述记》卷四十一第十八页。如上五位，六识虽复不转，然彼功能，潜伏藏识，等流不已，度逢缘合，便起现行。

六识相应心所，各有多少，注意各字。具详上卷行蕴中。

已说前六识，次述第七识。第七别名末那。《述记》卷二十五云："末那名意。"《瑜伽》六十三云："准诸识皆名心、意、识，言八个识，各各有心、意、识三名。随义胜说，第八名心，《识论》卷五之三，《述记》卷三十，言第八以集起义胜故，独名为心。第七名意，余识名识。"余识，谓前六，即眼识乃至意识。《楞伽经》及《摄论》皆同此说。云何第七特名为意？应知由二义故，当得意名。一、审思量义，任运审虑思量，行相深细故。二、恒义，此识恒行，无间断故。谓此第七，恒缘藏识为内自我，即恒时审虑思量有自我故，念念坚着自我相故。《识论》卷五之三云："恒审思量，正名为意。"第六意识，虽审思量，然行相粗动，不若第七任运而转，一类内缘。不若至此为句。一类者，唯缘我故，其所缘境，无有更易故。又意识有间断，非恒审故。言审，即赅思量。第八虽恒，而非审故。第八行相深细。前五非审，亦不恒故。五识无计度，故非审。不恒易知。意之一名，即具恒审思量，义最胜故。故唯第七，独得此名。

小乘只说六识，不立第七第八，大乘始立第八藏识，同时亦成第七末那识。《识论》云："由有末那，恒起我执。"其成立第七之义据在此。唯由末那起我执故，令前六识皆成染污。第八不得转成无漏，亦由第七未舍执故，应如理思。《显扬》十七云："染污末那为依止等，谓第六意识以末那为根。由第七故，余诸识中相缚不脱。"相缚者，谓坚执所缘境相，自造惑染，起缠缚故，故名相缚。或计有相故，即为相所缚，因名相缚。《述记》卷二十三云："执有相故，是先我执所引生故，令六识等相缚不脱。"凡此，皆谓六识染污，由第七我执，为其根株。

问："第七唯我执，非法执耶？"答云：诸有我执，亦是法执。《述记》卷二十九第二十四页："人我执中即有法我，人我必依法我起故。人我是主宰作者等用故，如计执有主宰或作者用等，皆名人我执。法我有自性胜用等故，如计法有自性，即执有实在的物事，又或执有殊胜作用，皆名法执。即法我通，人我狭也。如昏夜中，迷杌为人。

迷杌为先，后方人起。不知是杌，方谓之为人。此中先后，是约义言，实非有时间先后。迷杌是法执，于杌不能如实了知，是即迷惑，是谓法执。如于诸行不知其本无自性，亦犹迷杌故。谓人是起人执。"迷杌而谓之人，即是更起人执。准此，第七我执，非无法执。但专就我执为言，义偏胜故。第七则我执偏胜故。总之，大乘建立末那，略由二义：一由恒有内缘我相故，二由意识须有第七为根故。《摄论》《杂集》等所以证成末那，实不逾此两义。《识论》云，意末那以思量为自性，亦即思量为行相。《述记》卷二十八云："第七行相，即是见分，体性难知，体性即自性之异语。以行相显。"其实思量但是行相，其体即是识蕴摄故。识蕴，见上卷五蕴中。按此言末那自性，即第七心王，而思量实依第七相应慧心所之见分假立，故不即是末那自性。基师所谓体性难知，以行相显，学者宜知。见分义，详后四分中。

又《识论》依四分义，谓末那但缘藏识心王见分为我。藏识心王见分，本非我相。而末那于彼起执，误计为内自我相。问："藏识心王有四分，何故第七不缘其自证等为我耶？"答曰：自证等用，细难知故，等者，谓证自证分。详《述记》卷二十五。相分非一故。藏识相分，有三类别，根身、器界、种子是也。夫我相者，似常似一故，又有作用相故。唯藏识心王见分，有似常一，及作用相，故第七缘之为我。藏识心王见分，相续不断，故似常。又见分是一，非如相分有根、器、种等类别，故似一。此见能了别相分境，故似有作用相显。由斯第七缘此见为我。问："何故不缘藏识心所为我耶？"答言：心所法多故，我相必似一故。故《识论》言，但缘藏见、非余。藏见者，具云藏识心王见分。非余者，余谓相分及心所法，末那不缘此等为我，故言非也。而诸书每云第七缘藏识为我者，但总略而说故。

又在染位，末那恒审思我相。及初入净观，末那亦审思无我相。故末那名，非唯有漏。非唯有漏位中得此名故。

第七相应心所法，其数有几，详在上卷行蕴中。

已说前七转识，次述第八识。此第八有多种异名。一名阿赖耶识。阿赖耶者，藏义、处义，是无量诸法种子所藏之处故，故名赖耶。阿赖耶，亦省称赖耶。二名藏识，具有三藏义故。三藏者，一、能藏，此识能持一切种子，即以种子为所藏故，因说此识是能藏；二、所藏，由种子能藏于此识自体中故，复说此识是所藏；此识与种子互为能所故。三、执藏，末那缘此识为自内我，坚执不舍故，故说此识名执藏。由具三藏义故，得藏识名。《规矩颂》所谓"浩浩三藏不可穷"是也。三名种子识，以能执持诸法种子令不失故。四名阿陀那识。梵云阿陀那，此云执持，谓能持诸种子，及执受根身等故。等者，谓根依处。五名所知依。所应可知，故云所知。详世亲《摄论释》。依者，一切染净法，用此为依而得有故。如无此识，则无染法可说，亦无净法可说。六名根本依，谓前七识或万有现象，通依此识为根本故。依字注意，前七不从第八亲生，而依第八故得生，故第八是前七根本依。七名本识，即前根本依之省称故。八名异熟识，能引生死善不善业异熟果故，此中之义，须至后文功能条，谈业种及异熟果处，方可了解。其牵涉太繁，无从简释。此是趣生体故。趣者，往义。往生三界六趣者是谁？即此第八异熟识自体是也。若无此识为趣生体，便是死后断灭无有。九名神识，谓虽无神我，而此第八含藏万有，有胜功能，非常非断故，立神识名。十名无垢识，谓即此识，舍染得净，体性无垢，镜智相应，故立此名。此识有染净二分：从有漏种而生者，是染第八识，即名赖耶等；从无漏种而生者，是净第八识，即名无

131

垢识等,故云舍染得净。镜智后详。奘师以前,有释为阿末罗识,一作阿摩罗识。即此云无垢。或立为第九识者,大错。十一名心,心者集起义。《摄论》卷一"由种种法,积集种子",种种法者,谓前七识。由前七熏发种子,积集藏识中。故说集义。诸种子于藏识中既积集已,能起当来现行法,故说起义。由心之名,具集起二义故,应唯第八,独得此名。虽余七识,皆得名为心,而非据胜义,但泛说故。如上略说第八有十一种名,言略者,犹未尽举故。本唯一体,随义差别,差别者,不一义。有多名故。依此第八识一体之上,而立多名者,随其所具种种差别义,而多为之名故。

赖耶有三相。一者因相,说为能藏,即是因义故。本即种子为诸法之因,然由藏识能藏种子故,得说藏识为诸法因。二者果相,言为所藏,即是果义故。藏识受熏而为种子所藏,即以受熏而望能熏名果。详后功能条中。三者自相,亦云自体。摄持因果二相为自体故。摄是包含义,包二为一故。二者因果二相,一者自相。持是依持义,以总为别所依持故。总者自体,别者因果二相。下皆准知。别为总所包,总为别所依,故云摄持。问曰:"若尔,自相应是假有?"答言:此亦不然。若有条然因果两相,合之为自相,自相可成假;既离自相无别因果二相,因果相者,即自体之上别义说之,故非假也。以上节录《述记》卷十二。

此第八识,总有二位:一有漏位,二无漏位。有漏位者,谓诸众生,无始时来,恒是有漏种子,起诸现行,净种被障,不得起故。净种即是无漏种子。而此有漏第八识,既是染分,故名赖耶,及藏识等。若无垢识之名,此位无有。无漏位者,谓诸众生,若勤修学,登地以去,登地后详。净种现起,有漏种子,渐次伏除,第八地去,烦恼尽故。由斯永舍阿赖耶名,既尽烦恼,即第八识唯是无漏之体。其染分已断尽故,而赖耶之名遂不立,故云永舍此名也。唯得说名无垢识等。故舍赖耶,唯舍第八染分,非是第八识体全舍,参《述记》卷十九。第八净分,不可断故。不尔,便同断灭论故。

第八染净二位,各有专名,已如上述。赖耶与藏识,皆第八染位之专名。无垢识则第八净位之专名。心与神识、本识等名,皆通染净,学者宜知。

诸经说第八识者,略举如左:

《如来功德庄严经》颂云:"如来无垢识,如来,佛号之一。是净无漏界,界者,体义。此无垢识,其自体是清净无漏故。又界者,因义。此无垢识,含藏清净种子为诸法之因故。解脱一切障,圆镜智相应。"详上。此约第八净位而言。

《解深密经》颂云:"阿陀那识甚深细,阿陀那,见上。深故难穷其源底,细故不可知而难信。一切种子如暴流,《识论》云,是一切法真实种子,彼计种子有实自体,故言真实。而诸种子体各别故,又染净性异故,种子数无量,今总言之,故云一切。暴流非断非常,种子亦尔。我于凡愚不开演,恐彼分别执为我。"言佛不为凡愚演说此第八识,恐其闻之而妄分别以为神我也。实则第八识亦等于外道之神我,大乘所异于外道者,即不于此识而起执故耳。有执即迷,不执即悟。此通染净位而言。

《楞伽经》颂云:"譬如巨海浪,斯由猛风起,洪波鼓冥壑,无有断绝时。以上,思之可知。藏识海亦然,境界风所动,种种诸识浪,腾跃而转生。"详玩此颂,实以第八识为前七识之根本依,谓第八识含藏前七识一切种子。前七识若遇境界为所缘缘时,则此境界缘力,喻如猛风,能动发藏识中诸识种子,即与境界俱时现起。而此诸识,从藏识中种子转生,喻如众浪依巨海而生。腾跃者，显顿起义。《述记》卷二十解此颂，首以前七熏第八种为言，极为牵强，今不从。此中藏识名，唯约染位而言。

大乘诸经，虽说有第八识，然小乘不承认大乘经为佛说。此等争辨，在大乘经论中，盖所常见。大氐群经之中，较可信为本诸释迦氏之口说而传述者，当莫如四《阿含》。欲以暇时，别为文论之。四《阿含》而外，小乘经典甚多，要皆秉佛氏之旨，而引申推演，因托为佛所说。大乘经亦是如此。若就经文结集而论，不独大经非佛说，即小经出佛说者亦无几。若以依据佛氏本旨而言，即为大小诸师所引申推演者，亦可视同佛氏之说。吾常谓大小空有诸义，求之《阿含》，皆可见其底蕴，间与诸生言之，又无暇笔述也。考《识论》成立第八赖耶：亦引据《增壹阿含》，密意说此第八识，名阿赖耶。详见《识论》卷三之五，及《述记》卷二十一。或谓《阿含经》中赖耶一词，非即谓第八识，《识论》所解，亦是牵附以成己说。不知佛家本非断见，岂谓死后便断灭无有耶？果尔，亦何用修证为！《阿含》虽未显立八识，然死后生命不断之信念，在释迦氏本视为不成问题。即四《阿含》以推征释迦大指，此意显然可见。至小乘诸部中，若大众部说有根本识，说假部说有有分识，此部说有有分识，体恒不断，周遍三界，为三有因。三有，即三界异名。分者，因义。化地部说有穷生死蕴，穷生死际，无间断时，故名穷生死蕴。此皆与第八赖耶之义相当。又如上座部，计别有细心，是第六意，恒现行故。基师谓此即大乘第七识，详《述记》卷三十。是知大乘七、八两识之建立，实有所本。但释迦初说六识，似只依见色、闻声，乃至了一切法，是等行相不同，而假说眼等六识，非谓六识各有自体。及小乘分部以后，分析之术愈密，其间堕有执者,似已将六识视为各各独立之体。纵云不必实尔,至少亦有此倾向。迄法相家说第七、第八,便有析心为八个之嫌。世亲昌言唯识,主张一切心及一切心所,各各有自种。其流至于护法,窥基,种子之说,益成滞碍。此意至后功能条中,当略明之。于是所谓心者,乃为众多种子所生之多数个别体,集聚而成。以此言心,云胡应理?《新论》所以全反旧师之说,自非故为立异。

《显扬》卷十七说:阿赖耶识与转识为二种因。转识详前。一为种子生因,谓诸转识生时,一切皆因赖耶识中种子而生。二为所依止因,谓如五识由赖耶所执持净色根为依止故,而得转生。转生复词,转亦生义。又由有赖耶识故,得有意根。第七末那。由此意根为依止故,意识得生。又云:"转识与赖耶识为二种因。一于现法中,长养彼种子故。"谓善不善等转识生时,能熏发习气,入彼赖耶识中,成为当来一切转识种子故。当来犹言未来。"二于后法中,为彼得生,摄植彼种子故。"谓转识缘彼赖耶识时,得熏生赖耶种,引摄当来第八识故。《显扬》卷十七第十六页:"谓彼熏习种类能引摄未来,即此异熟阿赖耶识。"此言前七熏第八种,能引未来第八识。但其造语,殊晦涩费解。详此,明赖耶识与前七转识,互相为因,其理论可谓精密。

《显扬》复说:"阿赖耶识是有情世间生起根本,能生诸根、谓眼等五根,从赖耶中净色种而生。根所依处,谓扶根尘,即肉体是也。此从赖耶中一切尘种而生。及转识等故。谓前七转识,皆从赖耶中一切识种而生。亦是器世间生起根本,能生器世间故。日星乃至山河大地及声光等,总名器世间,犹俗云自然界。此从赖耶中一切尘种而生。又即此识赖耶。亦是一切有情互相生起根本,一切有情互为增上缘故。"按增上犹言加上,即是扶助之义。一切有情各各具有赖耶识故,即彼识此识,两识字,皆为赖耶识。互相扶助,而得生起。非谓由一赖耶为因,能令一切有情生起。非字至此为句。有情各有八识,第八即赖耶,是各有一赖耶识。诸论同说故。

又依四分义言,此赖耶识得析为相等二分,又得析为三分,又得析为四分。既析为四分已,还得以第四摄归第三,而说为三分。又得以第四第三,总摄归见分,而与相分相待,即说为相、见二分。均俟后文四分条中详之。赖耶见分,即是了别根器等相分境之了别。此了别相,极深细故,《识论》说为不可知。其相分境,有三类别。一曰种子,即以其自所摄持一切种子,为所缘相分境故。二曰根身,即以其自所执受五净色根,及根依处,为所缘相分境故。根依处,即扶根尘。说见前。三曰器界,即以其自所变现物质宇宙,如大种及造色一分,若色声等等,为所缘相分境故。造色,赅五根五尘言。见上卷。今根身既别为一类,故此云造色一分。赖耶得说为三分、四分,或相见二分。前七转识,亦各各可说为三分、四分,或二分等。如后四分中另详。注意各各两字。

种子根身二境,但赖耶心王见分亲缘,赖耶心所见分,缘根与种,不能亲取,须变作影像相分。但变似其相,云影像相分。所以者何?种子,唯依心王自体故。故心王亲缘,其心所即不得亲缘。根身,是心王所执受故。故心王亲缘,而心所则否。器界,则心王与心所各得变现。唯所变器,皆在一处,而相似故,故说为同缘,其实王所仍是各缘各所变现之器也。旧作讲义等,辨此甚详。此处正文,但总略而说,未便委细分析王所缘境等义,故补志如此。

问曰:"一切法从赖耶识中种子而生,此赖耶识亦从其自体所含藏之自种子而生,经论皆作是说。然赖耶既从自种现起,如何可得含藏自种?"答曰:赖耶识与其自种子,从无始来,同时而有故。种子是能生,说之为因。赖耶是所生,说之为果。因果同时,非因先果后故。故赖耶果法,能摄持其自种因法,能所相依而建立故。以是说赖耶含藏自种,于义无违。

第八染位,何性摄耶? 诸论皆说,是无记性。无记之中,又分有覆无覆。说见上卷行蕴中。此第八赖耶,即是染位。则是无覆无记性。第八无执,故非有覆。有说第八亦有执者,此非正义,非如第七有思量故。

第七染位,是有覆无记性,由缘藏识而思量为我故。此即妄执,能障善故。参考上卷行蕴中。

前六染位,通善不善等三性。五由意引,成善不善等性。染位,善法不恒,恶易来侵。如间日疟,寒热往还故。反躬体之即知。

八识谓八个识。转依位中,通是无漏善性。转依者,依即第八,是诸法所依故,转舍第八杂染分,转得第八清净分,故名转依。第八若转,一切法皆永转故。

第八相应心所,染位唯与遍行五法相应,详上卷行蕴中。净位得与二十一数俱,谓遍行五,别境五,及善十一法。俱者俱起,亦相应义。

上来分别说八识讫。须知凡言识者,亦摄心所。无有一识,但是心王孤起,而无所与俱故。无有至此为句。《识论》有文,此不容忽。《识论》每云，凡言识者，即摄所故。

　　心所名义，上卷虽已略说，兹应更详。诸论明心所义界，凡有三义。一曰，恒依心起。心若无时，心所不生，依心势力，方得生故。二曰，与心相应。所具云心所。依心起，亦复与心叶合如一，名为相应。相应有五义：一、所依同，俱依一根故；如眼识心所，与眼识心王，俱依一眼根。余准可知。然《俱舍光记》十七，说五识及相应法，各有二种依，一同时所依根，二无间灭意根云云。此非大乘义，今不取。二、所缘同，俱缘一境故；《义演》云，约本质，说同一境。本质，俟四缘中详之。三、行相相似，相实各别，但相似故；此言行相者，大乘所谓相分。如眼识心、心所缘青时，即各别变作青之相分也。小乘有说心、心所同一行相者，此非正义。四、时同，定俱时生，无有先后；其心才生，心所俱时依生。《俱舍光记》十七，谓心、心所必定同一刹那是也。五、事等，事者体义，法相书中事字，多训为自体之体字。须记。于一聚相应心、心所中，如心之自体是一，诸心所法，各各亦尔。如眼识一聚相应心、心所中，其心王体是一，断无一法于一时而有二体并转故。触等心所，其体亦各各是一，例同心王。故心、心所法，体各是一，有齐等义，即说为等。眼识如是，余识准知。事等一义，本无深解，近人或横生臆说，斯可怪也。五义相应，理善成立。五义，见《俱舍》。《瑜伽》五十五说，由四等故，说名相应，谓事等、处等、时等、所依等，处即所缘。《三十论》三说同。《述记》三十二亦云："时依缘事，四义具故，说名相应。"《瑜伽》等以行相相似一义，摄入处等中，故止四义也。然《俱舍》分析较细，今从之。唯《俱舍》行相，说为能缘摄，不同大乘相分义。《俱舍光记》十七，可为参考。今此并依大乘义解释，学者详之。三曰，系属于心。以心为主，所系属之，心望所而得王名，以心是所之主故。心有自在力，为所心所。所依故。夫法无孤起，法若有孤起者，则是缘生之

138

义不成。才一识例如眼识。生，主伴重重。眼识心王是主，触等心所是伴，主一伴多，相依而有，故曰重重。有主无伴，不成差别；心所行相分殊。有伴无主，宁非散漫。心所既多，必有心王，以为统一。以是于一识中，复分王所，而以所系属于王。《述记》于主伴义，未有发明，其失非小。综上三义，则何谓心所，可以明矣。第三义，正显心所得名，以所系属于心，故名心所有法。

又心所行相，此中行相，即谓行解。复有四家异说。一、心唯取境之总相，所唯取别。二、心唯取总，所取总别。三、心、心所俱取总别。四、心取总别，所唯取别。详见《演秘》。四家虽异，准诸《识论》，则以第二家为正义也。《识论》言："心于所缘，唯取总相；心所于彼，所缘。亦取别相。"置亦言者，伏取总故。此则刊落余家之说。《中边》亦云："唯能了境总相名心；亦了差别，差别相者，如顺违等是。可乐相名顺，翻此名违。名为受等诸心所法。"详《辩相品》。《瑜伽》卷三。《显扬》十八。为说皆同。按唯取总者，如言缘青，即唯了青，不更分别。取总别者，即于彼青，于彼青者，即显取总。更取顺违等相。取别。《识论》说心唯取总，如画师作模；所取总别，犹弟子于模填彩。如缘青时，有青之了别为模，其于青更分别顺违等，便是于模着彩。斯所谓能近取譬者哉。

有说，第一家心唯取总，所唯取别，似较第二家义为胜。且《阿毗达磨论》二，唯总分别色等境事，说名为识；若能分别差别相者，即名受等诸心所法。此文可证。然说者自误，今且诘彼。若心所不取总，则所谓取差别相者，将何所依而取差别耶？若言于色等境事取差别者，据《唯识》义，王所非可同一行相，则所兼取总可知矣。又《阿毗达磨》，虽言心所能分别差别相，而不置唯言，则未遮取总，非第一家可引为据。

又大小乘师，亦有不立心所者。如觉天等，说受想行等即心，非别有体，但随心功用，立心所名。如随心领纳功用，施设受数之名；随心取像功用，施设想数之名；随心造作功用，施设思数之名。余皆准知。经部师说，唯有受想思即行。三心所，不许有余心所，故置唯言。以佛说五蕴，为其诚证。经部计五蕴唯有受、想、思三法，不曾说有余心所故。然据《识论》，心、心所法，各从自种而生，即是各为独立之体，不可说一心转变成差别法。差别法者，谓一切心所法。又行蕴摄余心所全，参考世亲、安慧两《五蕴论》。非唯思数。《识论》立说，自成系统，不容矫乱。

诸心所法，其自性及业用云何？俱如上卷行蕴中说。

严又陵译穆勒《名学》中，有附加按语云：阿赖耶识，译言王者。今不忆在何卷。不知彼何故错误至此。赖耶于前七转识，虽为根本依，然究与前七互相依而有。《显扬论》说，赖耶与转识互为因。详见上文。其义可玩。谁谓赖耶得名王者？或疑又陵系指赖耶心王而言。不知八个识皆有心王，非止赖耶，如何可以王者为赖耶之译名？且王之为义，唯以心与心所对论时，假说心为王。而非谓此心有如神我说者所谓实主宰与实作用，可说名王。而非至此为句。此中义蕴深微，学者宜慎思明辨。

140

卷　　下

〔能变〕　世亲《三十颂》，说识为能变。而识分八种，谓眼识、耳识，乃至第八赖耶。又此八识，复摄为三，谓第八、第七及前六识，总为三种。因此说三能变，初能变识谓阿赖耶，第二能变谓末那识，第三能变谓眼识乃至意识，是谓三能变。

此土言唯识者，有古学今学之分。古学大成于真谛。真谛，优禅尼国人也。梁、陈间，来华从事翻译，盛弘摄论。世称真谛及其前所出诸译为旧译，所谈诸义为古学。唐玄奘法师游学印度，归国而后，弘扬法相唯识，译书极富，世称新译。其弟子窥基，盛事著述，号百部疏主。而于唯识，则近宗护法，上祖世亲，是为今学开山。

古学，唯以第八识为能变。真谛译《显识论》云"三界但唯有识，何者是耶？三界有二种识，一者显识，谓第八识。二者分别识"谓前七识。云云。此则以前七为能缘，分别只是能缘义故。缘者缘虑。见前。能变仅属第八。其名第八曰显识者，即谓其能变现色心万象故。此与世亲说三能变，即八个识皆为能变。显然异恉。基师《中边述记》言，真谛法师似朋一意识师意。见《辨相品》。一意识师者，即计识体是一，无所谓八识故。但作用有别。谓本一识，发用于眼则能视，名为眼识。发用于耳则能闻，名为耳识。乃至发用于意，则能思虑一切法，及计执内自我，名为意识等。等者，谓亦可名为末那也。若斥目其全体，亦可名第八识。《摄论》卷四，叙此师计，说为一意识师。详见《所知相分》。真谛既朋此师之说，故以第八，当此师所计识体，唯是能变。识体即自证分。自余七识，但依识体上义用分之，无别自体。故说七识只是分别境，即皆不为能变可知。

141

《三十颂》说八识为三能变。《识论》释能变云,能变有二种,一因能变,二果能变。详见《识论》卷二第七页,《述记》卷十二第十至十五页。基师解第一,因通现种,现者,具云现行,即识之异名也。种者,具云种子。后皆准知。此中之恉,至后四缘中谈因缘处,方可知。转变名变。转者生义。次解,谓有缘法能变现者,名果能变。有缘法者,识生必待众缘,故说识为有缘法。俟后四缘中详之。能变现者,即一切识之自证分,若遇缘合,便能变现,下文云即自证现起相见二分是也。果能变者,果谓诸识自体,即自证分。何故名果?以此识体,有自种子为其亲因,方得生故,故对因而名果也。即自证分识体。现起相见二分也。因变之变,是亲生义。果变之变,是现起义。按基解多分违《论》。《论》云:"一因能变。谓第八识中等流、异熟二因习气。"习气者种子异名。义详功能条。下文逐释习气由来,由前七现行熏生,无关本文主旨。俟后四缘条因缘中详之。又云:"二果能变。谓前二种习气力故,有八识生,现种种相。"此中八识,即通八个识之自体而言。现种种相,即谓八识自体,各各变现能所缘相。能缘相即见分,所缘相即相分。下文逐释二果得名,由前二因别异。即《论》文自"等流习气为因缘故",至"异熟果,果异因故"为止。细按《论》文,实分因果二种能变。因变中但有种生现义,谓即种子为因,而生识体。基解转变,无失。云通现行,即非。至后因缘处方知之。果变中有现种种相一语,基解自证分变现相、见,极是。《论》本建立种子为识因,此第一种能变。因变。识自体上识自体亦名自证分。下皆仿此。有现起似能所缘用,自证是体,相见是用,遮执实有,故置似言。此第二种能变。果变。本唯一事,一识,说为相、见、自证三分,体用同时显现,是为一事。义说二变。盖识体以种子为亲因而得生,故说种子为因变。而识体从种生时,即于此时,变现相、见二分,遂说识体为果变。因果二变，非是异时，但随义别，说二变故。此段吃紧。有难："如相见别种家言，至后功能条中方详。相自有种，云何说依识体变现？"须知此家所说，则以因变时，识种亲挟相种而俱起。既俱起已，即此相、见二分，仍得说依识体变现。故果变义，毕竟成立。复有难曰："据因变义，应成唯种，宁名唯识？"答言：一切法不离识故，方成唯识。非唯识言，便谓识无种子，同无因论。非字至此为句。然复异彼自性神我等外因邪计，数论立自性及神我，为诸法之因。等者，谓胜论及极微论等，此皆计有离自心而纯为外界独在之实法，能作色心诸法之因，是名外因。种离本识，无别体故，此言体者，以所依名体。一切种子依止本识自体中，种子为能依，本识是所依。即说一切种是潜在本识中之用，而本识是一切种之体。故名唯识。

　　如上所说，因变即种子为因，而生体识；果变即由识体现起相、见二分。须知凡言识者，均是通目一切心及一切心所而总摄言之。注意。如眼识心王自证分，从其自种而生，故说彼自种为因能变。即此心王自证分上，现起相、见二分，便说此心王自证分为果能变。眼识心王如是，眼识相应诸心所法，皆应准知。诸字及皆字，务注意。如眼识触数自证分，从其自种而生，遂说彼自种为因能变。数即心所之别名，见上卷。即此触数自证分上，现起相、见二分，便说此触数自证分为果能变。眼识一聚心、心所，皆有因变、果变义。皆字注意。自余耳识，乃至第八赖耶识，均可类推。

　　基师《述记》卷十二第十至十五页，释因变，通现种而言。大抵基师于《论》文中，存护法之真，而《述记》乃自抒己见。然《义灯》不取，太贤《学记》亦不取。《述记》释因果变处,文字缴绕难理。曾见近人有节本,错误不堪。

《识论》在宇宙论方面,说因变、果变。其在果变中,即于识自体_{亦名为自证分}。上,有现似能缘之相,说名见分。而此见分所取境相,即说名相分。就眼识举例,了色之了,即见分是。所了之色,即相分是。相、见二分,必有所依之体;不然,如何有此二用?故应说识有自体。即此自体,对相、见二分言,得名自体分,亦名自证分。由此自证分上,现起相、见二用,故说自证名果能变。眼识一聚心、心所如是,余耳识及至第八识,皆可类推。

又复应知,一切心、心所,各各析为相、见、自证三分,_{须注意一切及各各等字}。是等众分法,_{即是宇宙万象}。实可类别为心物两方面:自证与见分,同是能缘,均属心界故;相分唯是所缘,即摄世所谓物界故。《识论》以相随见,同依识体变现,_{识体即自证分}。即摄物归心,所以成其唯识。

又复须知,如前所说,心物现象,由何为因而得显现。虽云相、见俱依识自证分变现,然自证对相、见而得名为体者,但以所依名体,以是相、见二分所依故。实则自证与相、见,同是现行法。_{谓即是互相关连的现象}。此现行界,_{犹云现象界也}。岂得无因而有?于是建立种子为因能变。即一切心、心所自证分等,_{等者谓相、见分}。或心物万象,通以种子为其背后之本质,而乃得生。_{即一至此为句}。余尝谓旧唯识师之种子说,颇相当于西洋本体论上之多元论,_{种子界,即是现行界之因素,亦即是现行界之本体}。此非故为牵附也。但一切种子,依止本识,易言之,即是本识内潜在之众能,_{众者众多,能者功能}。非离自识而外在之实法。此乃其特异处耳。

《识论》卷一及《述记》卷二解《颂》云"识体转似二分"，转者变起义。似者，谓不可执为固定法。如世间或执离心有别实境，或执离境有别实心，皆看作固定法，此所不许，故置似言。即谈三分义。又《识论》卷二及《述记》第十页以下，释果能变，谓自证变相见，亦只谈三分，并不说第四。《识论》凡谈变处，系就宇宙论方面言，故只谈三分也。其谈四分处，则就量论方面言，至下当知。

世亲一派，虽复谈变，然因变中以种子为能变，现体为所变，现者现行，识之别名。现体，犹云识体。截然剖作两片；果变中以现体为能变，相见为所变，厘然析以三分。是皆剖析静物之办法，诸师毕竟未足穷神语变也。《新论》立翕辟成变之义，明心物都无自性，心物非有自体，何容析作相等三分。即流行便识真常，即用即体，何须虚构一种子界。会华梵以同归，融性相而不二。后之达者，庶几览而鉴诸。

〔四分〕　一切心、心所，各各有相等四分。前谈变义，略及未详。今明缘义，缘者缘虑，此就量论方面言之。应更确陈。昔世尊于《十地经》中，总说三界唯心，此言心者，亦摄心所。本未剖析。佛灭度后，小乘始炽。大乘继兴，势成水火。小宗至谓大乘经非佛语，故大乘之徒，意欲摧小，不得不从事量论，以相制胜。当无着时，小大之诤已剧。因世亲悔小，特为造《摄论》，成立大乘，始建相见二分。难陀据此，未有发明。陈那创立三分，护法承之，遂使小乘量论，根本动摇。

小乘计有实外境，离自识而独存，是为心之所缘。又计心有实体事，体事者复词，事亦体义。说见前。是离外境而内在。又说能缘心上有所缘之相,即名此相为行相,而谓是能缘摄。申言之,即一方面许有外境,一方面许有内心,又复计心缘境时,必现似境之行相,如缘青时,必现似青之行相故。但此行相随能缘心摄,而不说为境。小乘主张如是。大乘本不许有离识实境。世亲《三十颂》说八识皆为能变,即八识各自所缘境,是其各自所变现。如眼识所缘,是其自所变色境。耳识所缘,是其自所变声境。乃至第八所缘根器,亦是其自所变境。迄陈那创立三分,即是一方面依小乘行相之名,而改正其义,以立相分。谓即此相分,是所缘境,非能缘摄。除相分外,别无离识实境,为心之所缘。除相至此为句。故此相分义,实为对于小乘量论之一大改革。又复说心上有现似能缘之相,名为见分,但亦可沿用小乘行相之名。大乘相见二分,通得说名行相,学者须随文抉择。余以为行相一名,应专属之能缘方面,即心于境起解之相,而相分则不当复冒行相之名,以免混淆。既立相见二分,于是复立自证分。亦名为自体分。谓此第三,自证分是第三分故。是相见二分所依之体。小乘本许一切心、心所皆有自体,故立第三,小应无诤。陈那等立三分义,所以对治小乘心外有境之执,故貌袭其名,而隐易其义。《识论》卷二之六云:"执有离识所缘境者,彼说外境是所缘,相分名行相,见分名事,是心、心所自体相故。此中相见云云,非是小乘许有见相分等名,乃大乘从旁质定。若曰:我之相分是所缘,彼乃名为行相,以为非是所缘,乃是能缘上所缘之相,即能缘摄也。我之能缘见分,彼乃名事,以为是心、心所自体相也。达无离识所缘境者,则说相分是所缘,见分名行相,相见所依自体名事,即自证分。"参考《述记》卷十五第十页以下。详此,则大乘三分义,与小乘有关,可以概见。

　　《述记》证成相等三分，皆有义据，略次如后。初成相分。谓自识亲所缘，唯是自识所变。所变即谓相分。其量有三。一云，如汝缘青时，若自心上无有所缘相貌，即应于正缘青时，实未缘此青境。宗也。汝执无所缘相故。因也。如余所不缘境。余所不缘之境，自心之上，便无此等相分，故假为喻。次云，汝后时缘声等心，亦应缘今色。宗也。汝执无所缘相故。因也。如缘今色之心。缘今色时，心上不现此色之相分，而汝谓缘今色，则后时心上无今色之相分，何不可谓缘今色耶？故假为喻。三云，除所缘色外，余一切法，亦应为此专缘色时心之所缘。宗也。汝执无所缘相故。因也。如汝现所专缘色。汝专缘色时，其心上无有色之相分，则汝专缘色时所不及遍缘之一切法，亦应说为缘及，以同一无相分故。上举三量，皆以反证相分定有。故自心亲所缘，定是不离自心之境。不尔，如何唯识？

　　次成见分。安慧诸师，不立相见。清辨亦云，若约胜义，诸法皆空，唯有虚伪，如幻化等。即亦不许有能缘相。即谓见分。果尔，见分不成，云何唯识？此为陈那、护法一派所不许，故立量破之。量云：若心、心所，无能缘相，应非能缘。宗也。无能缘相故。因也。如虚空等。喻也。又量：汝虚空等，应是能缘。宗也。无能缘相故。因也。如心、心所。喻也。此翻覆为量，以反证见分定有也。又诸外道、小乘，虽皆许有能缘，然计有实作用，此亦不尔，可勘《论》文。《识论》卷七第十五页"谓识生时，无实作用，非如手等亲执外物，日等舒光亲照外境"云云，此所以破实作用。疏见《述记》四十三第十四页。复有说镜亦能缘，犹如识者。今人罗素言照相器能见物者，意乃类此。斯不应理，非能虑故。俟谈所缘缘时详之。

　　又次成自证分。此有二义。一者，相见二分，功用既殊，即应别有一所依体。旧有喻云,如一蜗牛,变生二角。此喻虽不必善,要依自体方起用故。自体是一,用则成二,相见是二用故。二者,大乘以心得自忆,证有自证。若无自证者,应不自忆心、心所法。何以故? 心昔现在时,曾不自缘,既过去已,如何能忆此已灭心? 以不曾被缘故。见分不得同时自缘。若立自证者,则自证缘见,即是以一分心缘另一分心。若无自证分者,则心当昔现在时,即不曾被缘也。如不曾更境,必不能忆故。唯心昔现在时,有自证分于尔时缘故,如曾所更境,今能忆之。有量云:今所思念过去不曾缘之心,应不能忆。宗也。不曾缘故。因也。如不曾更色等。色声等境,必曾更历者,方乃得忆。不尔,便无从忆。此世所共许,故得为喻。反证必已曾缘,成自证分定有也。

如上三分义,陈那造《集量》,方始论定。及至护法,依据三分,又增第四,即于自体分上,有自缘用故,是名证自证分。自此,四分义立,大乘量论,根据乃成。

复次,四分缺一,便不成量。所以者何?《识论》有言,所量、能量、量果别故。如以尺量物时,物为所量,尺为能量,解数之智名为量果。心、心所量境,例亦皆然。相分为所量,见分为能量,自证为量果。具能、所量及量果故,始得成量也。然量须具能所,此犹易知,云何须立自证为量果耶? 若无自证,但具见相,如尺量物,无解数智,空移尺度,不辨短长,云何成量? 问:“见分何不自为果耶?”曰:见分同时不自知故。必须自证缘见,证知是见,缘如是相,即为量果。若尔,即立三分已足,何须第四? 为成第四,故立量云:第三分心,应有能缘之心。宗也。心分摄故。因也。犹如见分。喻也。又量:第三为能量,应有量果。宗也。能量摄故。因也。犹如见分为能量。喻也。故须第四。问："见分不为第三果，何耶？"曰：诸体即内二分是体。自缘，皆证自相。云何证自相？须深玩前谈六识中自性分别义。果果者量果。唯现量，见缘相分，亦有非量，故不应立见分为果。《述记》有多伏破，此姑不述。由此，第四理应建立。然第四第三，互为量果，不须增立，无无穷过。又四分中，初唯所缘，相分之心，无能缘用。后三通能、所缘。见唯缘相，第三能缘第二第四，证自证唯缘第三，不通第二，以其为自证分所缘也。略如左表：

相	所 量	见	所 量
见	能 量	自证	能 量
自证	量 果	证自证	量 果
自证	所 量	证自证	所 量
证自证	能 量	自证	能 量
自证	量 果	证自证	量 果

又此四分，前二名外。相分似外故，名外。见分缘外，即以用外故，亦名为外。后二名内。自证是体，故名内。证自证从体摄，亦名内。然见分外缘，故通三量。谓现、比、非。三、四内缘，问："见分名外，第三缘见，应名缘外？"答曰：见分是能缘摄故，亦说为内，故自证缘见是内缘。由亲挟所缘，故皆现量摄。亲挟者，能缘入所缘，冥会若一。

一切心，及一切心所，各各四分合成，四分相望，不即不离。据功用别，名为非即；四用一体，名为非离。虽相别种，伏见生故，非不一体。又此四分，或摄为三，第四摄入自证分故。即唯有相见自证三分也。**或摄为二,后三俱是能缘性故,皆见分摄。**即唯有见相二分。然此与《摄论》及难陀等之主张不同。彼未分析四分而主唯二,此则先行分析,而后驭之以简也。**或摄为一,相离见无别体故。总名一识,此言识者,亦摄心所。开合异致,抉择随文。**余对于四分说之批评,当别为一文。

〔**功能**〕 一切心,各各总析为相、见二分,一切心所,亦各各总析为相、见二分。准此,则俗所谓宇宙,实只千差万别之相分见分而已。即心物两方面。此无量相见,亦名为现行界。由何为因,而得显现? 自世亲迄护法诸师,则谓有实功能,得为诸法因故。诸法,即谓无量相见。虽世亲以前,已有功能之说,小乘已言之,大乘亦言之。但其为说尚宽泛。上卷种子条中,已略言之。要自世亲而后,则功能之意义便有实在性,而说为现行界之原因或本质。因的观念,《识论》以前之说法,亦甚宽泛。至《识论》谈因缘,则其意义便固定。俟四缘中另详。易言之,即一切功能,潜隐于现界之后,而为现界作根荄。现行界,亦省云现界。唯建立本识以统摄之,不许其为离自识而外在之物事,以此完成唯识,其理论亦可谓精密。《中论》有颂云:"诸法不自生,亦不从他生,不共不无因。"鸠摩罗什译本。宋唯净译此颂,则改不共句为"共生亦无性,亦不无因生。"按不自生者,诸法自性空故,如何说诸法得自生? 如稻,以谷子、水土、人功、岁时等等缘力故,便有稻相现起。若离诸缘,即不可得稻,故知稻自性空。稻自性空故,即不自生。不从他生者,他谓众缘。如上说谷子、水土、人功、岁时等等缘法,亦复互相观待而有,都无自性。易言之,即缘性空。缘性空故,遂说不从他生。共生亦无性者,谓若计自他共生,则自他既都无实自性,如何可说共生?

亦不无因生者，谓外道中有无因论者，计诸法无因而生，亦不应理。既无有因，如何有生，彼自违理故。《中论》欲显诸法无自性，故广遮诸邪执，_{遮者遮拨。}非以成立功能为诸法之因也。法相家典籍，如《杂集论》则引据此颂，而依己意为释，因以建立功能。其释此颂云："自种有故不从他，待众缘故非自作，无作用故非共生，有功能故非无因。"首句，谓色心诸法，各从自种而生，不从他生。其所谓他，即谓大自在天等。次句，谓诸法待众缘而生，即破我作。_{外道立神我为作者，谓其能作诸法。}第三句，破有部作用义。第四句，破无因论，谓有功能。基师所云"虽无作用，而有功能"，即本此也。《杂集》别释此颂，以成立功能，实非龙树本恉。

无着《摄论》有言"于阿赖耶识中，若愚第一缘起，_{缘起者，因义，即谓功能。愚者谓不了。}或有分别自性为因，_{自性亦云冥性，本为非心非物之体。今人有谓其即物质者，非也。数论计此能生一切法。为因者，谓为色心诸行之因故。下皆准知。}或有分别夙作为因，_{尼乾子等有此计。若在大乘，业种但是增上缘，非因缘，又刹那灭，非过去有体，故异彼也。此义至后当知。}或有分别自在变化为因，_{如婆罗门计有主宰一切之大梵天。}或有分别实我为因，_{僧佉等计。}或有分别无因无缘，_{如自然外道，及无因论师，并空见等。}复有分别我为作者，_{胜论。}我为受者。_{数论。}譬如众多生盲士夫，未曾见象，复有以象说而示之。彼诸生盲，有触象鼻，有触其牙，有触其耳，有触其足，有触其尾，有触脊梁。诸有问言：象为何相？或有说言，象如犁柄，或说如杵，或说如箕，或说如臼，或说如帚，或有说言，象如石山。若不解了此缘起性，无明生盲，亦复如是"云云。盖无着承龙树谈空之后，而昌言大有，_{大乘所谈有义，曰大有。见上卷。}始但分析一切法相，晚乃以一切法摄归唯识。其作《摄论》时,即建立功能,为诸法因缘。但不谓功能为外在之物事,而立本识以摄持之,所以简异一切外道。无着之学,本甚广博。要其可服膺者,在其解析法相,为观空之方便。若执诸法为定实,则不能于诸法而见体。观空者,即空其执有如是诸法之相,乃即诸法而见为真如也。至其《摄论》,下启世亲一派之唯识,虽理论精严,而病亦在是矣。

一切有情,各各第八识中,含摄功能,皆无量数。如某甲第八识中,功能无量。乃至一切众生皆尔。

每一有情,其本识中,所有无量功能,依其性别,性者德性。详见上卷。总分为有漏、无漏两类。无漏功能,亦名清净种子,又省云净种。有漏功能,亦名杂染种子,又省云染种。兹先谈有漏功能,略以六门分别而说。

一释名义。有大势力,炽然能生,故名功能。功者功用,能者能力。又复有多异名:从其生现,名以种子。从其由现识熏令生长,此义后详。故名熏习,亦称习气。又熏习言,非是前法自性不灭,留至后念。但法自性,顿灭顿起。谓初刹那才起即灭,不曾暂时住,第二刹那,即时而起,又不曾中断也。刹那刹那,都是顿灭顿起,生灭之不可测也如此。犹如香灭,余臭续生,有似前香。此非实物,故亦名气分。即其随逐有情,眠伏藏识,名曰随眠。体是染污,能令身心不轻安故,名曰粗重。自余异名,恐繁不述。

二释体性。识论成立功能,始以六义显其体性。云何六义?一、刹那灭。谓此功能自体,才生无间即灭。生时即是灭时,非生已暂住,故云才生无间即灭,非从生至灭中间有时分故。非生已可容暂住,由暂住时无转变故,即是常法,不可说有能生用也。若外道计有自性神我等常法，为诸行因，即此所破。二、果俱有。虽刹那灭，然非已灭乃生其果。由此功能殊胜，正转变位，能取与果。由能为因故，名为取果。若果起时，因付于果，名为与果。言正转位者，简异过未，转已名过去，未转名未来。即种因也。生现，果也。因果同时，相依俱有，不同经部前法望后法为因。又一身中，自八识聚，聚者，类也。种望现，定俱不离，故得为因。种子搏附第八现识自体分，其前七现识，以第八自体分为根本依，即以第八自体分上种子为因缘依。若离自八识聚，计有外因，亦此所破。三、恒随转。刹那灭者，非灭已即断。由此功能自性，前灭后生，刹那刹那，连言之者，显其相续。相似随转。转者，生义。如第一刹那灭已，第二刹那有似前性，随即生起。然复当知，前后刹那中间，非有少微间隙。此刹那义，唯是幻义，未可以常情测也。故未得对治，其性一类，前后相似，故名一类。相续无断。由斯，色法及前七识，不能持种，六识有间断，第七有转易，色法不恒，如身死已，便断灭故，故皆不能持种。故应建立赖耶。四、性决定。虽恒随转，而此功能，溯其从来，实由无始现识，熏令生长。生长二义，后详。故随前熏时现行因力，善等性决定。因缘办果，办者成办。义详后因缘中。无杂乱失。《论》有诚文，不劳繁述。参考《识论》二第十四页、《述记》十四第八页。五、待众缘。谓此功能，既非如外道所计自性极微等法，亦非如外道所计梵天神我等有实作用，此云功能，唯是任运而转。因任自然而运行，无有作意，名任运。此中转者，相续流义。故待众缘和合，乃有取与果用。取与见上。云何待缘？谓虽有功能为因缘，犹不能孤起。必待增上等缘和合，方得生现故。详玩后四缘中。如自然外道，及大梵时方等计，俱不待缘，或更计缘恒非无，此有部计。皆此所遮。参看《识论》

一第九页、《述记》六第八页以下。六、引自果。虽遇缘合，非唯一因生一切果，遮大自在等计。亦非色心互为因缘。色心相望，有增上缘等，如四缘中说。有部计为因缘，即是倒见。但诸色法种子，亲生色法现行；心法种子，亲生心法现行。法相厘然，因果不乱。后类别门，及四缘中，更宣其义。上来已说六义粗尽，然复应知此中第一第三两义，显功能自体是生灭法。第二义，显诸功能虽与所生果法俱有，果法即现行是。但与果法不为一体。非一故言俱有。第四义，显功能自体善等性各别。即一切功能，有是善性，有是恶性，有是无记性。第六义，显诸功能色心体各别。谓有是色的功能，亦云相分种子。有是心的功能，亦云见分种子。故诸功能，其体各别也。第五义，显此功能待缘生现，不同外道一切邪执。如是六义，虽《瑜伽》卷五。《摄论》《所知依分》。早开其端，要自《识论》而后本诸功能之说，推演而成严密之系统云。

又据诸论，功能所依，唯第八心王自体分。以此自体分，是受熏处故。由此，功能离本识无别体。此言体者，以所依名体。见前注。虽依第八识体，而是此识相分。第八见分，恒取此为所缘境相，故成第八相分也。然此功能，约二谛分别，唯依世俗，可名实有，推入胜义，即属幻有。胜义谛中，唯说真如名一实故。一者绝对，非算数之一也。功能望如，具云真如。虽有而不实，但非是无，故得为诸法因。

复次有漏功能，于三性中，何性所摄？三性者，善、恶、无记。见上卷。就其为本识摄持言，即随本识，唯名无记。就其自体言，即通三性。言功能通三性者，非谓一个功能可通三性。此中功能，本泛称之辞，即通一切功能而言。如泛言人，即通一切人而言也。诸功能由前七善等性现行熏习。此云熏习，非作功能之别名，系虚用。他处随文取义。若善法熏令生长者，定善性摄。若恶法熏令生长者，定恶性摄。无记准知。向上由善，有漏善，能引生无漏善故。退坠由恶，熏习乘权，如何勿慎！

三释由来。《摄论》始立功能，而未详所由。世亲以后，十师迭起，遂以此为兴诤之事。略举其概。一、护月唯本，援附古典，以诸功能，法尔本有，不从熏生。二、难陀唯新，谓由无始现行，熏习故有。三、护法师，并取本有新熏。三师树义，各引经论证成。《识论》则以护法为归。基师所以宗护法者，推其意，盖谓现行强盛势用，虽刹那乍现，而势不休歇，即有所生，还成第八中种，故新熏义，坚立不摇。又此无始能熏之现，必有本有功能，为其亲因，若本有不立，成无因过。由此本新并建，极为应理。

护法虽分别本新，复以熏习为此二共依。《识论》述其义云："然本有种，亦由熏习，令其增盛，方能得果。"种生自后种，及其遇缘生现，名得果。详后文因缘中。又云："内种必由熏习生长。"《识论》二第十四页。内种即功能，以随俗假说外麦等名外种，故目功能为内种。《述记》十四疏："法尔种子，必由熏长，新熏熏生。"查考第十二页。法尔种谓本有。此言本有种，依熏习方长；新熏种，依熏习方生。故通本新，俱得别名之为熏习等。此言熏习者，名词。等者，谓习气、气分诸名。基师以此为护法最精之谊。然熏习复依何义建立，今次当说。按《摄论》始明所熏四义，《三十论》更立能熏四义，合有八义，陈之如次。

初所熏四义者，一、坚住性。若法始终，从无始之始，至究竟之终。一类相续。性唯无记名一类，恒转名相续。能持习气，乃是所熏。

二、无记性。若法平等，无所违拒。能容习气，方是所熏。沉麝极香，蒜薤极臭，俱无容纳。唯中容境，可受熏习。赖耶无记，故受善恶熏。三、可熏性。若法自在，体自虚浮，能受习气，乃是所熏。虚浮不实之谓，简异真如。心所依心，非自在也。真如坚实，不变故名坚实，简异虚浮。无受熏义。心所不受熏，参考《述记》十八。真如不受熏，常如其性故，不变故。四、与能熏共和合性。若与能熏同时同处，不即不离，乃是所熏。他身识及自识前后刹那，无和合义，故非所熏。遮经部前念之识，熏后念类。识类之义，详《识论》三第十六页、《述记》二十一第十三页以下。唯第八心王，具此四义，可是所熏。即彼第八心王。自体分，是受熏处。以有容受，必是其体故。

次能熏四义者，一、有生灭。若法非常，常法即无生灭用故。能有生长习气作用，熏生、熏长二义。见前。乃是能熏。二、有胜用。此复二义。一能缘势用。由心分别，带境相起，故诸色法，为相分熏，非能缘熏。二强盛胜用。作意筹度，不任运起，故是能熏。非极微劣无记心等，有如是用。即第八现，不为能熏。第八及六识中极微劣无记心、心所，虽有能缘而不能熏，但强盛心、心所托之变相而熏于种。三、有增减。若有胜用，复高下不定，可增可减，乃是能熏。佛四智品等，即不起熏习。四智品，后另详。四、与所熏和合而转。义同所熏第四，不劳重释。唯前七转识，有胜势用而增减者，具此四义，可是能熏。前七识中，每一心，析作见相二分，每一心所，析作见相二分，即此种种见分相分，都是能熏。须谨记。如是能熏与所熏识，俱生俱灭，非异时可相熏故，故能熏所熏定是生灭同时。熏习义成，令所熏中种子生长。如华熏苣蕂，故名熏习。苣蕂者，胡麻之粒大色黑者也。天竺用之制油，先杂以华，然后榨取。盖华与苣蕂同生同灭，故能熏生香气,令苣藼受持,而香气依止苣藼,亦复与同生灭也。苣藼为所熏,喻赖耶。华为能熏,喻七现识。香气喻新熏种。

复次能熏识,以何分为能熏?《述记》虽说为自体分,见《述记》十四第二十一页。然据《义演》等疏释,四分既摄为二,相、见。即见分是能熏,相分则仗托见分之力而亦能熏也。但诸相、见熏习,有为因缘熏生,因缘是亲生义,详四缘中。有为增上缘熏长。增上即助义故。请谈熏生。能熏诸见分,各各熏生自种,如眼识见分,熏生自眼识见分种,不生他耳识等见分种。余准可悉。此义易知。其相分熏,须辨以三义。一、相与见同种,俟三境条详之。又不仗质起,如独散意识缘龟毛等。有谓缘龟毛等相分仗名言为质者,然名言无实体故,不可说为质。此相随见摄,不别生相种。即唯熏见分种。二、相与见共种,亦与质共种。质者本质,至后所缘缘中另详。如第七缘我,此相从两头烁起,一头依第七见分起,一头依此相分之本质即第八见分而起。得熏生本质即第八见种。三、相与见别种,与质同种。此言同种者,谓相种与质种为同类,非谓相质共一种生。如五识及俱意相,皆与本质即第八器相为同类种生。故所熏种,为自相种,即无异为本质种。此相种与质种既为同类,故此相熏生之种入本识中,后时得遇缘生五或俱意相分,亦得遇缘生第八器界相分也。问:"影像、本质将共一种生耶?"答言:不然。无始已来,种极多故。又甲种逢缘生第八相,俱时不更逢缘生五或俱意相;乙种逢缘生俱意相,俱时不更逢缘生五或第八相。一种一时,不于两处生故。此说昔得之友人吕秋逸。

次熏长者,如前所说,现行见相,既各有势用,熏生新种,应知即此熏生新种时,亦得熏发本种,即本有种。令其长盛,是名熏长。有说熏生之时,不定熏长者,此必不然。现行既有强盛势用,熏生新种,即于此时,定能熏长藏识中本种。气类相牵故,非无熏生而能熏长故。非无至此为句。

复次熏生。能熏现行,从种生时,即能为因,复熏成种。三法展转,因果同时。略如左图。

```
        ┌─ 本种    因
        │          ┊
 一      │          果
 刹 ─────┼─ 现行    因
 那      │          ┊
 顷      │          果
        └─ 新种
```

又熏长者,非如俗言流转,以谓前法延至现在,立迁未来。非如至此为句。此本有种,前灭后生,相似相续,实无前法可以绵延。又本种势用,以熏习为增上缘而得增益,亦非有新物渗加本种自体。故熏长言,应善思择。

难曰:"熏长、熏生,种当无量。"曰:轻意菩萨《意业论》云:"世尊于《深密大乘经》中说,阿陀那心识,深细不可量。无量诸种子,其数如雨滴。"《大论伦记》五十一第七页。非若大梵一尊,何须有量? 一切功能依熏习生,依熏习长,万化鸿钧即此一念,可不慎与!

四释类别。有依体类辨,有依熏习辨。今先辨体类。此中异义,天竺古有二家:一相见同种家,二相见别种家。同种家者,谓一识体即自证分。转似二分相用而生。如一蜗牛,变生二角,故相见离体,更无别性,是识体上相用故。

别种家者,谓见分是自体分之相用,故离体更无别种。即一识体,转似见分别用而生。故见分与识自体分,决定同种。唯相分,除无质独影,当随见种而外,余一切实尘相分,定自有种。而依见种,乃自生现。相种仗见种而起,见种挟相种而生。如上二家,互相乖竞。《识论》折衷于护法,即主相见别种。盖谓内二分为见分体,与见一种,义极决定。由此,相见对辨,作用差别,性有不同。如五八识,缘实根尘。此中五识,隐摄俱意。见分有缘虑,相分无缘虑。此即作用不同。见分无质碍,相分有质碍。此即体性不同。法相厘然,不可混乱。现证如是相,说有相种。现证如是见,说有见种。如实称量,无诸过患。故别种家言,于理为胜。然有难言:"相别有种,何名识变?"答曰:不离识故。由识变时,相方生故。即由见种挟带相种,俱时起故。如造色境,造色境谓五尘,详见上卷。由心分别,境相即生。非境分别,心方得生。非字至此为句。故非唯境,但言唯识。由此,相见别种,义极成就。

　　次依熏习辨者,一切相见功能,由熏习生长,已见前文。《摄论》始立三种熏习:一名言熏习,此中熏习,即功能之别名。下皆准知。二我见熏习,三有支熏习。详见《所知相分》。《义演》十九"问:此三熏习,为定同别? 答:其义不定。后二熏习定是名言,名言自有非后二者。即诸无记而非执者,及无漏熏种,皆非后二熏习故"云云。此则于一切相见功能,依据熏习,义说三种。此中熏习二字虚用,勿作功能之别名看。然《识论》卷二,说等流异熟二因习气。其等流习气,即名言。异熟习气,即有支。不说我见。《述记》十二疏:"我见熏习种子,于名言中,别离出故。"《论》以我见摄入名言,遂不别开云云。今即据此,分名言、有支,略述如次。

　　一、名言熏习。此复有二,一表义名言。此中名言,通摄自发名言及闻他人所发名言。以声界能诠之名言，十八界中，声界居一。详见上卷。显色心诸法，而熏成之种，名名言种。然名自体，非能熏；名言亦省云名。非能熏者，以名之自体即是声音故，故非能熏。意识随名，变似五蕴三性等法，而熏成种。色法一，心法四，合名五蕴。详见上卷。三性，善、恶、无记。如能诠名，诠青色境。对青色境，立青色名，即青色之名为能诠，其境为所诠。余准知。若于尔时，意识随名，变似青色而缘，虽随名而变似青相，实非托第八器相为本质。此相实无质，但随见分熏成自即第六心、心所。见种。散意缘色境时，实无本质。因五识与俱意缘色境，刹那已成过去，及散意续起，只依忆念与想力故，变似前念俱意所缘色境之影像。此影像只从散意见分变起，非前念俱意本质可留至现念散意，故说无质。又如能诠名，诠无贪等善心法。心随其名，变似无贪等善心之相而缘，亦于见分熏成见种。余准可知。由心缘名，变似色心等法，而熏成色心等种故，即以此种，名名言种。云何名能诠显诸法？应知言名，亦赅句文。声上有音韵屈曲，依此假立名句文。即名句文聚集，能诠显诸法。名，诠召法胜，总说为名。召者，呼召之义。如云声是无常，声之一名，即以呼召法体。无常亦一名也，即以呼召此法体上之义。诠者解释也，择言也。句文诠召诸法，必依于名，故名为胜。然唯第六意识，能缘其名，能发其名。余皆不缘，亦不能发。缘名言，发名言，必资寻伺，寻伺，详在上卷行蕴。故唯第六能也。参考《述记》四十七第九页。

　　二显境名言。即不依于能诠之名言，而依于七心界见分等之了境。七心界者，谓前七识。等者，等内二分。唯除去相分，相分无了境用故。见分等，本非名言。然其了境，亦有似于名言之诠义，故得此名。如眼识亲缘青色境时，即起青色行解。第七疏缘八见，第八见,七不得亲取,须托之而变一我相,故云疏缘。**恒起我想行解。**此行解相,同言说相。即此显了于境,而熏成种,亦名名言种也。难曰:"相分非了境,其所熏种,应不名显境名言。"答曰:相分熏,本仗托见分而起。故相从见说,亦显境名言摄。

　　随二名言所熏成种,作有为法各别因缘,一切见种亲生一切见分法,一切相种亲生一切相分法。**是为名言种。**《摄论》言说熏习,但有第一义,缺显境。《识论》始说上述之二种,参考《述记》卷四十七。

　　二、有支熏习,有者三有,三界之异名。支者因义,分义。谓业种即三有之因,是生善恶趣差别之因故,故业种亦名有支。**本名业种。**业者造作为义。善恶之造作,熏成种子,是为业种。**此于异熟果为因,**此言因者,实增上缘。**能令异熟果善恶趣别,**趣者往义,有六趣,即人趣、天趣、畜趣等也。或云六道。**故亦名有支。如实论者,业种即是思种。**意识相应思数种子。**第六相应思数,以造作为性,驱心、**第六心王。**心数**谓与思数俱起而相应第六心王之他心数法。**令成善恶,非余心、心数具此胜能。即此思数,**第六相应。**依身语意造作善恶,**思复三种,初审虑思,次决定思,三动发胜思。前二名意业,亦是发身语业之因。至动发胜思,则发为身业语业矣。参考《述记》八第十二页。**熏自思**第六相应。**种。**善恶之造作,势用既盛,非可休歇,故还熏成种。**此思种自体,本是名言。以其功用不一,能生自果,**善思种、亲生善思数法,恶思种、亲生恶思数法,名生自果。**又能助他类赢劣无记种,令生现行。**如第八及前六识中极微劣无记性之名言种子,不能生现行,必待思种子助之方得生。**故一思种,随用异名。一方名名言种,不名业种。**约生自果言之。**一方名业种,又不名名言种也。**约助他言。**然业种受果有尽,**谓受一期异熟果报已,后不再感故。**名言种生果无穷。**体恒随转,故通长劫之中,每一逢缘，即便生果。生果非止一次，故言每一。欲详分别，宜探诸论。

五释感果。由前名言、有支二种习气，感得等流、异熟二果。

等流果者，谓名言习气《识论》二说，名等流习气者，从果为名。为因缘，八识眼识乃至赖耶。体相，差别而生。差别二字，注意。如眼识见种，亲生眼识见分，此中言见，亦摄内二分。后准知。其相种，亲生相分。眼识如是，耳识乃至第八，准知。此中唯约相见别种者言。详《述记》云："夫因缘者，办自体生。办者成办，谓果法自体，由因法亲成办之。此须谨记。性相随顺。"果似因，名随顺。见《述记》十四第八页。故相种不起缘虑现，谓不生见分也。见种不起质碍现。谓不生相分也。如世胡麻实，此实，俗亦名种。终不生豆，豆实亦复不产胡麻。果定似因，故号等流。等言相似，流谓流类。更有别解，非此所述。

然复应知，若多同类种，类有二义。一者体类，如眼识种望耳识等种，体类异也。又如眼识见种望自相种，亦体类异也。二者性类，谓一切种，有善等性差别。势力齐等，俱逢缘合，可许此类共生一果。如一麦中有多极微，可许同生一芽等果。非许一一微，各各生果故。参考《述记》十八第九至十页。《成业论》亦同。由此，一刹那顷，现行眼识相见二分，内二分摄入见，故说唯二。各从百千同类种，俱时而转。谓即许多同类见种为因，共生一个见分果；许多同类相种为因，共生一个相分果。余耳识等，皆可准知。难曰："色心功能差别，见及内二分，说名为心。实根尘相分，说名为色。云何相依起用？"答曰：色心相望，无因缘，色心各有种故。而有增上缘。识种以根及尘种为增上缘，而自生现。同时，根及尘种亦以识种为增上缘，而自生现。凡言种者，皆势力义。势力非一，乃搏和而各起现行，所谓至赜而不可乱也。又色于心为所缘缘。详四缘中。自此以往，不可复诘。设问何故色心相为增上？何故色于心作所缘缘？

此皆不可推穷者。

　　次异熟果，以具二种得名。一、真异熟，唯第八识。第八名异熟识者，感异熟果之因，因即业种。性通善恶，一切业种，有善有恶，各随前熏时现行因力所熏成。而果唯无记。第八现识，望业因即名果。即果望因，异类而熟，得异熟名。窥基解异熟，有三义：一异时而熟，二变异而熟，三异类而熟。详《述记》二第十页。此中正取异类一义。二、异熟生。谓前六识中极微劣无记心，亦云报心。从异熟起，此中异熟，即第八识。名异熟生。依第八异熟识而生故，故名异熟生。别从总称，故有此名。合具异熟、异熟生二种，名异熟果。此中异熟生，不取第七者，以其非异熟种生。异熟种即业种。因位唯染，因位者，众生位。果位无漏，果位者，谓佛位。故不取也。《述记》十二第十四至十五页"有问：六识善等三性法，应名异熟生，并从真异熟起故？答曰：不然。若法是异熟，从异熟起者，名异熟生"云云。基师取答义为正，本文从之。

　　又异熟识，说名总报。随总报业力，感善恶趣依正报。人天趣名善，畜等趣名恶。正报谓根身，如人或畜等身。依报谓器界。山河大地，虽人畜等共依之，实则各是各之依报。如一水，天见宝莲池，人见清凉水，游鱼见安宅，饿鬼见为火。简异于别，故得总名。

　　异熟生，说名别报。异熟生之名，本谓前六识中无记心，此从异熟识得名。异熟识为总报体，故前六识中别报，即依异熟生说之，此处不可泥解。若谓别报即唯前六无记心，便难通。此须注意。由别报业，感别报果。《义演》云："别报业者，谓当造业时，心不猛利，但任运造善恶等，此业能感别报果。"此依总报起，《义演》云："第八最初受生，由总报果是主，故先生，后方引生别报果也。"能成就圆满总报果事，亦望于总，得其别名。总报者，如第八异熟识，现生欲界人趣或天趣中，是名总报。既现生人趣或天趣已，其

163

一生所受种种苦或乐等，是名别报。

上来略释异熟果名。云何建立此果？有为诸法，本来差别。故一切种，乃通三性。善恶无记。善恶均有能生胜用，独无记种，势力羸弱，非有资助，不能生果。第八名言种，唯是无记。不通善恶，故名唯是。故待业种，为增上缘，令自第八。种力增，方生现行。前六识中，无记名言种，亦须业种助，准第八可知。第七虽名无记，而是有覆，故非此例。由此，业种于名言种，牵令生果。即说此果，以业种为因，异熟果所由建立。异熟果，名义详前。

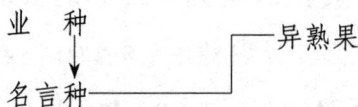

业　种
　　　　　　　　——异熟果
名言种————

难曰："业种增助名言种生果，其义得闻。云何依此说总别报？"答曰：善恶业因，气类感召，必其相似。如水流湿，如火就燥。故总业即是能感总报果之业种。能令第八受生，善恶趣别，得总报果。省称总果。又总果先生，必引余果即别报果。以满之。引如作模，满如填彩。引唯第八，满通前六。第七介八六之间，非根本故，不名引。恒内缘故，无外感故，亦不名满。据实而言，引满俱通因业种。果。谓总别报。因中，总业名引，别业名满。果中，总报名引，别报名满。《述记》有文，此略不详。参考《述记》十二第十四页。

佛家言果报，世难凭信。盖恒情以耳目所狃习为至常，反是则谓之语怪，此实人情之惑也。今如吾方据案，执笔疾书，以何能此，岂非天下之至怪至怪者耶？然而人不吾奇，习见故耳。实则斯人常习，皆所不解，妄以不解为解，则反以真解为不解也。报之为言，本感应之理。此理虽著于寻常日用之间，恒情不喻。

长啸深谷，空中生响，往往粗解物理学者，以为能言其事。实则声浪出口，何故不断？虽今古智人，莫能明其所以。出其言善，则千里之外应之；其言不善，则千里之外违之。此中气类相召，孰明其故？至地狱人天，唯心所造，则业因招感，其理益微。学者于佛氏所云，设难起信，即默然于所不知可耳。又佛家成立总报，故建三界欲、色、无色。六趣，即人、天、畜生、阿修罗、地狱、饿鬼。显其差别，此事似荒远难稽。然以理推征，若许有欲界人趣、畜趣，其他界趣，亦何妨许有。苏轼云，三头六臂，人说为奇，其实无所谓奇。等头耳，不过是三；等臂耳，不过是六。何奇之有！故自理论言之，三界六趣，其说非不成也。然内籍所谈诸天及地狱等情状，世或执为实尔，则又非某所敢知，似不如存而不论。

复次业种，本思种异名，其体即是名言种。以其有助他用，别名为业，已如前说。此与外小所计不同，故须简之。一、无惭等，计业皆宿作，过去有体。化地部、萨婆多等，略同。参考《述记》卷四十七第四页。今此不尔。由过去现行思数，熏生业种故。此种入第八识中，念念前灭后生，无别过去实法。二、顺世外道，说一切果，唯现业所得，作时即受。此所谓现业，即不熏生种，便能感果。今复异是，谓诸善恶业，必熏生新种，名为业种。此种伏第八识中，念念等流，平等而流，故曰等流。展转相资，业种彼此互资，故云展转。以渐成熟。如感召余生之业种熟时，值前异熟果方尽，即能复生后异熟果。《述记》卷四十七第八页"由感当来余生业种熟故，于今身中，前异熟果受用尽时，即是此身临终之位。彼所熟业，复别能生后异熟果，即先果尽时，后果之种熟，故后果得生，所以生死不断绝也"云云。故业种感果，如手放箭，远有所至，无有现业方作，即能受果。

问:"名言种感果,为速为迟?"曰:名言种者,此念熏已,即能生果,不同于业。问:"业种受果,何故必须多时?"曰:如总业种,其后熏者,以前业种势力未尽,便遇对抗,未即成熟。别业种准知。但别业种可于现生受果,不唯当来。然现生受者,亦非方作便受,亦须至后时。又业种受果,云何有尽? 名言种生果,云何无穷?《述记》有文,恐繁不述。见《述记》四十七第七页。

如前所说,等流异熟二果,一体之上,所望有异,故应别立。等流,约现果体性言。如八识中各各相、见,体性不同。异熟,约现果分位言。果报不同,即是现行异熟果上分位。又等流果望自类功能亲生而立,谓即现行见分望自见种,现行相分望自相种。异熟果望异类功能感召而立。由第八及前六无记心,望善恶业种,名异类。

又复当知,异熟果法,若唯任运,此言任运,即随顺义,谓人随顺有漏。终古不更。即轮回不断也。若有迁移,转依位中,舍染得净,是名迁移。终须仗力。力谓自力,有漏善为增上缘,引发无漏种子,由此转依,不随轮溺。

六释断染。断灭有漏功能,名为断染。无始相续,此云相续,乃有情或人之异名。详在上卷。法尔本有有漏无漏两种功能,为其藏识摄持,染净既殊,两敌不并,有漏流行,无漏沉隐。唯此染分,谓有漏种。如狂如醉,如怨如害,《瑜伽师地论·真实品》是故应断。

《论》说断义,略有三种:一自性断,二离缚断,三不生断。见《识论》八第十二页,《述记》四十九第十二至十六页。自性断者,谓染污法,即有漏种。自体应断。无漏对治起时,即是染污现种断时。明来暗去,定非先后。非先来明,后去暗,亦非先暗去,后明来,喻能断所断同时。即通见修,并有此断。修行证果位次,有十一地。十地各有入住出三心,初地入心名见道。初地住心以去,至十地之终,名修道。

离缚断者,若法是有漏善及无记,不障圣道。于圣道中不为障,体非暗法故。**但于见道位中,缘彼烦恼杂彼烦恼断时,说名离缚断。**缘彼云云者,谓能缘心是烦恼,即彼所缘境亦成染污,今断能缘烦恼,即彼所缘境亦名离缚。杂彼云云者,谓第七有漏,六识由此成有漏性,第七断染时,六识亦名离缚。

不生断者,谓断染法所依,令永不起。此通因谓业。**果,**谓总别报。**亦见所断。**由因惑业无故,恶趣总报果不生。又即所依总果无故,恶趣别报善业不起现行。详见《述记》四十九第十五页。**如是三断中,后二所未舍者,**离缚中,有漏善及无记种未舍。不生中,别报善业,虽所依果无而不复生,但彼种体尚存。**金刚无间,**每地有入住出三心,一心中有加行、无间、解脱、胜进四道,此举十地之终金刚心无间道。**一切顿断。**至此,则有漏善种,及无记种,一切断尽,乃纯是无漏种,绝对清净。

难曰:"诸色心功能,法尔有染有净,何须舍染?"应答彼言:**由此染法,随顺流转,**沉沦生死之谓。**诸苦繁殖,故当舍之。**舍即断义。**复别有计,功能体非可断。本由有漏,引生无漏。**谓有漏现行善法,为增上缘,引发无漏种令生现行。**无漏若起,有漏永伏。由此,主宾易位,令有漏种势力损坏。如麦遇火暵,遂失势用。**无性《摄论释》,有此譬。**永住不生法中,故名为断,非彼种体而是可断。此说无理。须知一切功能,由现识熏令生长,即唯依自力改造。矧此功能,依他性摄,体非定实。**《瑜伽》说依他法,同于幻梦、光影、谷响、水月、影像及变化等,犹如聚沫,犹如水泡,犹如阳焰,犹如芭蕉,虚伪不坚。**见《真实品》。**是故可断。若言种体不灭,但损势用。势用既损,不获恒转,即非生灭,**由不恒转,即常法故。**如何名种？若言此种自类等流，又不应说已损势用。反复推征，种体应断，此义极成。

复次世人误解断义，谓是一切灭尽不生，此乃倒见，不可无辨。夫有漏断时，即是无漏生时。则断者，生之改进。又有漏有对治故断，而别无对治可断无漏。此无漏法，法尔绝对，更无能对治，故不断。故无漏法，刹那刹那，生生不息，尽未来际。此言际者，不际之际，尽即无尽。

又若无姓有情，见后。缺对治故，彼有漏生，一类相续，前后相似名为一类。复无穷尽。

生义是用义。大用流行，充塞法界，法界是体，用依于体，而遍全体，无有亏欠。宁有穷尽？世有小心，妄臆灭生。灭之不能，迷乱为苦。鸩饮甘露，如何勿悲！案《摄论》云："断谓菩萨无住涅槃，生死涅槃，两无住着，故立此名。以舍杂染，不舍生死，转依为相。"第八识为杂染清净两种功能所依，转舍杂染分，转得清净分，故名转依。详见彼《果断分》。玄文足征，大义斯炳。王船山《易传》有云："不惮玄黄之血，天地以杂而成功。"至哉斯言，有所伤者有所成也。若拟断义于不生，其见远出船山下。孰谓大雄无畏勇猛精进者，乃与愚痴同其废灭耶！章太炎《五无论》以断生为言，斯则断见外道之谈，不可附于佛法。

上来六门，宣说有漏功能粗尽。

次无漏功能，略述如次。

一释名义。无漏功能，亦名种子。由现行善法，熏令生长故，亦名熏习或气分。得名习气可知。自余粗重诸名，非此所具。

二释体性。具有六义。一刹那灭，二果俱有，三恒随转，四性决定，五待众缘，六引自果。此中性决定，谓因果唯是无漏善性。准有漏种，勿赘可知。

唯此无漏，具云无漏种子。自性清净，与赖耶性别，亦以赖耶自体分为其依止。若为赖耶所缘与否，诸师迄无定论。《述记》于此，则以不缘为正义也。《伦记》亦云："谓心指有漏见。弱境谓无漏种。强，故不得缘。如《摄论》：正闻熏习，即新熏无漏种。非赖耶所缘。仍依于本识，赖耶亦名本识。以强胜故。若尔，云何名唯识？以念念随灭故，亦名唯识。此无漏种，与本识俱生俱灭，不离识故，名唯识。设许缘，何过？赖耶缘境，为相缚所缚。相者境相，缚者缠缚。末那未转，而有二执。第八随之成染，遂有相缚。若缘无漏，即非相缚。故知不缘也。"见《伦记》五十二。此解尽理，今即从之。

又约二谛，此无漏种，亦依世俗，说名实有。

三释由来。自护法、亲光，始以本新并建。先是小乘中，如大众、一说、说出世、鸡胤四部，并净无漏无因缘。大乘古师，亦皆不立本有种。然复有三师，则以人有出世心，即清净心。不可无因生，亦不应由染种生，遂倡如下三说。

一、分别论者，心涩师等。谓即心性为因。谓即心自体，是清净因故。其说以心性本净，如水本清。为客尘烦恼所染污，如水被搅浊也。离烦恼时，转成无漏。故无漏法，非无因生。意云，本净心性为因故。《无垢称经》有此说。此师之说，当时盛行。及至护法，遂质定其心性之言，而难破之，云：汝许客尘烦恼灭时，有漏心相转为无漏。此无漏相，即前无漏心体所显，非前体灭。是则相虽转变，而体常一，应同数论。责彼说心同数论也。数论谓大等相转变，其体常一。此以违自宗破也。谓其违反佛家自宗义故。更有多难，恐繁不述。参考《述记》十三第二十页以下。愚谓分别论者所谓心性，若准诸宗门所谓本心,便为诚谛。护法之攻难,徒以名词缴绕,恐不得彼之本意。

二、古师有立真如为诸法因,护法复难破之。详《述记》十三第二十页云:"此真如体,既许为因,应有取与,以体前后无转变故。无取无与,故不为因。"按取,谓因有生果之趋势,与者谓果起,由因付与故。基师意云:有取与用,方得名因,真如不尔,故不为因也。又《述记》十四第二页云:"《瑜伽》第五说,唯无常法为因,非常法也。旧人云真如是诸法种子者,非也。"凡此所云,盖朋护法,主张另立无漏种。愚谓古师谬误,只在说真如名因。实则真如是诸法实性,本来清净。众生若能反躬认识自性,则当下即是,何须另觅无漏种子,岂非骑驴觅驴?护法、窥基之学,须待宗门为之矫正,此非余之私言也。

三、《摄论》立熏习,详《所知依分》有云"又出世心,昔未曾习,从何种生?是故应答:从最清净法界等流正闻熏习种子所生"云云。据疏,法界即真如别名。最清净者,谓真如体性,是最极清净故。等流者,谓从法界所起教法。无倒听闻如是教法,故名正闻。依此正闻所起熏习,是名熏习。即此熏习,能生出世心,故云种子。愚谓此即相当于《新论》所谓净习,不当混同功能。详在《新论》。

上述三义,护法破前二,立本有功能,依后一,《摄论》立新熏功能。《摄论》闻熏,本约有漏位立。但以其有熏增无漏功能令起现行之义,故谓护法据以立新功能。论疏足征,不劳繁述。参考《识论》卷二,及《述记》卷十三。亲光《佛地》亦云:"如是四智相应心品种子,四智云云,后详。无始法尔本有,不从熏生,名本性住种姓。种姓即种子义。发心已后，外缘熏发，渐渐增长，名习所成种姓。故无漏种，本新并建。"经护法、亲光二家创说，基师论定，卒莫易也。又无漏种，亦有智种、识种分别。盖四智相应心品，正智是主，净识兼心、心所言之。则为相应法。《佛地论》卷三"问：正智，当言实有，当言假有？答：当言俱有。此中智是实有，若智眷属即助伴义。诸心、心法，即谓净识。亦名为智，说之为假，故有二种。此中无漏心、心法等，智为主故，皆说名智"云云。准此，论虽总说无漏种，实则正智与净识，主伴攸分，各有自种，不容淆乱。

四释类别。初依熏习辨。《识论》说有名言种子，唯无有支种子。《义演》云："八地以上菩萨，无漏意识，听法缘名等，熏无漏种子也。"又云："若至佛果，即无名言熏习。"《佛地论》云"乃至证得金刚喻定，从此已后，虽数现行，不复熏习更令增长。功德圆满，不可增故。持种净识，既非无记，不可熏故"云云。故名言熏习，十地菩萨皆有之，唯除佛果位也。

何故无有支熏习？据《佛地论》云："圣者不造总报业。无总报故，别报亦无可知。虽化有情，随趣生死，起惑润生，然是故留，非著生死，无有支熏习之理。至于佛位，虽复现化作生死身、业烦恼等，似苦集谛，实是无漏道谛所摄。四谛，详见上卷。随世俗相，名五蕴、十二处、十八界，而实非是蕴处界摄。离戏论故，离诸相故。"详见《佛地论》三第十二页。以此说无业种也。

次约体类辨。相见功能同异，例同有漏，如前可按。

无漏功能感果，唯有等流。以无有支熏习故，不感异熟果。

又无漏功能，无穷无尽，不同有漏功能容断灭也。

复次有漏无漏功能，略说具有二义：一转依义，二无尽义。

转舍有漏,转得无漏,故谓转依。此复二义。一、幻义。有漏无漏二种功能,于俗谛中,虽同实有,若约真谛,即皆幻有。以望真如,不名实故。唯其如此,故有对治,转依义立。盖无漏对治起时,即是有漏现种断时。现行及其种子俱断。物莫两大,此盛彼衰。《庄严》有言,犹如幻师,驱诸幻敌,可谓善说法要。二、引义。异生异圣人之生,名异生。无始,有漏流行,无漏隐伏。云何转依?是故应说引义。鹤鸣九皋,其子和之。一人向隅,满坐不欢。连声之器,击一响余。凡兹牵引之理,微妙难言。苟不遗小,斯足喻大。有漏闻熏,于有漏位,听闻正法而起熏习,为有漏善。详见《摄论》。熏发无漏种,增盛能生。由增上缘,故此引彼。以有漏善,引无漏善,气类近故。有漏不灭,无漏奚生?现行易位,刹那开导。前念染法开避,引导后念净法。由等无间缘,故前引后。若无引义,一向唯染,转依何成?

此中引义,愚初治《识论》时所主张,盖依世亲、护法等立说之统系而言。若不立引义,则有漏如何转成无漏,实困于说明也。余反复潜玩,而后得引义焉。引义者,所谓有漏善为增上缘,由此引生无漏种,令起现行。及无漏加行,加工而行,名为加行。渐次折伏染种。至无漏增盛,而后染种始尽焉。《摄论》以正闻熏习为入手工夫,即是此意。世亲迄护法、窥基,一脉相承。余初亦不敢妄议也,继而潜玩群经,毕竟归诸自性自度。若不能反观自性,洞见本原,而徒仗托闻熏,从有漏善法,模拟仿效,将冀引生无漏,是何异蒸沙而欲成饭耶?自性恒时昭明,曾不自识,乃欲于杂染法中,引生清净，有漏善，亦是杂染法。不思其源未澄，其流又焉得不浊耶！

上来以引义、幻义，成立转依。今次当说无尽。唯无漏种，法尔清净，纯白不杂，更无对治，故不断尽。相似随转，名不断尽，非是常一名不断尽。若有漏种，虽遇对治，可以断舍。然障重者，无漏不起，即乏对治，染种终不得断。故阐提染用不灭，大觉净用不绝，是为无尽义。

云何阐提？谓无始时来，一切有情，有五种姓，一声闻种姓，二独觉种姓，三如来种姓，四不定种姓，五无有出世功德种姓。省称无种姓，亦名无姓人，亦名阐提。谓其全障，对治不起，毕竟无成佛期。声闻地以五义建立，为奘师所据。基师《法华玄赞》，更衍其义。当时余宗，据余经中宣说一切有情之类，皆有佛性，皆当作佛，以是与唯识宗诤竞。如台宗有《法华五百问》。论战之烈，斯足珍怪。基师之弟子慧沼著《慧日论》，盛弘师说，盖中土先德以此为一大事矣。如实论者，体无差别，用乃万殊。有毕竟无障之佛，即应有毕竟有障之阐提，清净杂染，相依建立。众生流转无尽，如来功德无尽。参考《佛地论》二第八、九页。安有化城，可以息肩？世有误解平等，一法界平等，诸有为法差别。三界平等，而凡圣差别。实缘以欣厌之情，妄测法界之广大。染净皆一法界之用，傀诡陆离，亦云众妙。虽是其染，无复有过，以其本来自尔。然而人情封执，恒本其日常欣厌之习，以言真理，一若不许法界之有染用而后始洽于怀者。是犹欲大地皆平夷，而无险阻。果尔，亦复无趣。此诸小心所为求生净土，而苦浊世，不可不阐其妄也。

173

上来说功能已讫。此据旧作《唯识讲义》第三次稿，此稿专主世亲一派之说，民十一年，讲于旧都北京大学。**稍加董理云。**

　　附笔记如下。或问："感等流果之因，既是一切心、心所相见种，亦说为色心种。如何名以名言种耶？"答曰：诸唯识师，计一切色心种子，皆由两种名言熏习，所以别名之为名言种。但表义名言，唯在第六意识。表者表诠，义者境相。一切名言，都是表诠一切色心境相。心随名言，变似色心境相而缘时，即此能缘见分便有势用，熏生新种，入本识中，同时并熏长本有种。由此，能生后时见分。至显境名言，则以心了境时，其心上行解之相，同于言说相，故亦谓之名言。此能熏生后自类相见二分种子。即色心种。其说如此。总之，诸师建立种子，而复分别本新，因说新种依熏习生，本种依熏习长，所以完成其万法皆由心造之义。

　　问："一切心、心所种子，皆名为名言种。思心所种，一名为思数种。如何又别名为业？"答曰：思者造作义，故得业名。此中业种，即谓善恶业所熏之种。唯善之造作，与恶之造作，皆有力用，故其所熏之种，力用极大，能感招未来果报。

　　问："异熟果一词，犹不能了。"答曰：异言不同，熟者成熟。基解异有三义。一、异者异时。谓因先果后，果之成熟，必与其因异时故。二、异者变异。由因法变异，其果法方成熟故。三、异者异类。谓此果法之因，即善恶业种。而此果法，即第八识，及前六识中一分无记心。前六识通善等三性，此异熟果中，只取一分无记性。果法唯是无记性，第八识唯是无记性,前六中只取无记心。望彼因法即善恶业种,性类不同。是果与因异类,而得成熟。基师释异类而熟是也。然三义中,实正取后之一义。

问:"业种只感果报,抑尚有别功用否?"答曰:增上微劣无记种子,令生现行,增上者扶助义。是其别一功用。如第八识唯是无记,前六识通善等三性,其中有是无记性者。此等无记心之种,不能无助而自生现,必待业种增上之力,方乃得助而自生现。旧师理论如此,汝只顺他思路理会去可也。

问:"异熟识一名,犹不能了。"答曰:第八识是无记。今由善恶业因之感招,而生人或天等趣中,是名总报果。但此果体,即第八识,此乃无记性。而感招此果之因,即善恶业种。故果望因,异类而熟。由此,说第八识名异熟识。

问:"异熟果一名,似应但依第八识而立。然必以六识中无记心,名异熟生。又即此异熟生,合之第八真异熟,始称异熟果。其故何耶?"答曰:若言异熟识,即唯第八,独得此名。若言异熟果,即第八为总报体。而前六识,以外缘故,受苦乐等境事,为别报体。故异熟果,当兼异熟生而言,不唯第八。

问:"第八名真异熟,而前六识中无记心,依第八异熟起故,名异熟生,是义已知。但既依异熟生而安立别报,则应说前七识皆名异熟生,以前七通依第八异熟识而生故。今仅取前六中一分无记,名异熟生。又即于此安立别报。岂别报只限于六识中无记心耶?此义如何可通?"答曰:彼所以不许六识善等三性通名异熟生者,以异熟果法必是无记。

由无记法,望其善恶业因异类,始名异熟。故不许六识中善恶性者名异熟生。至第七虽无记,而是有覆,非微劣无记故,亦不名异熟。但别报既依异熟生安立,而异熟生又只依六识中无记心而说,此诚滞碍难通,亦可见翻弄名词之弊也。

右笔札各条,烦琐无趣。其词义,于前面正文中,本已一一说明。但诸生阅习,犹难了解。即吾初治《识论》时,亦深以此等为苦。故就诸生所问,随时札记而附存于此。使治此学者,减少困难,免生误解。

问:"佛书中凡言业者,皆谓第六相应思心所。但《新论·功能》章中亦言业,与佛家旧籍言业者,同其义界否?"答曰:不同。《新论》言业,即以凡人意念乍动之微,与发动身语或事为之著者,通名造作,亦名为业。因此造作不唐捐故,必有余势续起,而成为潜存势力,即名习气。此非专目思心所,不可不辨。至《新论·明心》章下,谈心所处,亦立思数。而以此思数,属于心理学上所谓意的方面,亦说为造作。但此与《功能》章所谓业或造作,不同义界。此中但就心理的范围内,而依意的方面有造作用,假立思数,其义狭。《功能》章则在人生论之范围内,通目人心之一切作用,由微至著,皆名造作,即皆名业,其义极广。读者宜随文抉择。

唯识诸师,因计有现界,更进而求现界之本质或原因,所以建立功能。《新论》则不执定有实现界,故用不着虚构一本质界为原因。所以旧师的功能义,在《新论》中便不成立。然《新论》仍假彼功能之名，而改正其义，即以之目一真法界。即本体之别名。盖《新论》依翕阖，假立心物，即以方便施设现界。而所谓翕阖，即是本体之流行，流行即用之别名也。离流行亦不可得体。故乃即用显体，而以功能名体，庶无体用截成二片之失，亦即于万象而见为真如。西洋哲学谈实体与现象，总不得融圆为一。世亲派唯识论者亦尔。《新论》便无此病。

或谓，说真如本体名功能，真如本体，系复词，真如即是本体故。终觉未妥。不知经说真如遍为万法实体者，以有用故。假其无用，何得名体？《新论》别字真如以功能，从用彰名故。如经说真如亦名众生界，《瑜伽伦记》释云："经意依真起妄，立众生界。故说真如名众生界。"此亦可云未妥乎？参看《伦记》卷十七。

旧师虽以功能依熏习而立，然其本有功能，不从熏生。虽云熏长，而于一切唯心造之义，终嫌不能一贯。又彼之本有功能，与真如作何关系，亦无说明。《新论》与《破破论》谓其有二重本体之嫌，非为苛责。

又旧师以习气混同功能，亦是大错。详在《新论》。自余可议之处，此不及详。学者熟玩《新论》，自可豁如。

〔**四缘**〕　佛家立义最精者，莫如缘生之说。缘生亦云缘起。一切现象，互相依而有故，都无实自体故，故说缘生。然自释迦至于世亲唯识一派，其为说亦屡变，吾常辨之于《破破论》中，此姑不赘。但举四缘，以次略释。

云何四缘？一因缘。缘有四，而因居其首，即因即缘，故曰因缘。《识论》卷七"因缘，谓有为法，亲办自果。此体有二：一种子，二现行"云云。参考《述记》四十四第一页以下。按亲办自果者，谓果法体，由因法亲所成办。易言之,即因法亲生自家果法。因为能生,果为所生。有是能生因,决定有其所生果。故因于果,有创生及决定二义。具斯二义,始得名因。详此所定因缘义界,至为严格,不容淆乱。不独小乘所言六因,俱无此义。即大乘书中言因,亦时有宽泛的说法。如下述三缘,亦皆可说名因。谓前念识望后念识为等无间缘,亦可谓前念识为后念识之因。谓境界为识之所缘缘,亦可谓境界为识之因。增上缘,自应准知。凡佛书中言因者,本有宽泛的说法,如上举等无间乃至增上诸缘皆得名因是也。独在《识论》中谈四缘,其居首之因缘,乃特定义界曰亲办自果,此则至严而不可乱云。

《识论》规定因缘法体唯二:一种子,二现行。又复析其条流,而说以三:一、种生种,谓前念种望后念种而为因缘故。二、种生现,谓种子望现行而为因缘故。三、现生种,谓现行望种子而为因缘故。今以次疏释。

云何种生种? 无量功能,依止藏识大海,《规矩颂》云"浩浩三藏不可穷",故喻如海也。为藏识摄持,刹那刹那,各各前灭后生。各各二字,注意。无论有漏、无漏,未有对治,便恒随转。无漏功能,法尔清净,更无对治,故不断。有漏功能,若对治不起,亦不断。功能断否,唯视对治有无。说见前。故此功能自类相生,前念种亲生后念种,即后种是前种之自类故。即是前种望后种而作因缘,亲生后种故。由此,功能非断非常,宛尔生灭,前种方生后,而自体即灭,故非常。后种方起,即续其前,故非断。成其胜用,体是生灭,故有能生胜用。若是常住法者,即非能生。所以异于自性神我等计。

云何种生现? 功能恒转,恒言非断,转者非常。若逢缘合,方起

178

现行。如功能不待缘，即应有实作用，又应一切时恒生一切法。若尔，便同外道自性神我等计。今明功能亦待众缘，故异外道邪计。**由此，说功能望现行而为因缘，亲生现故。然功能潜隐，亦说为现行所依之体。现行显著，亦说为功能所起之用。但体用条然各别。**据实而言，体者用之体，用者体之用，是体用虽可以析言，而毕竟不为两片。但《识论》谈体用，却截成各别。盖以用依体起，而用非即体，只是依体而有，所以截成各别。旧师于体用，毕竟说成滞碍，学者宜知。**如眼识，第一刹那，由种生现，体用同时相俱，犹如炷焰。**灯炷生焰，炷与焰同时俱有故。**即此刹那，种现俱生俱灭已。第二刹那以往，其理皆尔。**种子自体依止第八识中，前刹那灭，后刹那随转，终古不断。若现行自体，则于前刹那与其自种俱灭已，后刹那便不随转，即由他现续生，成其不断。他现者，后刹那种所生现也。**然前后刹那相续之际，定无间隙，若有间隙，即应中断故。眼识如是，耳识乃至第八，皆应准知。**

　　　　种因〇一〇二〇三
　　　　　　↓刹↓刹↓刹
　　　　现果〇那〇那〇那

　　因缘生果，其果法决定与因相似。见种定生心法现行，不生色现。相种定生色法现行，不生心现。小乘有计色心展转互为因者，即此所破。
　　又见种、相种，类各无量。一切心相见分，各各有自种。一切心所相见分，亦各各有自种。**异类相种，各生其现。异类见种，各生其现。因缘生果，无杂乱故。**

云何现生种？前七现行识，有胜势用而增减者，皆是能熏。唯除第八识，说见功能中。此能熏识，一刹那顷，从自种生。即此刹那，有胜功力，能熏本识，生自类种。所生种与能生现，体性相似，故名自类。如现行眼识见分，熏生眼识见种是也。余准可知。故说现行望种子，谓其所生之种。而为因缘。现亲生种故。

天竺古师，有以现行说名功能。《识论》卷八"论说因缘，依种子立，现行亦能亲办自果。如外麦等，亦立种名"云云。此则名相杂乱，非正义也。详《识论》卷八第三页、《述记》四十五第十四页。《摄论》已说外种，盖顺俗取譬。实则外麦等种，从本识中相分种子而生，即是现行果法，不得名种。此须明辨。虽云因缘依种子立，要不可说因缘即种子。《识论》以亲办自果，明因缘义，极为应理。若现生种，亲办果故，斯是因缘，岂谓现能为因，便得名种?《述记》卷十二，据不正义，以释因能变，见《述记》十二第十页以下。淆现于种，原非小失。前谈因能变中，只建立种子为现行之因。今此谈因缘中，有现生种一义，所以明新熏种之由来，不可与因能变义并为一谈。太贤《学记》卷二第二十四页，不取基疏，惜词义隐晦，未畅厥指。前于能变条中，说基解因通现种之非，须与此处参看。

难曰："现不名种，如何说因缘依种立?"答曰：现行为因，即熏成种，非不依种立。

又经部计前法为后法因，故因果异时。大乘说种生现，现生种，彼此俱有，故因果同时。种生现，能所同时相俱，说见上。现生种者，非现灭已方生，若已灭者，便无能生势用。即此现从种生时，有胜势用，别生一法，还为第八中种。准此，则三法同时，彼此对待。三法者，一本有种，二现行，三新熏种。前后不许并，非彼此不得并也。因果时分同异，乃唯识与余部力诤之事，详见《识论》卷三。实则各据一义，毋须水火。

上述因缘，唯有三种。因缘以亲办自果为义，异此，不名因缘。

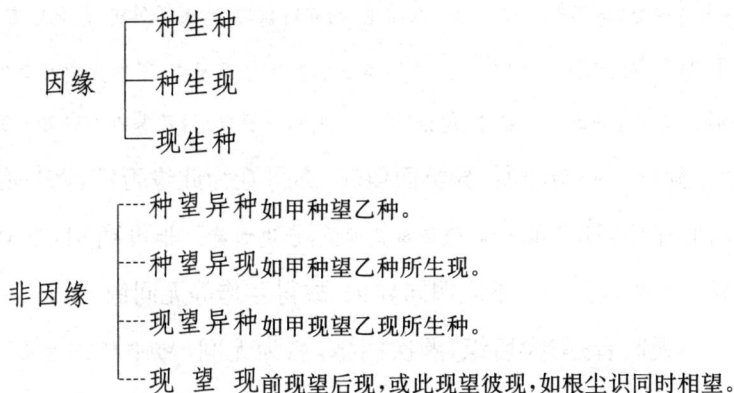

因缘 ┏ 种生种
　　 ┣ 种生现
　　 ┗ 现生种

非因缘 ┏ 种望异种如甲种望乙种。
　　　 ┣ 种望异现如甲种望乙种所生现。
　　　 ┣ 现望异种如甲现望乙现所生种。
　　　 ┗ 现　望　现前现望后现，或此现望彼现，如根尘识同时相望。

小乘六因，详在《俱舍》。依现行立。彼无功能，虽说为因缘，实是增上缘。《述记》四十四第四、五页：《对法论》因缘中说六因，非是因缘，即现望现。此解极是。

二等无间缘。初因缘，依种子立。今此第二，依现行立。现行终古无尽。阐提有漏现行无尽，诸佛无漏现行无尽。七、八俱恒，无有断时。六识、除五位无心，余时亦复不断。五位无心，详前。由等无间缘，有此胜用，故次因缘而说。

《义演》云："此缘约四义辨：一前念于后，二自类无间，三等而开导，四令彼后念心定生。"见《义演》十五。

第一义，简同时或后时心，皆非此缘。唯前念心望后念心，

181

得为等无间缘。同时无二心并起，后念心望前念心，无有开导义，故并简别。凡言心，亦摄心所。

第二义，显非他识为缘。如眼识，前刹那方灭，即已引后自类令生。眼识如是，耳识乃至第八识，皆应类知。是为自类无间。问曰："何故不许八识互为缘？"答曰：一身八识，容俱时转，七八相望，恒俱转。前六与七八相望，则有时俱转，有时不俱转，故置容言。故不得互为此缘。难陀、安慧执异类识能互作等无间缘，不知异类既容俱转，即无互相开导之理。参考《述记》卷二十七第一页以下，及卷四十四第六页以下。问曰："心与心所，异类而俱转，亦得互为此缘否？"答曰：心所与心相应，和合似一。依缘事处同故，已说如前。非可离别，令其殊异。非字至此为句。不应例同异识，故得互作等无间缘。

又无间者，前为后缘，顺次相生，名为无间。例若眼识，自第一念第二念以往，皆无有越次。非不许有间断。如眼识，前后相望，虽中经百年等断，前念眼识望后念眼识，仍为等无间缘。耳识乃至第六，皆应类知。唯七八俱恒，无有断时。

第三义，正显缘义。云何开导？开者，避义与后处义。导者，招引义。前法例如前念眼识。开避其处，即望后为招引，令彼后念眼识。得生。心能缘法，方具此二。开导二义。色法虽有开义，而无导引力，故非此缘。

又等言，有两义。一、体等，如眼识，前念心王唯一，俱时无二心王。受等心所亦各唯一，俱时无二受等。其后念王所，亦复各各唯一。眼识如是，耳识乃至第八，皆同此例。故每一心、心所，前后皆无多类并生，名为体等。二、用等。前念一心王，有胜势用，能齐引后念心、心所令起。又即前念一心所，有胜势用，亦能齐引后念心、心所令起。由此，王所和合似一，互能望后而为因，齐等开导，故名用等。相似沙门，以心唯引自后念，心所亦各引自后念，不许齐引。今此则遮彼说。

四、前法开导，后果定生。后果者，以后念识，望自前念识，而得果名。如极重睡眠、闷绝等位，六识中断，而后得生，即由前灭识为之开导故。若非后果定生者，如何得说前为后缘？

综上四义，释此缘讫。

问："如是等无间缘，八识有漏、无漏，分别云何？"答曰：若第八识，虽复有漏无间，前为后缘，次第而转，名为无间。而登地以去，有无漏生。登地以去，至金刚心，有漏顿断，无漏顿生。即前有漏心、心所开避其处，引导后无漏心、心所令生。此乃等无间缘之妙用。然无漏起已，定无复生有漏者。以此无漏，必不断故。由斯，第八有漏、无漏，不互为缘。此言缘者，谓等无间。后皆准知。五识例此。

若第七识，十地位中，入法空观，无漏心生。出法空观，有漏心生。即有漏、无漏，容互为缘。观前有漏心，引生观时无漏心。出观后有漏，又由前观时无漏心引生。有漏无漏，递为前后，故互为等无间缘。善与无记，相望亦尔。《述记》四十四第十五页，即此有漏无漏相生，以辨性别。第七有漏位是无记性，无漏位是善性。

若第六识，有漏无漏，善不善等，第六有漏通三性，无漏唯善性。各容互作等无间缘。《论》说入见道时，初起无漏，此在色界或欲界。恐繁不述。

若前五识，十地位中，第八未转无漏，五定有漏。彼五色根，是异熟识相分摄。第八有漏位，名异熟识。五识所依根，是有漏故，五识亦有漏。若言有漏五根，发无漏识，此不应理，《论》有诚文。

有说入地得成所作智者,此不正义。故五识无漏,必同第八俱时而转,不与有漏互为缘,等无间缘。善等相生,准第六知。

又复当知,前七转识,与第八识,金刚无间,有漏种现,刹那断尽。自此以往,俱是无漏相续,恒无有断。故六七漏、无漏,容互为缘。等无间缘。此说因位,应如理思。因位对果位得名。凡夫未断染污,而实本具佛性,有成佛之因,故名因位。若成佛时,即名果位,亦云佛果位。

三所缘缘。《识论》卷七之六云"谓若有法,是带己相心或相应所虑所托。此体有二:一亲二疏"云云。今即据此,为释如次。

有法者,谓是有体法,具有力用,能牵生识。如色等境界,非无体故,故能牵引眼识等令起。即此境界,望能缘识,而名所缘缘。

问曰:"意识缘空华时,空华无体,如何得有所缘缘义?"答曰:空华者,即依自识所变相分,妄作华解。华本无体,非所缘缘。但约相分论,其体是有。即此相分,望能缘见分,而为境界,便是所缘缘。

云何是带己相? 己者,设为境界即所缘缘。之自谓也。是字,指下文心、心所言。《述记》四十四云:"谁带己相,谓心或此相应法。"相应即心所。相有二释:体相、相状。此云相状,唯目影像相。对本质名之故也。然克指影像自体,亦得名体相。带亦二释:挟带、变带。故带己相言,有其二义。

第一义者,谓能缘识,变带所缘相状,名为相分。对疏缘本质,亦名影像相。亦名为亲相分。此相,有仗质、不仗质。其仗质者,若前五见,仗第八相,变相而缘。五识仗第八器界相为本质,而变似色声等亲相分。第六见仗第八相见等,变相而缘。第六缘我时,即仗第八见,而变现相分,便依此相而计为我。第六缘一切尘时,即仗第八器界相,变现相分,依之起解。第六缘诸心法及无为法时,亦仗心法及无为法为本质,而变现相分,依之起解。第七见仗第八见,变相而缘。第七仗第八见,变相而缘时,即依所变相,而计执为自我。乃至他心智缘他心,后得智缘如,其理亦尔。自识有能了他人心之智,名他心智。此他心智,必仗他心为本质,而于自识上变现一似他心之相分以缘之。至后得智缘真如时,因分别力强,亦从自见变似真如之相分而缘之,非亲证真如。自识亲所变名影像相,即以所仗名本质。试取近事为例。吾起座徘徊,槛外梧桐,弥望青青。此青青者乃吾眼识见分,仗第八器相为本质,变似青相而缘,眼识所变色尘相分,与其本质即第八识所变色尘相分,一处同遍,和合似一。非能亲取自心外法也。第八器相是第八见分自境,而望眼识即名为外。眼识不得亲取自心以外之法,故须托第八器相为本质,而于自心上变似其相,方可缘之。眼识如是,余耳识等,皆可准知。唯相托质起,决定似质,斯乃不测之符。次不仗质者,如第六缘过未等法时,过去已灭,未来未生,此皆无体。即自心见分变似过未等法之影像相,皆不仗质。缘龟毛兔角等,亦尔。又或筹度一切义理时,其意中必变似所思义相,此等相亦无质。综前所说,前七识相分,无论仗质或否,要皆由见变为,此中云见,即摄入自证分。故名变带。此义本以陈那《观所缘缘论》为根据。然陈那破小宗许五识缘外色,但明仗质变相一义。

第二义者,谓能缘挟带所缘体相而起。挟带者,逼近亲附义。谓能所不分,冥合若一故。如四分中,自证缘见,内二分互缘,皆名挟带。五识俱意等,见缘自相,现量证境,亦是挟带。又正智缘如,亦是挟带。

如上二义,云何各别建立? 昔者,小宗不许有相分。故以外境为所缘,以能缘上有似所缘之相,名行相,为能缘摄。大乘自陈那出,乃造《集量论》,即改小宗行相,名相分,亦说名影像相。为所缘。《述记》十五第九页:"以影像相为行相者,出《集量》文。"按《集量》始成立三分,故改小行相为影像相,对破心外有境。亦复依此造《观所缘缘论》,对破小宗许自心亲取外境。《论》云:"谓能缘识,带彼相起。"彼者,本质。带者,变带。相者,影像相,又云相分,言识托质而变似质之相也。《论》又云:"如是诸识,唯内境相为所缘缘,理善成立。"内境相,谓相分也。是为第一义也。

自陈那之论出,大乘师言所缘缘者,率皆依据。其后有正量部师般若毱多者,小宗之杰也,欲破大乘,乃设难言:汝大乘宗,"无分别智,不似真如相起,应非所缘缘"。无分别智,即正智之异名。意云:大乘师以能缘上,变似所缘相,即名相分,而说为所缘缘。纵令此说诚谛,而大乘经论,不许正智缘如有似如之相。若尔,即真如非所缘缘也。毱多此难,可谓悍极。盖正智缘如时,既非真如为所缘缘,则诸识缘一切境相时,即俱无所缘缘义。大乘师被此难已,经十二年,遂至绝救。此盖孤秉旧闻,无由独创。爰及奘师,神悟爽拔,始以陈那所明,别为一事,陈那但以变带义,成立相分故。更陈己义,难破毱多,即第二义是也。奘师本有《制恶见论》,今已佚亡。《述记》载其难毱多云:"汝不解我义。谓不解我大乘义也。带者挟带,相者体相。谓正智生时,即挟带真如体相而起。智与真如不一不异,谓有能缘,所缘,故不一。能所冥合,故不异。真如非相、非非相。真如不是一件物事,故云非相。然真如是诸法实性,虽不可以物事推观,而是绝对的真实,故云非非相。故此真如,是所缘缘。"邋多被难,钳口卷舌。即陈那义,亦别有据而不可摇,其有功大乘亦伟矣。

　　然复当知,《论》言带己相者,本唯第一义。基译此《论》,採集十家,虽裁断由己,而十家所本无者,自不容妄增。奘师出十家后,故其说与十家无涉。若陈那出护法前,其思想多为护法所承也。《述记》以二义一变带,二挟带。为释,其第二义,近取奘师。虽复《论》所未有,然采择后出之义,以捍卫前师之说,为功极巨。参考《述记》四十四第十九至二十页。然《述记》之文,散无友纪。

　　带相二义,既如上述。次释所虑。有体法能为缘,有体法谓境界。令心、心所,带己相而起,己者,即为缘之境界。带相具二义,如前说。亦须心、心所能以己相为其所虑。若非能缘法能以境界己相为所虑者,即此境界己相,望能缘法,不得名所缘缘。能缘法者,即心、心所。如镜等外质,虽是镜等所照,照者照显。但非镜等之所缘虑,缘虑者,思惟义。故外质望镜等,不名所缘缘,以镜等但照显于境,而不能缘虑于境故。今此言所缘缘者,必定为缘于能缘法,方是所缘缘。即由此义,得成唯识。不尔,将谓能缘识,亦犹如镜等。陈那分别缘与所缘,二支缺一,便不名所缘缘,最宜深玩。镜等外质,于镜等容有缘义,然非镜等之所缘,以镜等非能虑故。既缺一支,故不名所缘缘也。

　　难曰:"若言心为能虑者,无分别智,应非能虑。"答曰:无分别云者,以离妄分别故,说名无分别,非谓无缘虑名无分别。《摄论》有文,此姑不述。夫心是能虑,不唯能照,故其功用,绝异色法。若言能照,色心同得。照者显现,虽色亦能。若言能虑,唯心非色。虑者,思惟义、分别义,故心独具。

已释所虑,所托云何? 心不孤起,托境方生。若疏所缘,则前五见托第八相为本质,第六见或托第八相见等为本质,或者,不定义。第六相分,有不仗质故。下言或者准此。等者,等余心法及无为法。第七见托第八见为本质,第八见或托他身识及他人根身器界为本质。若亲所缘,则见以相为所托,自证以见为所托。内二分互缘,正智缘如,所托准知。凡为所托者,定有体法。遍计所执如空华等,即非所托,无体故也。复次此中所虑所托,实据陈那《观所缘缘论》。陈那以具二支,名所缘缘。二支者,一所缘义,二缘义。今此云所虑者,即所缘义。云所托者,即缘义。会而观之,精粗斯见。自陈那分别缘与所缘,《识论》据此,以言所虑所托,其源流自可索也。然以所虑言所缘,则《识论》之创解,用补陈那之缺。案《观所缘缘论》言"极微非所缘,眼等识无彼相故"云云。准此,则陈那但以带相一义,即变带义,说为所缘也。若尔,心之带相,便同镜等,如前所难。下逮奘师挟带义,亦难免此失。《述记》四十四第二十页"古师大师二释皆有妨难"者,此也。其言古师,谓陈那等,大师谓玄奘也。《识论》言所虑,《述记》疏:"所虑即所缘义"。盖《述记》宗护法,以所虑言所缘,异乎陈那等以变相为所缘矣。然太贤《学记》六第三十页云:"相于心现,故名所虑。"仍朋陈那等也。若尔,何以解心识犹如镜等之难? 贤《记》好与基《疏》立异,其见实时出基下甚远。

上来分疏已讫。今总释云:若有体法,是带己相之心、心所所虑所托者,是所缘缘也。一切有为心法、色法。无为真如。法,皆此缘摄。云何此体有二,一亲二疏? 谓此缘体,有亲疏差别故。考陈那《缘论》,虽隐判亲疏,而犹少明文。《缘论》云:"所缘缘者,谓能缘识带彼相起,及有实体,令能缘识托彼而生。"详此,则所缘缘者,必具二义:一识生须有所托,二即托彼变相。其所变者,自是亲所缘缘,所托者自是疏所缘缘。及至《识论》，此二分别，乃始昭揭，析理详明，后起者胜。

亲所缘缘，详其义界，略说以三：一与能缘体不相离。此复有二，一、能缘亲变，名不离，见变相是。此中云见，摄内二分。二、能缘亲挟，名不离。约有四句分别，一体挟体，谓内二分互缘。内二分对相见名体。二体挟用，谓自证缘见。自证是体，见分是用。三用挟用，谓见缘相。相见望内二分而皆名用。四用挟体，谓正智缘如。正智是用，真如是体。上四句义，见《宗镜录》。如上，说第一义竟。二是见分等内所虑。此中等言，谓自证等。如见以相为内所虑，自证以见为内所虑。余准可知。三是见分等内所托。思之可知。合具三义，前一明亲义，第二明所缘义，第三明缘义。是为亲所缘缘。

亲所缘缘		能　　缘
相　　分	唯第八所变根器，及五识俱意等所变色等相，皆名色法。	见　　分
见　　分	此及后之内二分，唯名心法。	自　证　分
自　证　分		证自证分
证自证分		自　证　分
真　　如	真如为正智所缘时，亦相分所摄。	正智见分

疏所缘缘，义亦有三。一与能缘体相离。如五识疏缘第八器界相，不能亲取，故曰疏缘。此第八相，与能缘五识是相离故。意识等可准知。又如自识，缘他身识。此他身识，与能缘自识，亦相离故。后得智缘如时，变似如相，即如望后得乃成相离，中隔以相，缺亲挟义故。如上说第一义已讫。二为质能起内所虑。内所虑三字，作名词

读,谓相分也。下文内所托,亦然。**三为质能起内所托。**于一相分上,所虑所托义别,故须分说也。又复应知,质为缘,直接起彼影像相,即间接起彼能缘识。彼能缘识,仗质变相,则直接以相为所虑所托,即间接以质为所虑所托。**具此三义,是为疏所缘缘。**

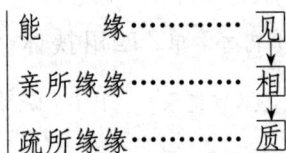

```
能    缘…………见
                   ↓
亲所缘缘…………相
                   ↓
疏所缘缘…………质
```

《义演》十六"疏中影像相分,是带本质之相。带犹似也。如云面热似火,此相亦尔,似本质故,不同亲中见分上相也。见分上相与见分不相离故。此相摄属本质,以离见分故,疏缘故,缘此相时,即缘本质故。本质望见分名疏所缘,故知不是亲缘中摄"云云。按此云亲中见分上相者,谓无质相。云疏中影像相分者,谓有质相。据理而言,凡有质相,虽托质以起,然必由见仗质,变为此相。故相虽似质,而非即质。从见变故,说不离见。今以之摄属本质,谓为离见,此直小宗不立相分之计耳,岂大乘义耶!若云此相与质同种者,是固别为一事,不可以其与质同种之故,遂计为离见,不许为亲所缘也。如理误解,至于此极,亦复可怪。

亲疏二缘,唐宋以来,率多谬解。延寿《宗镜录》七十,以变带为疏,挟带为亲。即与如理《义演》不许有质相为亲缘者,同一巨谬。实则《述记》以变带义,明相从见变;以挟带义,明证量中,能所冥合,而实非无相。皆所以成亲所缘缘。如何以变带挟带判亲疏耶?

一切心、心所,皆有亲所缘缘。若无相分,则见分不生,见定带相起故。如缘无时,无字名词。**亦心变作无之影像。此影像即相分。疏所缘缘,有无不定。如缘龟毛兔角,虽无本质,心亦生故。**

余准可知。若约识辨疏缘有无，《识论》卷七《述记》卷四十四。研讨攸资，此姑不详。

八　　识	疏所缘缘有无
第八识	一切位有无不定。
第七识	未转依位定有，已转依位非定有。
第六识	一切位有无不定。
前五识	未转依位定有，已转依位非定有。

复次疏所缘缘得名。由望他能缘，故名疏。若望自能缘，仍名为亲。如第八相，器界。望五见即他能缘。是疏，望自第八见即自能缘。即亲。乃至他心智缘他心，其理亦尔。以故，一切心、心所，皆无外取，唯识义成。

四增上缘。《识论》释此缘，略有三义。一、有体法。有为色法心法。无为，真如。皆有体故，是此缘摄。所执无体，即非缘也。妄计之所执，而实无其物，如神我等，此名所执。问："依假法得成缘不？"答言：此复二释。有义通假。如《对法》云，住持增上者，谓命根力，众同分住。此文为证。命根、众同分，见上卷行蕴。有义，前说非是。《对法》命根于众同分为增上者，随假法所依之实法而说故。谓命根所依业种子，有感招力，增上众同分所依色心诸法，令住持故。应立量云：增上缘体，应非是假。宗也。缘所摄故。因也。如余三缘。喻也。故取后义为胜。

二、有胜势用。唯有体法，故有胜用，乃得为缘。此所谓用，略有二义：一望所增上果法，为切近助因。所谓由此有故彼有,如壶水澎涨,即所增上果法。以热力为切近助因,故有。热力即能为增上之因法,所谓增上缘是。此一例也。二望所增上果法,虽非切近为助,然但不障,即是有力顺益果法。如吾书案存在,似无待于一室以外之地。然使距吾室数十里外,发生大地震,其影响足以倾折吾之墙屋,而书案亦将与俱毁。故知环吾室四周遥远之地,于吾书案存在,若不为障者,即其增上之用也。以是说第二义。然第二义过宽泛。如据斯义,而欲求一事之因,势必举全宇宙皆为之因,将不可胜穷,故知第一义为最要。凡事物互相关系间,其或甲于乙为切近增上,则判定乙因甲故有,已足说明其事。自余无限增上之因,勿问可也。

　　三、能于余法或顺或违。余法,即所增上果法。如霜雪于禾等,能牵令转青色为枯丧。即此霜雪,望枯丧为切近助因,即是顺义。俱时令前青色不起,即望前青色有相违义。故说增上缘有顺违二用,若无顺违,何成此缘?

　　综上三义,明定增上缘义界已讫。

　　增上缘用,有顺有违,已如上述。此顺违用,于四处转,诸论同说。

　　云何四处? 一、于生处转。生者,谓若有法,缘合故生。如心法生时,虽因缘等具,等者,谓所缘缘及等无间缘也。定须有根等为增上缘,方乃得生。故有漏根,顺有漏识令生。即违无漏识,令不生。又在色法,如世所知,淮橘成枳,此盖橘之变形似枳,假说名枳。而此枳生,有能生势用为因,河北水土空气等为增上缘,顺枳令生。即违前淮橘相,使不续生。此其一例。

　　二、于住处转。住者,谓凡法生已便住。如此法、彼法,俱时生已，各各任持自体而不舍失，即能各各互相依住。如八纬与太阳互相依住，识与根境互相依住。此互相依住者，即是互为增上，互相顺故。此中稍改旧义，参考《杂集论》卷五。

问："法才生即灭，云何说住？"答：相似相续故，应说名住。又世俗不了生灭，于其似续之相貌上，妄执为常，亦随顺说住。

三、于成处转。《大论》卷五，说成有二，谓成立、成办。成立，谓立论者所知胜解爱乐为先，先者，因义。胜解，心所之一。见上卷。凡立论者，于所知义，由胜解决定，即生爱乐。以此为因，得有下述种种增上，方乃成立其义。亦必有宗、因、喻三支法式。为建立，大众敌论者为和合，如是种种为增上，令所立义成。种种增上缘，于所成义若声无常等相顺，即望其余非所成义若声常等相违。成办，谓工巧智为先，先义，见上。亦必有劬劳为建立，处具处所作具。为和合，如是种种为增上，令工巧业成办。此中顺违，思之可知。

四、于得处转。得者，谓证得涅槃。此虽以无漏种为因，此言因者，即因缘因。亦必依如理作意及善友等为增上，方令证得涅槃。此等增上缘，顺还灭法令得，即违流转法令不得。

如是四处，皆有增上缘，于彼四处。起用。又复应知，此增上用，随事虽多，而胜显者二十二根。发生之谓根。五根能引生识，故名根。乃至无漏三根，能引生无漏道，亦得此名。恐厌繁文，此姑不述。学者欲详，有《三十论》。详《述记》四十五。

如是四缘，其前三缘，亦是增上。如因缘，望所生果，即有增上义。余二缘，可准知。然今谈增上缘，即除彼前三，而取所余。盖前三缘，各有特定之义。除前三种义外，其所余即增上义也，故另立此缘。实则四缘中，唯此缘义最宽云。有说，一切法皆所缘缘摄,此不应理。须知诸法,正被缘顷,方是所缘缘摄。若不被缘时,便是增上缘摄。如眼识正缘西山色时,余东南山不被缘,即增上缘摄也。如上四缘,依处云何? 初因缘,依功能立。次依无间灭识,立等无间缘。无间灭义,详在上卷。小乘以无间灭识为意根,大乘既不许,而即依此,立等无间缘。又前云,此缘依现行立者,显现行前后相续故,义不相违。**依境界,立所缘缘。**一切有为及无为法,当其望能缘而为所缘缘时,即通名境界。**依所余,**前三之余。**立增上缘。**

复次四缘,约种现分别,略有三门。

一本识中种,容作三缘生现,除等无间。

种	为 缘	生	现
见　种 相　种	因　缘	亲　生	见　分 相　分
一切种	所缘缘	引　生	第八见及第六见
一切种	增上缘	引　生	一切相见

附说一: 表中第二格,种子为所缘缘,引生第八识见分及第六识见分,以种子唯第八见亲缘。第六意识,思惟种子义时,亦是疏缘第八中种。自余五识及第七,皆不缘种也。

附说二: 如根种于识种,助令生现。即根种望现行见分心法,是增上缘。识种于根种,亦助令生现。即识种望现行相分色法,是增上缘。余一切种,望异类现行相见法,例同可知。

二现行相望,即现生现。容作三缘,无因缘故。此复析以五类。

一、自身识、他身识,更互相望。凡有二缘。

自　身　识 他　身　识	为　　缘	生	他身识 自身识
自见 自相（唯第八）	所缘缘	引　生	他　见
他见 他相（唯第八）	所缘缘	引　生	自　见
自见相 他见相	增上缘	引　生	他见相 自见相

　　附说：所缘缘中，自身第八识所变尘相，为他身第八见疏缘。他于自亦尔。余易了知，不烦缕述。

　　二、自八识聚自身八识。相望，增上缘定有，等无间缘定无。唯所缘缘义，有无不定。因缘，前已除讫。如左表：

所	第八于前七有。五缘八相，七缘八见，六通缘八相见故。
	前七于第八无。第八不缘前七识故。
缘	第七于前五无，五唯缘八相故。于第六有。意识缘一切法故，亦缘第七故。
	前六于第七无。七唯缘八见故。
	第六于前五无。五唯缘八相故。
缘	前五于第六有。意缘一切法故，亦缘五识故。
	前五自相望无。《述记》：五力劣，不能为缘，故云。

　　三、自身八识，一一自类，如眼识，前后相望，名为自类。余准知。前后相望。第六容作三缘，余七识谓前五及第七第八。唯有二缘。

八 识 自 类	为 缘	生	八 识 自 类
第六前念	等无间缘	引生	自第六后念
第六前念见	所 缘 缘	引生	自第六后念见
第六前念相见	增 上 缘	引生	自第六后念相见
余七各自前念	等无间缘	引生	余七各自后念
余七各自前念相见	增 上 缘	引生	余七各自后念相见

附说：八识除第六外，余七不能自缘其前念，唯缘现境，故皆除所缘缘。更有异义，恐繁不述。

四、同聚异体，如一眼识中，现前一念心、心所，一一更互相望，虽是同聚，而是别体。余识准知。展转相望，定有增上缘。有义，亦有所缘缘。详《述记》四十六第十七页，同十一第二十一页，又同十六第二十四页。

五、四分相望，容作二缘。

四 分	为 缘	生	四 分
相 分	所缘缘 增上缘	引生	见 分
见 分	增上缘	引生	相 分
见 分	所缘缘 增上缘	引生	自证分
自证分	增上缘	引生	见 分
自证分	所缘缘 增上缘	引生	证自证分
证自证分	所缘缘 增上缘	引生	自证分
相分及见分	增上缘	引生	自证及证自证
自证及证自证	增上缘	引生	相分及见分

196

如上五类，分别现行为缘讫。此皆据因位说。

三现、此字为一逗，通八识而言。缘种现而生，已如前说。前第一门，约种生现，有三缘。第二门，约现生现，以五类分之，亦总有三缘。种、一逗。亦理应缘现种而起。此中现，谓前七能熏。后皆准知。现及种于种，各作几缘，且为二表。

（一）现于种。约现生种说。

现	为　缘	生	种
前七现	因　缘 增上缘	亲　生 引　生	所生种
前七现	增上缘	引　生	非所生种

附说：现望所生种为因缘，以亲生故。俱时亦为增上缘，由现望所生种，有助力义故，说名增上。现望非所生种，为增上缘引生。复有二义：如现熏长性类相同之本有种，助力名引；望余异性不熏之种，不障名引。

（二）种于种。约种生种说。

种	为　缘	生	种
种	因　缘 增上缘	亲　生 引　生	自后种
种	增上缘	引　生	异　种

附说：种子定无等无间缘，及所缘缘者，以此二缘，唯望现行法立故。如左图，种非现行，故非二缘果。

甲图

（因）等无间缘即前念现行　（果）后念现行

197

乙图

(因)所缘缘即现行色等 (果)现行能缘心

上述三门,若种、若现,互为缘生,其在理论方面,可谓组织精严。然究其本悄,则建立种现为诸缘体,毕竟不能空缘性,而适成为构造论,未免意计穿凿,显然可见。《新论》第二十三页《唯识》章中,说缘生只是遮诠。因对执有实法者,而说缘生义。所以解析诸法,令悟无有实物。自谓无违诸佛意趣。若失却此意,而谈缘生,将计执某一法,由几缘而生;或某种法,为某种缘,而生某一法。则将缘性执实,而俱时亦执有缘所生法。虽复强说缘生如幻,其实妄执凝然,何能了达诸行如幻义耶?《新论》上探龙树,而于世亲一派之学,不敢苟同,自非故为立异。

已说四缘,更有生识九缘,摄归此四。九缘云何? 一空,二明,即光。三根,眼等六根。四境,五作意,遍行心所之一。六根本依,谓第八识。七染净依,谓第七识。八分别依,谓第六识。前五识起时,必以第六为分别依故。九种子,一切心、心所,各各有自种故。如是九缘。八识各具几缘,分别如左:

一、眼识,具九缘而生。

二、耳识,依八缘而生,除明。

三、鼻识,依七缘而生,除明及空。

四、舌识,依七缘而生,除明及空。

五、身识,依七缘而生,除明及空。

六、意识,依五缘,谓根、第六依第七识为根,亦以第七为染净依。境、谓一切法。作意、心所之一。根本依、本识。种子。

七、末那识，依四缘，谓根、第七依第八为根，亦复以第八为根本依。境、藏识为第七所缘缘。作意、种子。

八、阿赖耶识，亦依四缘，谓根、第八依第七识为根，亦以第七为染净依。境、根种器界。作意、种子。

八识具缘，已如上述。宜各加一等无间缘，依次配属。

眼耳必依空缘，鼻舌身则除之，何也？据大小乘义，诸识依根取境，离合用殊。鼻舌身三识，境合方取。如香合鼻，鼻即感香。味于舌，触于身，其事亦尔。即以境合根故方取，故不立空缘也。眼耳二根，境离方取。天山万里，遥入眼帘；空中震电，乃达耳鼓。即以境离于根而得取故，故说有空缘。有难："光线入眼，声浪达耳，宁非合取？"应答彼言：光线但属明缘，是增上缘摄；此中离取合取，唯约所缘缘说。义界未分，何劳妄难？如吾伸五指，对汝眼识作所缘缘。汝眼识了别吾指，实不由合。若吾直以指合汝眼，汝将失明。故合取义，在眼必无。至云声浪接耳，耳根取声，由合方取，斯符理实，勿拘旧义。

若以九缘，摄入四缘，则种子属因缘，境属所缘缘，自余空、明、根、作意等等，概属增上缘。

附说：九缘中，空、明、根、境、作意五者，义同小乘，自余大乘所加。有难："作意本心所之一，今九缘中，只列作意为一种缘，而不及余心所，何耶？"答曰：作意，警觉力特胜故。一切心、心所定由作意警策方起，故特列为一种缘。后法士用中，亦以作意为增上缘，属作具之一，其义准此。

所说四缘，必应有果。此果分别，当复云何？

果有五种。一者等流。依因缘立，定似因性。此复二别：一、自类相续，此中以平等而流，名等流。前后相续，故言流。前后一类，云平等。

谓种生种。二、**异类俱起**，此中等言相似，流谓流类，相似流类，故名等流。谓种生现，及现生种。义并详前，毋须繁述。且系以图。

甲(种生种)图

    前念见种(因)→后念见种(等流果)

    前念相种(因)→后念相种(等流果)

乙(种生现)图

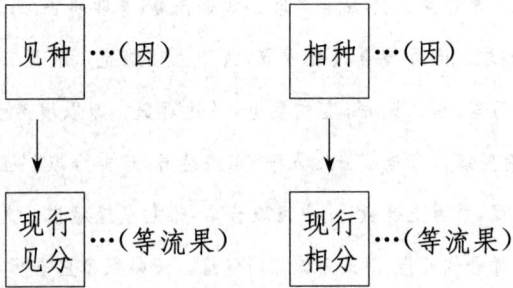

丙(现生种)图

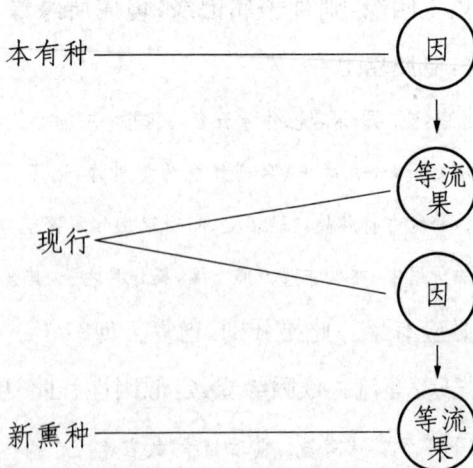

附说：丙图，三法展转，因果同时。《三十论》喻如炷生焰，焰生燋炷。详《述记》十四第二十二页。炷为因生焰，焰望炷为果。焰又为因，复生燋炷。即此燋炷，望焰为果。燋炷者，炷被焰烧成燋，故名燋炷。即此燋炷，是焰所生。三法皆是同时。今现从种生，又复生种，亦三法俱时而有。

二者异熟。依增上缘立，与因异性，业种通善恶，而第八现唯是无记，故果性异因。**立异熟名。**异类而熟，故名。**此义详前，**谈功能中。**无妨覆按。**

三者士用。士者士夫，人之异名。用者作用。如人有作用，名为士用。由此所得果，名士用果。**容四缘得。**非此果一一皆四缘所得，故置容言。**然复有二。一、人士用。谓等流、异熟二因，**即名言种为等流因，业种为异熟因。**所生现行，**即五蕴是。**假名士夫。**士夫，犹言人也。**其士夫所作，**凡人自念虑之微，至事业之著，总名所作。**说为士用果。**士夫之用，故名。**即前二因，远望士夫所作，**二因，望士夫为近，望士夫所作便远。**名生此果也。**

二、法士用。谓诸作者，因缘法为作者。**假诸作具，**余等无间乃至增上诸缘法为作具，从喻得名。**所办事业。**谓所生果。**略举六例，**心法有五，色法唯一。**以见其概。**作者假作具而起用，即此名士用因。其所得果，名士用果。若不建立此等因果，则众缘会合，便如机械。民十一年，与友人闽侯林宰平讨论此义，函札甚多，容当检存。

心法例一

名言种（因缘）……作者
　　　　　　　　↓
业种（增上缘）……作具→异熟识（士用果）

心法例二

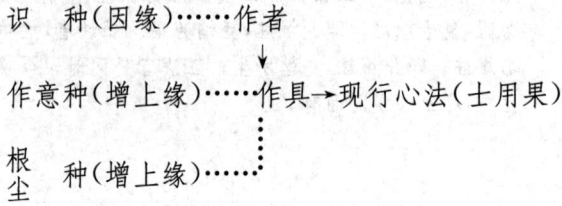

识　种（因缘）……作者
作意种（增上缘）……作具→现行心法（士用果）
根
尘　种（增上缘）……

心法例三

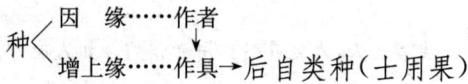

种〈因　缘……作者
　　增上缘……作具→后自类种（士用果）

附说：前种于后自类种为因缘，俱时亦为增上缘。如前表列种生种处可按。此依因缘义，说作者；依增上缘义，说作具。

心法例四

现行〈因　缘……作者
　　　增上缘……作具→新熏种（士用果）

附说：此中现行，谓前七能熏识现望所生种为因缘，俱时亦为增上缘。准前种生种例。

心法例五

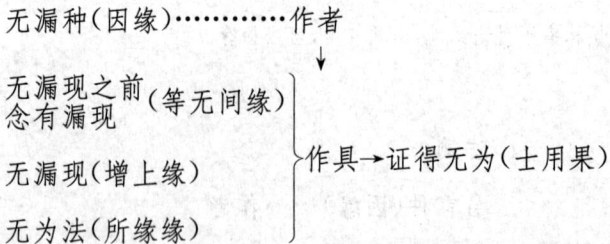

无漏种（因缘）…………作者
无漏现之前（等无间缘）
念有漏现
无漏现（增上缘）　　　作具→证得无为（士用果）
无为法（所缘缘）

附说：无为可证，而非种之果。然《述记》四十三第二十页云，亦有

202

展转证得之义。盖由无漏种起现行，方获证得无为，故云展转，即此
所本。

色法例一

谷等种（因缘）……………………作者
　　　　　　　　　　　　　　　　　　↓
人工农具水土
空气岁时等等（增上缘）………作具→谷等（士用果）

附说一：谷等种望本识中相种，即是现行，不可名种。今顺世俗，故
以种名。又此以谷等种假名因缘，实亦增上缘摄。

附说二：世亲一派之学，其谈缘生颇似构造论，吾屡言之矣。观其
士用果中之法士用，以因缘为作者，余缘为作具，足证吾之评判为不诬。
《新论》第三十六页，《功能》章中小注云："护法固以因缘喻如作者。"须
与此处参看。

四者增上。容四缘得，除余四果，谓前三及第五。皆此果摄。

上述四果，即一心法生时，随所望别，义说为四。如第八现
识，望亲因名言种，说等流果；望增上业种，说异熟果；望因法具云
因缘法，谓功能。逢缘等无间乃至增上诸缘法。起用、为士用因，即说
士用果；望余果所不摄法，说增上果。又有异门，异类之义，名为异
门。第八现望第七种，名增上果；第八以第七为根，故第七种望第八现，
有引生义。即第八现望第七种，而名增上果。望作意种，名士用果。第八
作意心所种，警发第八心种令生现，故名。此皆就第八现举例，余应
准知。

上来唯约染识，说有四果。若在净识，唯有三果，等流、士用、
增上。即除异熟。此中取第八现为例。余准可知。又若色法，得说三
果，谓等流、如谷望谷种，假名等流果。士用、增上。如谷望人工、作具，

说名士用果；望水土、空气、岁时，说名增上果。应如理思。

五者离系。谓离二障系缚，故名。**谓无漏断障，所证无为，名离系果。**此说无为，约无漏断障所显，故不同前士用果中解。

附说：二障者，谓烦恼障及所知障。烦恼，即心所法中本惑等数，见上卷行蕴中。烦恼即障，名烦恼障。其品类甚多，由我执为根，方生烦恼。所知障者，从所障为名。一切法若有若无，皆所知故。由有法执，覆蔽所知正理，令智不生，名所知障。

如上五果，随应安立。

往昔外道，有计诸法常，有说诸法断。唯识家言因遮常，言果遮断。非断非常，幻灭幻生，宛尔相有，虽幻非空。此其怡也。问："从因感果，中间亦隔时分不？"答言：不也。若许隔者，是法已断，无复有果。人情封畛，计有新起，必须经时。然诸智者，说缘生法，有大胜用，顿灭顿起，故从因感果，定不隔时。若种生种，此言生者，因缘生也。或现生现，此言生者，等无间及增上缘生。前因灭位，后果即生。如秤两头，低昂时等。《三十论》有此喻，其观物入微，举类迩而见义远。若种生现，及现生种，俱时而起，无间从因至果，定无间隙。何疑。世俗不了顿起顿灭义，故疑因果之间必历时分。

上来说四缘五果已讫，次谈唯识所变境。

《新论·唯识》章中，亦说缘生，而明遮诠之旨，则与《识论》根本异趣。至四缘义，《新论》以不取护法所谓种子义故，即谈因缘，不同《识论》。又不许以心为集聚法故，即不析成八聚心、心所各别法。即谈等无间，乃至增上诸缘，亦根本改易旧义。学者宜各依其系统而详之。

〔三境〕　一切有情，各有八识，而一切识皆为能变，此前文所已明者也。斯义既了，而后可谈境不离识之故。夫境者非他，即识所变之相分也。此相千条万绪，如眼识，一刹那顷，有无量青等相转。余准可知。而自识变以言，无过二类：一因缘变，二分别变。

因缘变者，由能缘心，任运而起。非作意筹度，曰任运。其所变相，仗质或否，而不与见同种生，定有自种为因缘。相别有种，故有实用。此言用者体义，犹云有实体。

分别变者，相别无种，但随分别势力故变。此中分别，谓心、心所见分。此亦仗质或不仗质，第七仗质，第六不定仗质。而随见摄，说无实用。若约四分别显，则相与见同种生者，亦依他性摄，即有实用，但非如色等有碍用耳。今以此相随见摄，故云无实用。从言异路，义匪一端。

如是二类，约八识分别。若第八相分，其种子无论本新，既入本识中，一切皆依自前念种子而生，以有实势用故，名有实用。其器界从大种生，其根身从造种生，以有对碍故，名有实用。根身净色，虽不同器界之对碍性，然亦非无对碍者，但较器界为微妙耳。若第七相分，半从其本质即第八见种生，以有似主宰常一用故，名有实用。五识与俱意所变色声等，各依造种生，亦以有对碍故，名有实用。如是等相，均因缘变摄。

分别变者，谓第六一分，除五俱意及定心所变相，故言一分。第七一分，第七相分，虽半依本质，而有一半依自见，故言一分。及第八五数，如是等相，有质、无质独影，详见后文。皆是。

附说一：《述记》十六第二十二页："虽任运起，而无胜力，所变之相，非实种生，名分别变。"详此，则分别变者，以相别无种为其义界。无论筹度心，或任运心，凡所变相无别种者，皆分别摄。参考《枢要》五第四、五页。

第八心相(种子根身器界) ——————————— 因缘变

第八心所相

第七相

第六相(除五俱意及定心所变)

第六定心相(定果色)

五俱意相(色声香味触)

前五相(色声香味触) ——————————— 分别变

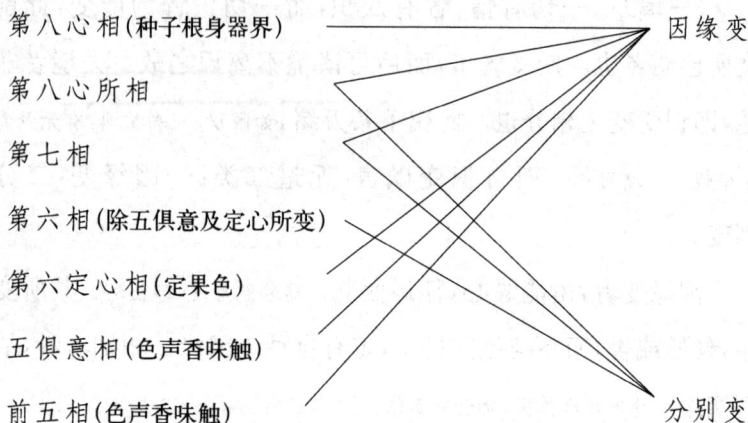

附说二:根身与种子,是第八心王亲相分。其心所法,不得亲缘根种,须变影像。但器界之一部分,应许心所亦自有器相之种。即心所器相,亦是因缘变摄。理论应尔故。

　　惟相见种,或同或别。故诸相分,有因缘变,有分别变,不倚一端。然印土诸师,于二分种,尝有唯同唯别之争,此不可不察也。唯同论者以为相若别种,既与识殊,何名识变?故相与见,应同种生。此复二师。一师,唯据新熏种立论,说三法同种生。二师,更建本有种,说两法同种生。据一师义,如眼识起时,缘于色境,即熏生一个见分种。此种有三功用:一生自见分,二生自相分,三生本质。参考《义灯》卷二、《枢要》卷三。若尔,有八识不遍失。三法同种义,非遍于八识皆有之,即其义非能立也。如第八尘相,器界。望眼识见分而名本质,与眼识见分同种生,即不与自第八。见同种生。故三法谓相、见、质。同种,义不遍也。第二师起,遂救其失。谓此眼识,其新熏种,但生自相见。即两法同种生。若相所仗质即第八相,乃与第八见同种生,第八种唯本有故。《了义灯》卷

206

二：两法同种者，但自相见，或虽有质，质本有生，不能熏故。既许第八相见同种，无不遍失。虽尔，此师不许第八有新熏，则违《阿毗达磨经》，《阿毗达磨经》者，唯识所宗。经说前七识能为因，熏生第八亲种。详《摄大乘》及《识论》所引颂。亦复成过。参考《了义灯》二。

　　唯别论者，说相无缘虑，见有缘虑，故虑与非虑既别，应不同种生。但相不孤生，托见方生，说名识变。兹所树义，抑未尽理。实根尘相与见别种，诚如所云，余独影境，宁可一例？如意识缘空华，空华无实，但识上变似华相。此似华相，即与见同种生。缘极微等，大乘说极微无实故。其理亦尔。概云别种，云胡可信？

　　惟护法师者，说相见二分种子，随其所应，或同或别。如缘空华等，相见同种。缘实根尘，则相别有种。同别合论，斯无有过。设有问言："相别种者，何名唯识？"应答彼言：不离识故，一切种离本识无别体故。又相种以见种为增上缘而得生现，相分。见种亦以相种为增上缘而得生现，见分。既见相种同时更互缘生，故二现行定不相离。如眼识起时，色相俱起。耳识起时，声相俱起。鼻识起时，香相俱起。舌识起时，味相俱起。身识起时，触相俱起。乃至第八识起时，种子根身器界俱起。见相条然宛然，而定俱不离，说名唯识。问："何故不言唯境？"答言：见为能缘，相为所缘。由此能缘，证有所缘。能缘势用胜故，但名唯识，不名唯境。迹护法义，调和唯同唯别二家，而依别种说因缘变，依同种说分别变，可谓善为折中。

　　复次相虽无量，而依性别，性者体义。说为三境，谓性境、此言性者实义。带质境、独影境。

　　性境者，谓前六及第八相分有是色性故。第六俱意等相分，亦色法。具足五义:一有实用,见前。二从自种生,三或仗质,四现量所证,五性与系界系。不随心。故名性境。

初、有实用,谓色是对碍法故,义易了知。

二、从自种生者,谓前五相及俱意相、第八根器,如是众相,通名色法。于俗谛中,定说实有。此诸实色,由何得生?诸论说有大种、造种。略见上卷色蕴中,不更深详。

三、或仗质者,根尘皆性境,而唯尘法,有所仗质。若前五尘,仗第八器相而起。若俱意尘,仗五尘,展转托第八器相而起。若第八尘,仗他识起。他身第八识所变器,自第八托为质。唯第八根,定不仗质,执为内故,非可待余。前六尘,亦得说仗他人识所变为质。如俱意缘张人,实非能亲缘张人,乃仗自五尘,展转仗自第八,又展转仗张人身中第八识所变扶根尘为质,变相而缘。若尔,即质有多重。曰多亦无碍,法相非一故。

四、现量所证者,《显扬论》说,现量者,有三种相:一非不现见相,谓此境现前显现,识于境分明现证。二非思构所成相,若涉思构,即非现境。三非错乱所见相。错乱有七种:一、想错乱,谓于非彼相,起彼相想。如于阳焰相,起于水想。二、数错乱,谓于少数,起多增上。如翳眩者,于一月处,见多月象。三、形错乱,谓于彼形,起余形增上。如于旋火,见有轮形。四、显错乱,谓于彼显色,起余显色增上。如于非黄色,悉见黄色。五、业错乱,谓于无业,起有业增上。如执卷驰走,见树奔流。六、心错乱,谓于所错乱义,心生喜乐。七、见错乱,谓于所错乱义,妄想坚执。诚以诸识于境,现量证时,亲得自性。如青色自性,本非青、非非青,眼及俱意正缘彼顷,亦不起青非青等行解。即心与境冥会无间,浑然一体而转,名得自性,故说非错乱等相。眼识与俱意缘色如是,耳识与俱意缘声,乃至第八缘根尘等,皆应准知。现量亲证,方称性境。凡夫虽有现量,曾不自知。僧肇有言,夫人情之惑也久矣,目对真而莫觉。

五、性与系不随心者,且先谈性。凡属性境,多不随心三性不定。如实五尘,唯无记性,不随心即谓五识。通三性。虽无记心,五识中无记性。缘五尘境,可云同性,心境俱是无记性故。而实相五尘。见五识。各守自性,非境随心成无记。余准可知。次系不随者,如明了意识,缘香味境时,其香味二境,唯欲界系,不随明了意识通上界系。余义推详,请咨《枢要》。详《枢要》卷三第二、三页。

如上五义,色法根尘。全具,是为性境。余非色法,若真如等,为所缘时,义不具五,亦性境摄。触类旁通,其详可略。性等三境,本唯依相分立。然《义灯》云:"四分相望,为所缘者,亦得名相。虽非相分,而是境相。"准此,则见及内二分为所缘缘时,亦得说为性境。故性境名义宽广,通色心及无为法。即凡法有实用,及为现量证者,皆属性境,此其所以宽广也。

带质境者,《述记》四十四第十九页:"能缘之心,有似所缘之相,名带。"第七见,伏第八见为质,变似我相,故云带质。第七相分,杂种所生。见《述记》卷四第八页。一分与质同种,一分与见同种,两头谓见及质。烁起,立带质名。以故,此相判性不定:若从见说,有覆无记;若从质说,无覆无记。异性搀和,而成一物,斯为至诡。又复此相,唯非量境,第七缘时,不得自性,第七相,似其本质即第八见,本非实我。然七见横计为我,即是不得此相自性。不称质故。七疏缘本质第八见,八见本非实我,而七执之为我,故不称质。具此数义,带质境所以建立。

独影境者,独散意识所变相分,唯从见起。奘师颂云:"独影唯从见。"从见义者,略说有三:一从见同一种生,二从见同一界系,三从见同善等性。此相,非异见而有实用,性境,即异见而有实用,独影境反之。遂被此名。然复有二:一有质独影,二无质独影。有质独影者,虽相从见起,然见变相,有所仗质,故以为名。如第八相应触等,缘心王根种相,实仗心相为质,而变影缘之。质有实用,而影无实用,以影唯从见种生故。下准知。第六独散。缘第八等相见,谓亦缘前五、第七及自前念见,故置等言。及缘他心见,谓他人心。仗质变影,此例全同。

附说一:常途说有质独影,亦名带质。如《义灯》云:"有性境不随心,亦带质通情本。谓散意识与五同缘,即于此时,并缘第八等。"此其文义隐晦,初学难解。按彼云,第六意识,一方独起构画,名为散意。一方仍与同时新生五识俱,亦名俱意。故一意识,就俱意方面言之,则取性境;就散意方面言之,则取带质境。《灯》说盖如此。唯其所谓带质者,即指散意缘第八等,则有未妥。盖带质境一名,当为第七相分之专名。七恒内执,故境应特殊。《述记》说七相为杂种生,以有似常一用故。独影虽仗质,而唯从见种起,无实用故。此二者之判也。若散意缘第八等,其相分即有质独影摄,不得谓为带质矣。《灯》以之并为一谈,即非正义。《宗镜录》六十八说带质者,心缘心是。又云:"散位独头意识,若缘自身现行心、心所时,是带质境。"则亦不以带质专属第七,其失与《灯》同。然俗或名有质独影为似带质者,似言置简,理亦无妨。

附说二：《宗镜录》六十八第四页云："独头意识初刹那
缘五尘，少分缘实色，亦名性境。"此非正义。散意，初刹那
与俱意紧接，遂得仗彼少分实色为质，而变影以缘之，非能
亲缘实色也。故俱意所缘，名性境。散意所缘，名有质独影
境。问："散意唯仗俱意为质，不仗五八耶？"答曰：亦展转仗
五八为质。

附说三：第六缘自前念见时，所变影相亦有质独影摄。
前灭后生，原不隔时。故后念见得仗前念见为质，而变影
缘之。

无质独影者，相唯从见，复不仗质，故以为名。此境唯在第
六散意。如缘过去未来法，即现在心，变似过未相而缘之。此相是现在，
但心上妄作过未行解。或缘无法时，谓心起无物想时，即变似无相而缘。
识所变相，皆无有质，是为无质独影。

综前所述，有质、无质独影境，许通三量。第八心数，唯是现
量。八数任运，于所缘影像相分，不作是此非此等解，即相称其质，名得自性。
第六独散，初刹那率尔心，亦现量摄。余通比非，应如理思。

如上三境，六八通二，第八心王唯性境，心所亦独影境，第六俱意及
定中皆性境，独散及梦中，均独影境。五七唯一。五唯性境，第七唯带质境。
《枢要》误解带质，有二合三合之谈，不可从也。《枢要》三第三页至第
四页："有二合者，五识所缘自地五尘，是初性境，亦得说是带质之境。第六识
缘过未五蕴，得是独影，亦得说是带质之境。熏成种子，生本质故。有三合者，
如因第八缘定果色，心所所缘，唯是独影，心王所缘，是实性境，亦得说为带质
之境，第六所变定果之色为本质故。"详此，则独影与性境，通得以带质境名之。

而三境名相淆乱矣，恶可据哉？延寿《宗镜录》虽博闻，而肤乱无条理，其言三境，亦不足依。

三境摄属二变：性境及带质一分，是因缘变；独影及带质一分，是分别变。《枢要》有文，见《枢要》卷五第五页。犹须抉择。关于三境，吾欲别为文论之。但唐人谈三境，至纷烦难理，大氐悬空构画，由今衡之，多与哲学上之问题无关。

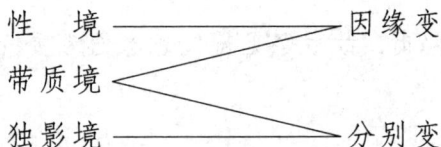

性　境 ———————— 因缘变

带质境

独影境 ———————— 分别变

附说：《述记》十六第二十三页："性境不随心，因缘变摄。独影带质，皆分别变。"此与《枢要》卷五颇异，今不取之。基师说带质境，往往自为矛盾。

复次诸有境相，略具四义。一、顿变义。凡实根、实尘，随其形量大小，宛尔顿现。本非实物，故言宛尔。如吾顷围炉，注视炉相，理实炉相，第一刹那，依识顿现。即此刹那灭已，第二刹那，似前炉相，复依识顿现。亦即此刹那灭已，第三刹那，似前炉相，又复依识顿现。世俗观物，以为渐变者，则以经多刹那，相似相续，有若积渐而成耳。刹那刹那，无非顿现。不疾而速者几也，则莫寻其间矣。前后刹那，曾无间隙可得。不怒怒，作动也。《齐物》："怒者谁耶？"而威者神也，《解深密经》云："由缘起法有大威力故。"则莫得其朕矣。难言哉，顿变也。深了顿变义者，则知凡物不由积小成大。《述记》七第二十一至二十二页，略释此意，可参考之。朱子《中庸》第二十六章注云："然天地山川，实非由积小而成也。"解亦精到，能会斯旨。二、互遍义。自识具云自身八识。各变色声等相，他识具云他身八识。各变色声等相，同遍一处，而不相碍。如讲室悬牌，吾与座中诸人，尝以牌为一物，吾侪共见矣。不悟本无离识实境，安得多人共见一物？更自思惟，则此惑不难解也。大乘以诸识皆不亲缘外境，说无离识实境，诸识各自所缘，为各自所变，故无共见一物之理。斯义详前，兹无繁述。由吾眼识，仗自第八尘相为质，变似牌相，俗云牌者，乃依识所变似牌之相分，假立牌名。实则此相与其本质相类，无所谓牌与非牌也。俱时，他人眼识亦仗彼第八尘相为质，变似牌相，而各牌相，同遍一处。吾侪妄计，则谓共见一物已耳。夜半钟声，众梦初觉，各人声相，原非一物，复如前例。是故互遍义立，而外境之执始破。三、众同分义。如前所举，多人牌相、声相，虽复同遍一处，设不相似者，即应多人俱时于一处，各自缘牌相等，不同作牌相等解。今既不尔，以是征知，决定相似，故复说众同分。相似名同，非同一之谓。说见《百法》。又《楞严》有群瞽观灯，共见灯轮喻。则以业同，故相似耳。四、随转义。识带境生，境仗识现。识有执故，缘境起缚。《义灯》卷七："由第七识二执为本，令诸识中不能亡相，为相所拘，说名相缚。"《伦记》五十二："由有末那故，八识缘境，皆有缚起。即诸论云，谓境界相能生缚也。"转无漏时，境亦随转，能缘殊胜，于境自在。究竟位中，无漏见种挟带无漏相种以行，即净土庄严，自在示现。然如来净土，与众生秽土，同处各遍，而不相入。此非奇谈，即等是凡夫，其心境虽属同分，而亦不无差别。如画师诗人，与鄙夫凶竖，决不齐其天宇，世所印可。何独疑于如来净土乎！设有问言："唯识所谈为何事？"应答彼言：谈境随心转事。凡愚不了，妄执外境，拘碍自心。哀此长夜，何时可旦！

复次散意缘境，俱时而有时觉、方觉。如缘青色时，必有青色境现在之觉故。现简过未，即是时觉。在有处所义，即是方觉。云何时、方？据大乘义，方者，依色心分位假立，若离色心即无别体。如外道所计实方，毕竟不可得故。以是，依色心分位，施设为方。

时者，大乘说唯依心法分位假立。此复二义。一、唯识三世义。识变似相，而起过未行解，现识以前念为等无间缘故生，而望后又自为等无间，即现识一方酬过去，一方引未来。是以现识缘自相分时，观前灭无，名为过去；观后当生，名为未来。即于现相，而作过未解。宛尔三世，实唯一识。依一识上，诈现三世。二、道理三世义。《别抄》卷二，作种子三世。《伦记》五十三，作法相三世。《述记》十八，作道理三世。今从《述记》。依识功能生灭义故，假设三世差别。功能念念前灭后生，已灭名过去，方生名现在，当生名未来。现在功能是过去果，是未来因。故即依一功能上，假立三世。或此二外，更说神通。简异妄识，遂以云尔。《述记》十八第二十三页："由圣者功能各殊，既非妄心，所见皆实，但由智力，非是妄识之所变也。"又云："虽有唯识道理二种，无别神通，恐滥妄缘，故分三种。"《伦记》五十三第二十三页"神通三世者，即禅定他心通。此皆证解"云。实则约种现言，二义已足。唯识三世义依现行立，道理三世义依种子立。《别抄》无三，不立神通三世。良有以也。

综上所述，时方无实，是色心上分位假法。义极决定。唯众生妄执，未易遣除。故令析色观空，方觉始泯。方亦依色，不唯依心。诸瑜伽师，以假想慧，析色至极微。更析便空，即无有方分。复令悟入刹那，时觉何存？旧说时分迅疾，至极小量，方名刹那，此盖随顺世俗。如《大毗婆沙论》一百三十六说："壮士弹指顷，经六十四刹那。"又说："世尊不说实刹那量，无有有情堪能知故。"《述记》卷十八说："念者，刹那之异名。"盖以念念生灭，其来无始，其去无终。即现前一念，为亿劫以前之果，为亿劫以后之因。依一念生灭，假说过现未，而实无有时分可得。故刹那非有实时分也。**时相、方相既遣，而实境之执，亦自涤除。**

　　《述记》判别《三十颂》所说为境、行、果三分。初二十五颂明境。此言境者，是所知义，法相、法性，皆所知故，名之为境。次有四颂明行。行者修行。末后一颂明果。基师云："先观所知，故先谈境。方起胜行，故非冥行。因行既备，行对果而名因。果德乃圆。"佛位，即果德圆满故。《识论》即依此三分建立。又谈境中，复分性相。前二十四颂，皆明识相。此中识字义宽，非但对境名识，盖所云识相者，即法相之异语。第二十五颂，即明识性。性者体义，明诸法实体故。综观《识论》全部，只详于谈境，而行果极略。谈境又详于识相，而识性更无多文。参考《述记》卷二第五、六页。《识论》据颂为释，非以己意故为广略。非是故广于境而略行果。意者，世亲成《三十颂》后，如不遽卒，或更有造述，别详行果，未可知也。本卷取材，大概以旧著《唯识讲义》为根底。《唯识讲义》完全宗主《识论》，凡有所引申，亦必准据《识论》大义。原拟为二部：上部谈境，即依《识论》；下部谈行果，拟参稽有宗诸经论而为之。乃上部谈法相，才告一结束，余之思想忽大起变异，《讲义》稿遂终止。今兹仍检前稿，变更组织，复加参核，而成此卷。原书为论体，今则内容虽仍是系统之作，而形式上不为论体。就《识论》之体系言，亦庶几备矣。自此以下，将依《识论》谈识性及行果处，略为论次，不欲有所增益，亦不欲有所发挥，期使世亲一派之学,其面目可睹云。

〔**识性**〕 《识论》谈识性,此中识性,犹云诸法实体。则有三性、三无性之说。三性者,初遍计所执性,二依他起性,三圆成实性。且先释初性。

遍计所执性,应分三段说明。云何为三? 一、能遍计,即是第六意识。何故唯是第六? 以遍计简别余识故。参考《述记》五十一第三页。遍者周遍,计者计度,于一切法周遍计度,故说遍计。遍之为言,即显缘境最极宽广。计之为言,即显筹度力用强胜。故唯第六是能遍计,若第七识本有计而非遍,但计我故。是第六根,说为能遍计,亦无所妨。余五识及第八,皆非遍非计。五识取境,唯拘五尘,第八唯缘根种器,故皆非遍。又俱无计度分别,故皆非计。虽安慧等许八识皆能遍计,要非正义,基师不取。今从基《疏》。

此能遍计法,是依他性摄。云何依他,至下当知。

二、所遍计。谓依他法,即一切心、心所各各相见分,皆得与第六能遍计识作所缘缘,是第六能遍计识之所遍计。此中见相,即摄内二分。下仿此。

问:"圆成实性,省云圆成,其义下详。非所遍计耶?"答言:《摄论》第四,唯说依他,是所遍计。圆成望能遍计识,非是相分,极疏远故,故不说为所遍计。

或复问言:"依他法之实性,即是圆成。此能遍计识,既亲以依他为所遍计,即疏以圆成为所遍计。为是说者,当无有过?"答言:《识论》有言,依展转说,亦所遍计。汝义无过。参考《述记》卷五十一。

三、遍计之所执。谓依妄情所计实我、法等。由能遍计识，于所遍计法上，随自妄情，而生误解。由能至此为句。即于所缘一切相见分，不能如实了知缘生如幻，一切相见分，是众缘所生法，都无实自性，故说如幻，今乃于此不能如实了知。而妄计为实我、实法。即于至此为句。如第七仗八见，变相而缘，妄计此是实我。第六意识，仗五及第八尘相，变相而缘，妄计有彼实外境相；仗五及第七等见，及自前念见，变相而缘，妄计有彼实作用相。凡此，皆是执有实法。缘他心时，执为实有，亦是法执。又或疏缘第八见时，亦复执有实我，过同第七。又或总缘五蕴，而计为我。又或于五识所取坚白等等各别之相，虽刹那乍现，已成过去，而意中忆念及想力故，犹妄计有瓶等实物。即是计有实法。如是等类，妄计所执，无量无边，总名遍计之所执。《述记》五十一第十八页：“见相二分，因缘生者，亦依他性摄。依此二分，妄执定实，方名遍计所执。”此据护法义也。又佛家译籍，罕用介词，只云遍计所执。今用一之字为介词，使意义较显。

更举一喻。如昏夜中，迷杌为人。起迷之心，即能遍计识是也。杌，喻所遍计。人，喻遍计之所执。本无人也，而计有实人。一切所执实我法相，皆同此譬。《述记》卷五十一第十五页：“所执虽是遍计心境，所执如我如法，亦是能遍计心所缘之境。而非所缘缘，此所执我法，本无自体，故不得望能遍计心作所缘缘。凡为所缘缘者，必有实自体，方能引生识。详见四缘中。故非所遍计。所遍计者，据有法故。有法者，谓于俗谛中有实自体，非是无故。境义同通，无法名境。若以境义而言，则不论此境为有为无，而通得名为心上之境。所缘缘局，无法即非。为所缘缘必定是有体法，故局。若无体法，即不得为此缘。故唯依他，是所遍计。”详此所云，则以遍计之所执，只是能遍计心于所遍计法，不能如实了知,而别起一种谬解之相。即于非我而计为我,于非法而计为法是也。此我、法相,即名所执。其实本无,故实际上,本非彼能遍计心之所遍计。以其无体,不得作所缘缘故。诸论皆说,遍计所执,情有理无。谓于妄情上计为有,而理实无。最堪深玩。

《解深密经》:"云何遍计所执相? 谓一切法,名假安立,自性差别,乃至为令随起言说。"此言一切法,本无定实,而世间随其情见,强立种种名字,如瓶如地等等。实则名字,都随情计安立,只是假名,非能与法之实际相称也,故云名假安立。自性[1]差别者,谓名有自性及差别也。如瓶之一名,有一定所诠,而不诠于瓯等,即瓶名有自性。既瓶名非瓯等名,即此瓶名与余名成差别也。随起言说者,《伦记》谓众生愚痴,随名执实。须知名自性及名差别,皆由情计施设。若离情计,而冥会诸法之本真,即湛寂无相。无有相状可拟议故。焉可执为定实,而斠画同异等等相耶? 是知名言起于遍计所执,众生复随名言而益坚执其所执。经说与《识论》正可互相发明。

已说遍计所执,次说依他起性。云何依他起? 他者缘义。一切心、心所法,即是无量见分相分。此无量相见,要皆依托众缘而得起故,名依他起。

问曰:"《三十颂》云:'分别缘所生。'此中分别,即识之别称。言一切识,是众缘所生法。审此,则《颂》中唯说分别是依他起性。即见分心法,是依他摄;其相分色法,应非依他性。"依他起,亦省云依他。答曰:相不离见故,亦是依他性摄。《述记》五十一第二

---

[1] 原作"相",据上下文改。

十二页,已解此难,云色等不离心,故亦此摄。此者,谓依他性。

问曰:"诸法依他众缘而起,名依他起。云何众缘?"答曰:如前四缘中,已广分别缘相及果相,果谓五果。此姑不赘。

又依他起法,复分染净。有漏种为因缘,与余缘合,而生其现,余缘,谓等无间乃至增上。是谓染分依他。无漏种为因缘,与余缘合,而生其现,是谓净分依他。

《识论》卷八之七,有说:"净分依他,亦圆成摄。"谓世亲《颂》言,分别缘所生。其云分别,唯局染有故。有说:"染净依他,皆是依他性摄。"谓一切染净心、心所法,皆能缘虑,皆名分别故。二义虽殊,固宜并存。不尔,净分依他,岂无分别耶?

又据《识论》,彼主张净分依他,亦随圆成摄者,谓由三义故。一者离倒。《疏》云:"非染法故,是实义。"二者究竟。《疏》云:"此无漏善法,能断诸染,是究竟故,即是成义。"有漏善法,不能断惑,此则不尔。三者胜用周遍。《疏》云:"谓能普断一切染法,普缘诸境,缘遍真如,即是圆义。由具三义,与真如同。故净依他,亦得称为圆成实性。"《述记》卷五十一。详此,只云净依他有三义同圆成,故亦名圆成,但非谓净依他即是圆成。《疏》云"缘遍真如",则与真如不即是一,甚明。

已说依他,次释圆成。云何圆成实性?谓二空所显,圆满成就,诸法实性,名圆成实,即是真如。

二空所显者,由人法二我故,人我亦名我执,法我亦名法执。解见卷首谈百法中。障覆真理,令不显现,今得人法二空观故,真理方显。故首说言,是二空所显真理。

圆满者,谓此真理,其体周遍,无处无故,无有处所而无此真理

者。古德有云,信手所扪,皆是真如。真如即真理之异语。**故云圆满。**参考
《述记》卷五十一。

成就者,谓此真理,其体恒常,非生灭故,故云成就。若是生灭
法,便是无常,非实在故,即不名成就。参考《述记》卷五十一。

诸法实性者,谓此真理遍为万法实体。不同外道所执神我
等,以彼所执,是虚谬性,非诸法实性故。参考《述记》卷五十一。

《识论》有云:"此即于彼依他起上,此者,谓圆成实。常远离前
遍计所执,二空所显真如为性。"详玩论旨,谓此圆成实性,即于
彼依他起上,常无前遍计所执,远离,即是无义。三性之中所执为初,故
名前也。即是我法二执皆空,依此二空所显真如,是名圆成实性。
盖能遍计识,近于依他性而起所执,即远于圆成性而起所执。今
于依他性上,无妄计所执,即远望圆成,亦无妄计所执。所执既
空,即我法二执空。便是真理恒现在前,即名圆成实性。

《识论》既分别依、圆二性,而亦知不可说二性互相离异,于
是复说下之二义。一曰,圆成与依他,不即不离。《述记》释云:
"若是即者,真如应有灭,真如即依他,应与依他同有灭。依他应不
生。"依他即真如,应与真如同不生。**故依圆非即。**不即是一,故名非即。
"若全离者,真如应非是依他之性。"故依圆非离。

二曰,圆成与依他,非异非不异。《述记》释云:"由前不即不
离义故,若圆成与依他定异者,真如应非依他法之实性,故不可
说定异。若言全不异者,既真如不异依他,应是无常,故不可说
不异。"

法相与法性,依他是法相,圆成是法性。不即不离,不一不异,此
固穷玄之极则。但《识论》立说,根本将性相析成二片,虽欲自为

弥缝，而其支离终不可掩。

《识论》有云："无分别智，证真如已，后得智中，方能了达依他起性，如幻事等。"无分至此，为一长句。又引《厚严经》颂言："非不见真如，而能了诸行，皆如幻事等，虽有而非真。"非不一气贯下，作长句读。此本诸佛了义。然《识论》只是因袭传说，固未深达斯恉。由《识论》持说之统系而观，实堕意计穿凿中，意识周遍计度，故云意计。恶在其能得无分别智？恶在其能见真如？恶在其能了诸行如幻事耶？寻《识论》所谓依圆二性，若以《新论》体用义衡之，则圆成是体，依他是用。然《新论》即体即用，终不折体用为二片。须知大用即是本体之流行，离本体无别流行，离流行亦无别本体。而本体者，乃即于流行中识主宰之谓。迷主宰而谈流行，则只见为盲目冲动，而亦不知有所谓本体。《新论》之旨微哉！《识论》于圆成性中，说为恒常，则于本体上，着不得流行二字。易言之，即恒常是体，流行是用，不得不条然分别。至于依他性中说缘起，亦云缘生。则建立种现并为缘体。彼计缘必有体，非无法可名缘故。然彼所谓诸缘之体，即种子与现行是也。详前四缘中。而于种子方面，更立本有。又于本有种中，不唯清净，而亦许有杂染。既染净同是本有，则不可于流行中识主宰。故乃于依他性外，别说圆成。不悟圆成既非即本有种，则圆成亦是赘物。若云本有种是用，圆成是体，则应知体用，虽义理上可以析言，而实际上元非两事。则应至此为句。详彼本有种，摄依他性，于真谛中，说为幻有，本即是用。有而不真，谓之幻有。以望圆成，不名真故。但非所执，而是其有。此幻有义，即是用义。然彼圆成性上，既不可说流行，则其依他幻有之用，不可说为即是本体之流行。如是言用，只是依体而有，不得说言即体即用，故体用终成二片。彼亦知其不可通，故乃遮不即不离、不一不异之玄谈，以自弥其阙。而无如其持说支离，究不容掩也。《新论》依功能翕阙用，翕阙即用，乃复词耳。假说色心，即成立法相。犹云现象。亦可说法相与功能体非即。法相无自性故，如何说功能即法相？然法相与功能体亦非离。功能即是一切法相之实性故，即于一一法相识功能故，云何相离？异不异相准即离可知。《新论》之言此，则如实相应，以其不曾折体用为二片故也。夫言真俗二谛者，必曰俗依真立，真待俗诠，真俗相涵，必非绝不相谋也。今彼俗中依他法，自立本有种，而不可说为本体之流行。真中圆成性，只是恒常。与俗中幻有之用，成何干涉？况彼本有种中，亦有杂染。不知杂染只是私其形气之习，纯为后起，其可谓之用耶？又依他性中，已将缘起说，变为构造论，见四缘中。其于真谛自无融通之几。构造论即是妄执故。总之，真俗相涵，非可截成二片。相对即俗。便是绝对，即真。绝对即涵相对。至理冲玄，迥绝言思。《识论》一往任意计构画，毕竟未见真如，即不能了知诸行如幻事也。

夫学问之事，苟非脱然神解，直穷源底，则虽极尽思构之能事，只可自名一家之学，其于真理，不必有得也。唯识学东来，千数百年，学者咸震其渊微广博，不复辨其得失。吾为此惧，而作《新论》。知我罪我，其在于斯。

问曰："已说三性，如何复说三无性？"答曰：据诸经论，即依彼三性，说三无性。谓依初遍计所执，而说相无性。相者体义。由此所执，无有体相，如空华故。依次依他，而说生无性。此依他法，既托众缘而起，犹如幻事，非有如彼世间所计自然生性故。

222

假说无性，要不谓缘生性全无。只无彼自然生性耳。若缘生法，是幻有故，岂谓全无？依后圆成，而说胜义无性。此性即是诸法胜义，真实不虚，谁得云无？但以无初遍计所执我法性故，三性之中，所执居前，故置初言。说名无性。

空宗明诸行都无自性，为除遍计所执性故。若所执除已，即此诸法，彻体真常，所谓一叶一如来是也。若一往偏执诸法都无自性，即成大过。然此中三性之说，将体用分折，实为巨谬。由其说，则虽除所执，方悟依他，犹不能当下即证圆成，必须展转说向圆成上去，此非巨谬而何？空宗谈二谛，不言三性，方便善巧，无诸过患。有宗谈三性，自堕支离。虽歧途之误，世亲为甚，而导其先者，要由无着。余杭章炳麟，平生服膺三性三无性义，由其所见卑隘故也。

诸法性相，是所知故，名之为境。上来抉择已讫，次当略及行果。

〔修行位次〕《识论》言修行位次，略有五位：一、资粮位，谓修大乘顺解脱分。顺者随顺。随顺解脱，不堕惑障，故名顺解脱分。分者因义。二、加行位，谓修大乘顺抉择分。抉择者智义。由加功而行，随顺正智，得见道故。三、通达位，谓诸菩萨所住见道。十地之中，初地入心，名见道。菩萨方住心于此，即名通达。四、修习位，谓诸菩萨所住修道。每地有入、住、出三心，从初地住心及出心，乃至金刚无间心位，名为修道。五、究竟位，谓住无上正等菩提。即佛果位。如是五位，以次略释。

初资粮位。资益己身之粮，方至菩提果位，故名资粮。从初发深固大菩提心，乃至未入顺抉择位，齐此皆是资粮位摄。大菩提心，以三善根为体。三善根，详见上卷行蕴中。深固即是大菩提心，湛然明觉，无动摇故，名为深固。

《识论》说：“资粮菩萨未能了达能所取空，不能空妄识所执境，名未了所取空。不能空能执之妄识，名未了能取空。故二取习气，未能伏灭。”《述记》卷五十四第二十四页：谓此中二取，非以能取所取名二取。谓执实有此能取所取性，即缘二取起妄执故，遂名二取。《述记》文字嫌晦，稍易其文。

二取习气，即是所知、烦恼二障种子。习气亦种子之别名。烦恼障者，由我见为本，生诸烦恼，即心所法中本随诸惑。详在上卷。是皆扰乱有情身心，障碍涅槃，名烦恼障。大乘诸师分析根本烦恼有一百二十八种，配属三界等等，并几是见道所断，几是修道所断，今皆略之。

所知障者，谓即法执，无明为本，起诸恶见及疑等，复蔽所知境，令正智不生，一切有为无为法，皆名所知境。名所知障。前烦恼障，当体立名，此则从所障为名也。

如上二障，分别起者，见道所断。见道，下详。任运起者，任运一名俱生，分别俱生二惑。均详上卷行蕴。修道所断修道下详。菩萨方在资粮位中，于二障粗品现起尚能伏抑。但于微细品类，及二障种子，并未能除灭，以止观力微故。

次加行位。加功而行，故名加行。此位伏除二取，前资粮位，未能伏灭，至此乃能。谓暖、顶、忍、世第一法。

暖顶二位，依寻思观立。后二位，依实智观立。

寻思有四。《识论》卷九之二云：“四寻思者，寻思名义自性差别，假有实无。”案言名，亦赅句文。多名聚集成句，多句聚集成文。名、召法胜，但说寻名。名者，所以呼召法。如色之一名，即斥指色法而呼召之也。虽句文亦呼召诸法，而名为胜故，但说寻名，举胜者言耳，非不赅句文也。义者,即名句等所诠表诸法上之义,如无常等等义是也。名有自性及差别,如色之一名,呼召色法,即有自性,而望声等名,即有差别。义亦有自性及差别,如无常义,诠表诸行有生灭故,即有自性,而望无我等义,即有差别。故于名义,析言有四:

$$\left[\begin{array}{l}\text{名自性}\\\text{名差别}\\\text{义自性}\\\text{义差别}\end{array}\right.$$

由加行智,加行位中所起之智,名加行智。即慧数为体,慧数,见上卷行蕴中。推求所取名义自性差别四境,皆意言境。意言境者,意中思构之境。此思构相,亦同于言说相,故云意言。是假安立,非离自心实有。

次四寻思,说四如实智。前四寻思,观所取四境离识非有,唯观所取无,而犹未观能取亦无。今此如实智,忍可前境离识非有。前境谓前四寻思所观境。所取既空,复能遍知能取彼境之识,彼境者,谓所取。离所取故,决定非有。所取妄境空故,能取妄识亦空,此与基疏稍异。是名如实智。暖等四位,复依次释。

加行位中,初获明得定。加行,邻近见道,无漏将现起,而有明相。如日将出,有明相也。初得此明相,名为明得。定者禅定,其境界浅深不一。今此定境,方获明得,故名明得定。发下品寻思,寻思分上下品。观无所取故。依此,立为暖位。谓此位中,创观所取名义自性差别四境,名自性及差别,义自性及差别。皆依自心变现,假施设为有,而实不可得。此际方得无漏慧之明相,如慧日将出之明相,故名明得。即此,假说道火现前,亦名为暖。道火者,近见道故。如久暗得火,故云道火。

次、获明增定。发上品寻思,观无所取故。依此,立为顶位。谓此位中,重观所取名义自性差别四境,皆依自心变现,假施设为有,而实不可得。此际明相增盛,故名明增。寻思位极,故复名顶。顶者极义。

又次、获印顺定。印前所取无,顺后能取无,故名印顺。发下品如实智,于无所取,决定印持;无能取中,亦顺乐忍。忍者忍可。所取虽空,而能取殊不易空。今于无能取中,亦顺乐忍可,此为难能。依此,立忍位。既无所取妄境,宁有能取妄识?所取、能取,相待立故。由此,印前所取无,前者为暖顶二位,观所取无故。顺后能取无,自此忍位,及世第一,望前暖顶二位,并名为后。此后二位,观能取无。总名印顺。印前顺后,故名。于此位中,忍境识空,故亦名忍。于所取境空,及能取识空,并皆忍可,故名为忍。《识论》于忍分上中下品,今略之。

又次、获无间定。发上品如实智,印二取空。依此,立世第一法。谓前忍位,唯印能取空。今此位中,二空双印。从此无间,必入见道,故名无间。于世法中,此最胜故,名世第一法。

如上暖等四位,虽观能取所取皆空。然犹未能实证真如,但心上变似如相而观。如者,具云真如。故说菩萨此四位中,犹于现前安立少物,谓是唯识真胜义性。详见《识论》卷九之二。故此四位,犹未见道。

三通达位。亦名见道位。由前加行无间,故得见道。此于十地中，即在初地入心。云何名地？谓修行为所依持，令正智生长，故名为地。地别浅深，故说十地，即从初至十。资粮、加行二位，并名地前。一入初地，便名登地。又每地有入、住、出三心，此见道位，即唯初地入心是也。

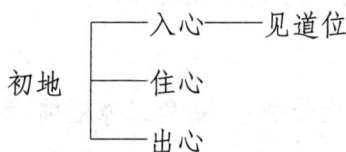

```
          ┌── 入心 ── 见道位
  初地 ┤── 住心
          └── 出心
```

二地乃至十地，各各有入、住、出三心。准初地可知。

见道位中，始得根本智，亦名无分别智。亦名正智。此智起时，即证真如。智与真如，平等平等，俱离能取所取相故。无能取所取相，故云平等。能所取相，俱是分别。有所得心，戏论现故。有所得心，如何能与真理相应？只是种种戏论而已。今此无分别智，都无所得，无所取相，亦无能取执，冥证如故。

根本智起已，即依本智根本智，亦省云本智。而起后得智，普于一切法自相、共相而行分别，无有迷谬。

四修习位。亦名修道位。前见道唯在初地入心，今此修道则从初地住心，乃至第十地终，金刚心、无间道。如此长劫，并是修道位摄。劫者时义。

又每地注意每字。分入、住、出三心，而每一心，复分加行、无间、解脱、胜进四道。初起加行，次起无间，又次起解脱，又次起胜进，念念增强故。

```
            ┌── 加行道
            │
            ├── 无间道
        入心 ┤
            ├── 解脱道
            │
            └── 胜进道
```

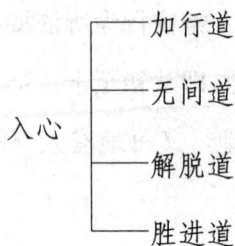

住心、出心各有四道。准入心可知。

　　修道位中,数数修习无分别智,断舍二障粗重,二障见前资粮位中。粗重,即种子之别名。便能证得广大转依。转依者,依谓所依,即依他起性;此即泛解,实则说第八识为依亦得,以第八摄持染净种子故。转有二义,转舍、转得。由数数修习无分别智,断本识中二障种子,故能转舍依他起上遍计所执,及能转得依他起中圆成实性。由转舍烦恼障,得大涅槃。转舍所知障,证无上觉。见《识论》卷九之三。

　　十地者,初、极喜地。始入见道,具证二空,故生极大喜悦。二、离垢地。谓一切犯戒垢,犯戒即垢,名犯戒垢。无论粗细,尽远离故。戒力胜故。三、发光地。谓成就胜定,定力最胜,故名胜定。能发无边妙慧故。妙慧必依大定而生。四、焰慧地。谓得最胜觉,即以智火,烧灭烦恼薪故。详《十地经》。五、极难胜地。谓真俗两智,互相违返,今合令相应,煞费力故。世亲云:知真谛智,是无分别。知诸世间辨析事物等智,是有分别。此二相违,应修令合。能合难合,而令相应,故名极难胜。六、现前地。谓观诸法缘起,有胜智故,名缘起智。能引发最胜般若令现前故。般若者,即无上甚深智慧。七、远行地。谓至无相住功用后边。一切境相不能动摇,由已深观无相故也。住于无

228

相，名无相住。然于无相住，犹假功修。但此功修，已至究竟，故总说至无相住功用后边。**八、不动地。**谓无分别智，任运相续，一切无有动其心故。无性云："一切有相，一切加行，皆不能动此地心。"**九、善慧地。**谓成就微妙四无碍解。世亲云："此慧妙善，故曰善慧。"无性云："由法无碍故，了知一切法句。由义无碍故，通达一切义理。由辞无碍故，分别一切言辞。由辨无碍故，随其所宜，自在辨说。"阳明有云："见得到时，横说竖说皆是。"意亦近此。**十、法云地。**谓得大法身，恒时安住真如性故，名得法身。具足自在，见《十地经》。如云含水，起胜用故。如是十地，总摄有为无为功德以为自性。参考《识论》卷九之三。

第十地终心，每地有入、住、出三心，此最终之心，即出心。喻如金刚，金刚坚利，能断一切物故。名金刚心。此心中定力胜故，亦名金刚定。于此心中，无间道、一刹那顷，诸有漏种前未舍者，至此一切顿断，从此便证极果，谓成佛也。入究竟位。

五究竟位。亦名佛位。《三十颂》云："此即无漏界，不思议善常。安乐解脱身，大牟尼名法。"按佛位，诸漏永尽，清净圆明，故名无漏。界是藏义，含藏无边希有大功德故。诸佛法身，不可执有，非如物之有故。不可说无，非空无故。离诸分别，绝诸戏论，故云不思议。纯白无染，故说为善。恒无变易，故说为常。众相寂静，故名安乐。永离障缚，名解脱身。成就无上寂默法故，名大牟尼。梵言牟尼，此云寂默。

〔四智心品〕　由前修习，证得广大转依故，至大觉位，佛位。得大菩提。菩提者，即觉义、智义。虽在凡位，法尔固具本有无漏智种，而所知障碍故不生。虽亦有烦恼障，但所知障，正障菩提，故偏说之。今断彼障，方令智种起现，《识论》云："起已相续，穷未来际。"言永无断灭。名得菩提，此即四智相应心品。详《识论》卷十之二。

已说菩提即四智。四智者何？一、大圆镜智相应心品。谓金刚喻定现在前时，_{金刚喻定者，谓此定中心，喻如金刚，故名金刚喻定，即十地终心也。}已说见上。即大圆镜智现起。同时有净第八识俱起，与此镜智相应，是名大圆镜智相应心品。此智寂静圆明，故喻如大圆镜；具无边功德，故喻如圆镜能现众像。即从喻立名。

二、平等性智相应心品。第七因位，有我执故，自他差别。_{因位者，即凡位。}今由智起故，已断我执，自他平等，名平等性智。此智起时，末那已舍染得净，即与此智相应。

三、妙观察智相应心品。神用无方，称之为妙。善观诸法自相、共相，无碍而转，名为观察。此智起时，第六意识已舍染得净，即与此智相应。

四、成所作智相应心品。成就本愿力所应作事，名成所作智。此智起时，前五识已舍染得净，即与此智相应。_{八识之中，五识居前，故云前五识。}

《识论》卷十之二"智虽非识，而依识转。识为主故，说转识得。又有漏位，智劣识强。无漏位中，智强识劣。为劝有情，依智舍识，故说转八识而得此四智"云云。详此，将智与识分作二片，已足怪异。既以净识为智之助伴，_{如净第八，则称为镜智相应心品，乃至净五识，则称为所作智相应心品。相应即是助伴。见《佛地论》。}而又说识为主。既说识为主，而又云无漏位，智强识劣。种种矛盾，犹不自觉。世亲派下人，根本不识得此心，如何自许为见真如？其谬妄至此。宗门起而扫除文字，弊又滋多。然有宗末流，翻弄名词，障碍自心，得宗门一切扫荡，其功不可没也。_{宗门之学，}

虽创自中土，然其作用见性之义，实上追释迦氏而与之密合无间。吾常欲就《阿含》抉择发挥，苦未得暇。

〔**法身**〕　法身，亦真如之别名。身者，自体义。世俗以五根及肉体，计为自体，亦名为身。肉体，内典则谓之根依处。此但假名，而实非身。其真可名为身者，唯法身耳。法身者，是一切法实性。犹云宇宙实体。即诸佛自性，亦即众生自性。诸佛、众生，或一切法，如色心等。同此一法身。无二无别，无有时空等性，离相寂然，绝诸戏论，具无边际真常功德，故谓法身。

〔**情识**〕　虚妄分别，不如理故，说名情识。众生从无始来，于日常实际生活中，因析别与处理物界，而发展其慧解。此慧解，即俗云理智。参《新论·明宗》章。故此慧解作用，恒有染着，即常执有外界实物之相，而为析别故。易言之，即恒本其析物之执着心习，以推求真理。由此，不得与真理相应，故名虚妄分别，亦名情识，又名情计，又名情见，又名意计。《新论》中多用此等名词。本欲于《量论》广明此旨，但艰阻中，恐未暇执笔也。

读 智 论 抄

题　记

　　《读智论抄》系熊先生读《大智度论》的札记，1947 年至 1948 年连载于《世间解》杂志第三至七期。本次出版即以此为底本点校。

读智论抄

十力

此文于《世间解》连载时作者自题篇名

卷二。大迦叶从禅定起,众中手牵阿难出,言:"今清净众中,结集经藏,汝结未尽,不应住此。"是时阿难惭耻悲泣,而自念言:"我二十五年,随侍世尊,供给左右,未曾得如是苦恼。佛实大德,慈悲含忍。"念已,白大迦叶言:"我能有力,久可得道。但诸佛法,阿罗汉者不得供给左右使令。以是故,我留残结,不尽断耳。"大迦叶言:"汝更有罪。佛意不欲听女人出家,以汝殷勤劝请,佛听为道。以是故,佛之正法五百岁而衰微,是汝突吉罗罪。"

按:释迦之门,初未许女人出家学道,及阿难请,而佛许之。是佛终不以重男轻女为然也。而大迦叶犹以此为阿难罪。

卷三。复次,是中有富那罗等六师,自言我是一切智人,与佛为对。及长爪梵志婆蹉姓拘迦那大等,皆外道大论议师。及长者尸利崛多、提婆达多、阿阇世等,是佛怨家,不信佛法,各怀妒嫉。有是人辈故,佛多住此。譬如毒草生处,近边必有良药。又如偈说:

譬如狮子,百兽之王,为小虫吼,为众所笑。若在虎狼,猛兽之中,奋迅大吼,智人所可。

诸论议师如猛虎,在此众中无所畏。大智慧人多见闻,在此众中最第一。

以是大智多闻人,皆在王舍城故,佛多住王舍城。

按：佛必与外道大论议师或怨家同处，此佛法之所以成其无上。毒草生处，必有良药，此义深远。大智慧人，必不因邪宗竞煽，异论嚣张，而为避人避世避地之计，如吾国隐逸之所为。隐逸者存退怯心，将孤陋自甘，其道不广。且使人间世遍植毒草，而良药将绝种也。

卷四。复次，如虚空，性常清净。人谓阴曀为不净。诸法亦如是，性常清净。淫欲瞋恚等曀故，人谓为不净。

按：阴曀本无损于虚空之本净。淫欲瞋恚等曀，实无损于心性本净。学者但务去曀而已。孟子性善之旨，与般若根本不异。

卷六。复次，无量清净，有二种。一者，实有量，而于不能量者谓之无量。譬如海水，如恒河沙等，人不能量，名为无量。于诸佛菩萨，非为无量。菩萨无量清净智，亦复如是。于诸天人及声闻辟支佛所不能量，名为无量智。菩萨得无生道时，惑染永尽，证见真常，是得无生道。诸结使断故，结者，谓一切惑染，使人锢蔽，如结缚不可解，故名为结。使者，谓人皆为诸惑染所役使，而不得自在，故复名使。佛氏所云惑染，儒者谓之己私，或私欲私意等等。得清净智。问曰："若尔时已断诸结，成佛时复何所断？"答曰：是清净有二种：一者，得佛时，余结都尽，得实清净。结未尽时，不可得实清净智。二者，菩萨舍肉身、得法身时，断诸结清净。譬如一灯，能除诸暗，得有所作。更有大灯，倍复明了。佛及菩萨断诸结使，亦复如是。菩萨所断，虽曰已断，于佛所断，犹为未尽。是名得无量清净智故，于诸法中意无罣碍。

按：菩萨舍肉身云云，不必谓舍离此肉身也。于此肉身无有染着，便说为舍。孟子所云践形，正符此义。

卷七。诸菩萨禅定心调，以禅定力，令心调和，不为结使之所扰故。清净智慧方便力故，能生种种诸三昧。三昧者，正定义。何等为三昧？善心一处住，不动，是名三昧。心离惑染，名善。心不随境迁流，名一处住。恒照恒寂，名不动。

问曰："多有坐法，佛何以故，唯用结跏趺坐？"答曰：诸坐法中结跏趺坐最安稳，不疲极，此是坐禅人坐法。摄持手足，心亦不散。中略。复次，佛教弟子应如是坐。有外道辈，或常翘足求道，或常立，或荷足。如是狂狷，心没邪海，形不安稳。以是故，佛教弟子结跏趺直身坐。何以故？直身，心易正故。其身直坐，则心不懒。端心正意，系念在前。若心驰散，摄之令还。孟子云收放心。欲入三昧故，种种驰念皆亦摄之。如此系念，入三昧王三昧。云何名三昧王三昧？是三昧于诸三昧中最第一自在，能缘无量诸法。如诸人中，王第一，王中转轮圣王第一，一切天上天下佛第一。此三昧亦如是，于诸三昧中最第一。

卷九。如佛欲入涅槃时，语诸比丘：从今日应依法，不依人；应依义，不依语；应依智，不依识；应依了义经，不依未了义。依法者，法有十二部。十二部经。应随此法，不应随人。传法之人，不必得佛法，故不应随之。而当于十二部经中直探法要。依义者，义中无诤好恶罪福虚实故。无字一气贯下。语以得义，义非语也。如人以指指月，以示惑者，惑者视指而不视月。人语之言："我以指指月，令汝知之，汝何看指而不视月？"此亦如是，语为义指，语非义也。以是故，不应依语。依智者，智能筹量分别善恶。阳明云"知善知恶是良知"，义与此通。识常求乐，不入正要。识者，妄识，非正智故。妄识常贪着物欲，故云常求乐，此非真乐也。是故言不应依识。依了义经者，有一切智人，佛第一。一切诸经书中，佛法第一。一切众中，比丘僧第一。如是等，是了义经。下略。

按：四依义最重要。余经所说，与此微有出入，兹不及检。

卷九。又法身佛，常放光明，常说法。而以罪故，不见不闻。譬如日出，盲者不见；雷霆震地，聋者不闻。如是法身常放光明，常说法，众生有无量劫罪垢厚重，不见不闻。

按：法身佛者，犹云宇宙本体。克就其在人言之，即《论语》所言仁，孟子所云本心，宋儒云德性之知，阳明云良知，吾《新论》云性智，皆指目此也。佛家亦谓之法性心。参考《新论·明宗》章。

又言，九十一劫，三劫有佛，余劫皆空无佛，甚可怜愍。佛为此重罪不种见佛善根人，说言佛世难值。中略。佛出世时，其人不见。如说舍卫城中九亿家，三亿家眼见佛，三亿家耳闻有佛而眼不见，三亿家不闻不见。佛在舍卫二十五年，而此众生不闻不见，何况远者？复次，佛与阿难入舍卫城乞食，是时有一贫老母立在道头。阿难白佛："此人可愍，佛应当度。"佛语阿难："是无因缘。"无有见佛善根也。阿难言："佛往近之，此人见佛，相好光明，发欢喜心，为作因缘。"佛往近之，回身背佛。佛从四边往，便四面背佛，仰面上向。佛从上来，低头下向。佛从地出，两手覆眼，不肯视佛。佛语阿难："复欲作何因缘？有如是人，无度因缘，不得见佛。"以是故，佛言阿难，佛难得值，如优昙波罗树华。譬如雨水虽多，处处易得，饿鬼常渴，不能得饮。

按：末世学子，不肯求正知正见，不肯亲近善知识，皆舍卫城中道头贫老母也。虽有佛法雨，饿鬼卒不饮，哀哉！

卷十。复次，诸佛恭敬法故，供养于法，以法为师。何以故？三世诸佛，皆以诸法实相为师。

按：此言诸法实相者，即前云法身佛是。师不待外求，求诸己而已。实相即真己也。是为清净智，万化自此兴，万善自此出，舍此，将何师？孟子谓曹交曰："子归而求之，有余师。"亦此意。

如佛在时，有一盲比丘，眼无所见，而以手缝衣。时针袵脱，便言："谁爱福德，为我袵针？"是时佛到其所，语比丘："我是爱福德人，为汝袵来。"是比丘识佛声，疾起着衣礼佛足，白佛言："佛功德已满,云何爱福德?"佛报言:"我虽功德已满,我深知功德因、功德果、功德力。今我于一切众生中,得最第一,由此功德,是故我爱。"佛为此比丘赞功德已,次为随意说法。是比丘得法眼净,肉眼更明。复次,佛虽功德已满,更无所须,为教化弟子故,语之言:"我尚作功德,汝云何不作? 如技家百岁老公而舞,有人呵之言:'老公年已百岁,何用是舞?'公答:'我不须舞,但欲教子孙故耳。'"

按:佛为教弟子作功德故,而赞功德,作功德。此意深远极矣。人生不作功德,便日趋于恶,可不畏哉?

佛辟支佛阿罗汉,一切诸贤圣,皆一心敬慎。魔若魔民,凡奸恶之徒,导人于恶,及社会风习之敝,与学术思想之浮乱,足以陷溺人者,皆魔也。及内身结使,种种先世罪报,皆是贼。近此诸贼故,应一心敬慎。譬如人贼中行,不自慎护,为贼所得。以是故,言一心敬慎,以游彼界。复次,以人心多散,如狂如醉。一心敬慎,则是诸功德初门。摄心得禅,便得实智慧。得实智慧,便得解脱。得解脱,便得尽苦。如是事,皆从一心得。

按:程朱发明孔门居敬之旨,与此相会。

复次,乐处生人,多不勇猛,不聪明,少智慧。中略。是娑婆世界中,是乐因缘少。有三恶道:老、病、死。土地自活法难。中略。以是智慧利根,譬如利刀,著好饮食中,刀便生垢。饮食虽好,而与刀不相宜。若以石磨之,脂灰莹治,垢除刀利。是菩萨亦如是,生杂世界中,利智难近。如人少小勤苦,多有所能,亦多有所堪。又如养马不乘,则无所任。

如《说阿婆檀那经》中,佛在祇洹住,晡时经行,舍利弗从佛经行。是时有鹰逐鸽,鸽飞来佛边住。佛经行过之,影覆鸽上。鸽身安稳,怖畏即除,不复作声。后舍利弗影到,鸽便作声,颤怖如初。舍利弗白佛言:“佛及我身,俱无三毒,贪、瞋、痴曰三毒。以何因缘,佛影覆鸽,鸽便无声,不复恐怖,我影覆上,鸽便作声,颤栗如初?”佛言:“汝三毒习气未尽。舍利弗虽三毒不现起,而有微细习气潜藏,舍利弗不自察识也。以是故,汝影覆时,恐怖不除。”

按: 儒者以天地万物为一体,佛言众生同体,理实如是。古今来见得此理者,亦非无其人。然虽见此理,而不得使物与我无间者,则三毒习气未尽耳。有一分毒习在,即物不得无猜于我。可畏也哉!毒习尽,而后鸽不见佛之非己也。同体之实,于此始显。

卷十一。问曰:“般若波罗蜜波罗蜜有六种,般若其一也。详吾著《佛家名相通释》部甲。般若者,智慧义。是何等法?”答曰:有人言,无漏慧根,是般若波罗蜜相。无漏者,极明净而无杂染之谓。凡夫知见,悉杂妄情,非无漏慧根也。何以故,一切慧中第一慧,是名般若波罗蜜?无漏慧根是第一,以是故,无漏慧根名般若波罗蜜。问曰:“若菩萨未断结,云何得行无漏慧?”答曰:菩萨虽未断结,行相似无漏般若波罗蜜,相似者,未断结故,非真无漏慧,但似之而已。如阴瞳未消,虽有光相,而非真阳光也。但吾人于一切法,行观察与思择时,能以如理作意,避免邪谬执着,则亦近于无漏慧。但以结未尽故,非明睿自然,故云相似无漏法耳。如理作意,见《深密》等经、《瑜伽》等论。是故得名行无漏般若波罗蜜。

复有人言,菩萨有漏无漏智慧,总名般若波罗蜜。何以故?菩萨观涅槃,涅槃者,惑染尽净,真常寂静相。菩萨犹未亲得此真寂体,但修此观。行佛道,佛道,清净离染。菩萨修行一切净法。以是事故,菩萨智慧应是无漏。以未断结使,事未成办故,应名有漏。

卷十三。若人求大善利,当坚持戒。如惜重宝,如护身命。何以故?譬如大地,一切万物有形之类,皆依地而住。戒亦如是,戒为一切善法住处。复次,譬如无足欲行,无翅欲飞,无船欲渡,是不可得。若无戒,欲求好果,亦复如是。若人弃舍此戒,虽山居苦行,食果服药,与禽兽无异。

若慈愍众生故,为度众生故,亦知戒实相故,心不倚著,如此持戒,将来至佛道。

按: 此云戒实相,义极深广。《论语》言不违仁工夫,造次颠沛必于是。孟子言收放心,言勿忘勿助。宋明诸师言涵养本原,言操存与保任,言慎独。此皆于实相而不舍其戒也。一息无戒,便违实相。

持戒之人,寿终之时,刀风解身,筋脉断绝,自知持戒清净,心不怖畏。

卷十六。问曰:"云何名精进相?"答曰:于事必能,起发无难,志意坚强,心无疲倦,所作究竟,如是等,名精进相。复次,如佛所说精进相者,身心不息故。譬如释迦文尼佛,先世曾作贾客主,将诸贾人入崄难处。是中有罗刹鬼,以手遮之言:"汝住莫动,不听汝去。"贾客主即以右拳击之,拳即著鬼,挽不可离。复以左拳击之,亦不可离。以右足蹴之,足复黏著。复以左足蹴之,亦复如是。以头冲之,头即复著。鬼问言:"汝今如是,欲作何等,心休息未?"答言:"虽复五事被系,我心终不为汝伏也,当以精进力与汝相击,要不懈退。"鬼时欢喜,心念此人胆力极大。即语之云:"汝精进力大,必不休息,放汝令去。"行者如是,于善法中,初夜、中夜、后夜,诵经坐禅,求诸法实相,不为结使所覆,身心不懈,是名精进相。

按: 此中所云,以精进力求诸法实相,于此可见佛法宗趣。近日僧徒居士竟谓佛法不许有本体,因持邪见,以毁《新论》。若辈直以佛氏同诸空见外道。无知至此,亦可哀矣。实相即本体之异语。

复次,菩萨精进,不为财利富贵力势,亦不为身,亦不自为以求涅槃。但为佛道,利益众生。如是相,名为菩萨精进波罗蜜。复次,菩萨精进修行一切善法,大悲为首。

按: 为私利而勤力者,正是惑染结使,非精进也。精进为利益众生,大悲为首,此与儒者言智仁勇三德,义相和会。仁者以万物为一体,即大悲所由起。智者不惑,即无自为之

245

私。勇者刚悍不退，正是精进相。

问曰："诸法实相，无为无作，精进有为有作相，云何以实相为首？"答曰：虽知诸法实相，无为无作，以本愿大悲，欲度众生故，于无作中，以精进力，度脱一切。

按：佛氏谈本体，一云实相。只是无为无作。不许说无为而无不为，《新论》驳其折体用为二，详中卷《功能》章。岂曰横诬？《论语》赞天道不言而时行物生。天道，亦本体之名。不言者，形容其冲寂也，亦含无为无作意义。然时行物生，则无为而有为，无作而有作矣。佛氏于本体，只见是无为无作，却不悟是无为而为，无作而作。此是儒佛天壤悬隔处。良由佛氏在求度脱，故其证体，偏滞于寂耳。《新论》所以不得不作也。

卷十七。问曰："菩萨法，以度一切众生为事，何以故，闲坐林泽，静默山间，独善其身，弃舍众生？"答曰：菩萨身虽远离众生，心常不舍，静处求定，获得实智慧，以度一切。譬如服药将身，权息众务，气力平健，则修业如故。菩萨晏寂，亦复如是，以禅定力，服智慧药，得神通力，还在众生，或在父母妻子，或师徒宗长，或天或人，下至畜生，种种语言，方便开导。中略。如经中说，转轮圣王，以十善教民，后世皆生天上，世世利益众生，令得快乐。此乐无常，还复受苦。菩萨因此，发大悲心，欲以常乐涅槃，利益众生。此常乐涅槃，从实智慧生。实智慧，从一心禅定生。譬如燃灯,灯虽能燃,在大风中,不能为用,若置之密室,其用乃全。散心中智慧亦如是,<small>散心者,谓凡夫未曾习定,其意识总是散乱的,故名散心。</small>若无禅定静室,<small>禅定,譬犹静室也。</small>虽有智慧,其用不全。得禅定,则实智慧生。以是故,菩萨虽离众生,远在静处,求得禅定。以禅定清净故,智慧亦净。譬如油炷净故,其明亦净。以是故,欲得净智慧者,行此禅定。复次,若求世间近事,不能专心,则事业不成。何况甚深佛道,而不用禅定?禅定,名摄诸乱心。<small>乱心,亦云散心。</small>乱心轻飘,甚于鸿毛。驰散不停,驶过疾风。不可制止,剧如狝猴。暂现转灭,甚于掣电。心相如是,不可禁止,若欲制之,非禅不定。

按: 禅宗实通般若。其摄心归寂,即深得此中义。明儒如聂双江、罗念庵,得力处亦在此。

声闻禅中,慈悲薄,于诸法中,不能以利智,贯达诸法实相,独善其身,断诸佛种。菩萨禅中无此事,欲集一切诸佛法故,于诸禅中,不忘众生。乃至昆虫,常加慈念。如释迦文尼佛,本为螺髻仙人,名尚阇黎,常行第四禅,出入息断,在一树下坐,兀然不动,鸟见如此,谓之为木,即于其髻中生卵。是菩萨从禅,觉知顶上有鸟卵,即自思惟,若我起动,鸟母必不复来,鸟母不来,鸟卵必坏。即还入禅。至鸟子飞去,尔乃起。

按: 声闻不能以利智,贯达诸法实相,所以独善其身,断诸佛种。菩萨以净智慧,深穷诸法实相,即知众生本吾一体,故兴悲愿,不忍独善也。儒者上达天道,天道,即目宇宙本体。与佛言实相,所指则同。便悟天地万物皆吾一体,而恻隐发于不容已。两家根底不必异,但佛氏视世间为生死海,为火宅,为苦聚,必欲与众生同度脱。儒者不毁世间,故说形色即天性,天道在人,亦云天性。形色云者,自吾身以至万物,皆天道之散著。日新而不用其故,即不必以世界为生死海乃至苦聚也。而尽其位育参赞之功,《中庸》演《大易》之旨,曰位天地,育万物,曰与天地参,曰赞天地之化育,其义宏远广大,深微至极。无所谓度脱也。儒佛同于穷至实相,同以万物或众生为一体,而两家人生观不同。故一则于实相,但体会空寂,而求度脱。佛家。一则于实相,体会其空寂而生生不息之健。《中庸》言无声无臭,亦空寂义。然空寂故生生,则与佛氏只见为空寂者迥异。宜详究《新唯识论》。两家毕竟殊涂也。释迦前世为螺髻仙人时,不忍坏鸟卵,充此一念,而誓愿度尽无量无边众生。孟子教齐王推不忍一牛之心,而保四海之民。皆由贯达实相,而同体之仁,自不容已。学不至此,终是小知私智,而人类免于自毁难矣。《新论》盛张体用,融摄儒佛,而冥契真极,学者所宜尽心。

问曰:"应说禅波罗蜜,何以但说禅?"答曰:禅是波罗蜜之本。得是禅已,怜愍众生内心中有种种禅定妙乐,而不知求。乃在外法不净苦中求乐。如是观已,生大悲心,立宏誓愿:我当令众生皆得禅定内乐,离不净乐。中略。为调心故入禅。以智慧方便,还生欲界,度脱一切众生。是时禅,名为波罗蜜。复次,菩萨入深禅定,一切天人不能知其心所依、所缘,见闻觉知法,中心不动。如《毗摩罗诘经》中为舍利弗说晏坐法，不依身，不依心，不依三界。于三界中，不得身心，是为晏坐。若人闻禅定乐，胜于人天乐，便舍欲乐，求禅定。是为自求乐利，不足奇也。菩萨则不然。但为众生故，令慈悲心净，不舍众生。菩萨禅，禅中皆发大悲心。禅有极妙内乐，而众生舍之，而求外乐。譬如大富盲人，多有伏藏，不知不见，而行乞求。智者愍之，其人自有妙物，不能知见，而从他乞。众生亦如是，心中自有种种禅定乐，而不知发，反求外乐。复次，菩萨知诸法实相，故入禅，中心安隐，不著味。隐读稳。诸余外道虽入禅定，心不安隐，不知诸法实相，故著禅味。

按：此云菩萨以智慧方便，还生欲界，佛说有三界：曰欲界，有饮食等欲故。即人类与动物等所生长之世界是也。曰色界，有微妙色故。曰无色界，微妙色相，亦不可得故。后二界，则诸天所生之处也。度脱一切众生。则知大乘不舍众生，不舍世间，只为一切众生未度脱故。非其人生观果与吾儒同也。《新论》不主出世，而于佛法可融会处，未尝不融会之。但佛氏根本精神在出世，则不可任意曲解，而矫乱佛法，以从我也。《新论》于百家之学，主张析其异，而会其通。盖言天下之至赜，而不可乱也。若不务析异，而云会通，则混乱而已。菩萨怜悯众生内心中有种种禅定妙乐，而不知求。此是佛法与儒者同证心源处。《论语·雍也》篇："子曰：'智者乐水，仁者乐山。智者动，仁者静。智者乐，仁者寿。'"此章，从来解者，无不一误。智者仁者，非谓智人仁人，乃即一心之德，而分仁智二方面以言之耳。吾心周流无滞,是智德之相,有似于水。无滞即乐,故云智者乐水。吾心安定不迁,是仁德之相,有似于山。不迁即乐,智之仁,不随境迁。如贫而不忧,富而不淫,遇威武而不屈之类,即恒大自在而至乐。故曰仁者乐山。从智之方面言,周流无滞是动相。故曰智者动。然此云动者,非与静反之谓,乃即静即动也。庄生云"尸居而龙见,渊默而雷声",故谓之动也。尸居渊默,静也。龙见雷声,动也。从仁之方面言,安定不迁是静相。故曰仁者静。然此云静者,非与动反之谓,乃即动即静也。阳明云"喧天动地,元是寞天寂地,"故谓之静也。又结以智者乐,仁者寿,此亦不可分作两片看去。上已云智者乐水,仁者乐山,则心之仁智两方面,皆是乐相。而此以乐说属智,岂谓仁上无乐义乎?盖于智上言乐,则仁之为乐不待言。寿字义深,非延年之谓,乃真常义也。《老子》云"死而不亡者寿",与此寿字同。人生诚能超情累而证真常,则形虽死,而真常之体,岂有亡乎?真常之谓寿。此章仁智分言,殆以仁为心之体,智为心之用。孔子以仁为心之体,细玩《大易》《论语》可见。《新论》下卷《明心》章可参考。体用本不二,如沤与大海水,不可离而二之。而体为用源。如大海水为沤之源。故于仁体,显真常义。真常即无待,无外。故至乐足于中,圆满无亏欠。佛说涅槃,常乐二德居首,涅槃为真如之别名。亦即心体之名。与此章可互证。周子教学者寻孔颜乐处,与《智论》所说菩萨悲众生有极妙内乐,舍之不求,而求外乐,同一用心。明儒王东崖,亦于此有得。

菩萨观一切法,若乱若定,皆是不二相。余人于乱求定。

卷十八。问曰:"何以独称般若波罗蜜为摩诃,而不称五波罗蜜?"答曰:摩诃,此言大,般若言慧,波罗蜜,言到彼岸。以其能到智慧大海彼岸,到一切智慧边,穷尽其极故,名到彼岸。

问曰:"云何名般若波罗蜜?"答曰:诸菩萨从初发心,求一切种智,于其中间,知诸法实相慧,是般若波罗蜜。问曰:"若尔者,不应名为波罗蜜,何以故? 未到智慧边故。"言菩萨惑尚未尽,未到智慧边。答曰:佛所得智慧,是实波罗蜜。因是波罗蜜故。因者,菩萨初发心,求一切种智,此时虽未到智慧边,而已是波罗蜜之因。菩萨所行,亦名波罗蜜。因中说果故。举因,即已赅果。是般若波罗蜜,在佛心中变名为一切种智。菩萨行智慧,求度彼岸,故名波罗蜜。佛已度彼岸,故名一切种智。问曰:"佛一切诸烦恼及习已断,佛书所云烦恼,含义深远至极。人生一切惑,总名烦恼。儒者所云己私,或人欲等,皆惑也,烦恼也。亦云杂染,或染污。亦名为障。习者,即烦恼之余习,极深细而不易察识者。智慧眼净,应如实得诸法实相。诸法实相,即是波若波罗蜜。菩萨未尽诸漏,慧眼未净,云何能得诸法实相?"答曰:此义后品中当广说,今但略说。如人入海,有始入者,有尽其源底者,深浅虽异,俱名为入。佛、菩萨亦如是。佛则穷尽其底。菩萨未断诸烦恼习,势力少故,不能深入,如后品中说。譬喻,如人于暗室然灯,照诸器物,皆悉分了。更有大灯,益复明审。则知后灯所破之暗,与前灯合住。前灯虽与暗共住,而亦能照物。若前灯无暗,则后灯无所增益。诸佛菩萨智慧亦如是。菩萨智慧虽与烦恼习合,而能得诸法实相,亦如前灯亦能照物。佛智慧尽诸烦恼习,亦得诸法实相,如后灯倍复明了。问曰:"云何是诸法实相?"答曰:众人各各说诸法实相,自以为是。此中实相者,不可破坏,常住不异,无能作者。如后品中,佛语须菩提:若菩萨观一切法,非常非无常,非苦非乐,非我非无我,非有非无等,亦不作是观。是名菩萨行般若波罗蜜。是义舍一切观,灭一切言语,离诸心行,从本已来,不生不灭,如涅槃相。一切诸法相亦如是。是名诸法实相。

按: 此中云,佛一切烦恼习断,智慧眼净,如实得诸法实相。如实者,如其实而知之,无迷谬也。诸法实相,即是般若波罗蜜。此佛法究竟处也。学佛者如不知趣向乎此,将以杂乱之心习,而谈空谈有,说玄说妙,毕竟不悟空如何空,有如何有,玄如何玄,妙如何妙。昧厥本原,徒增痴暗。长劫沦溺,云胡可救? 至如菩萨智慧,与烦恼习合,譬犹暗室然灯,虽照诸器物,而此灯犹与暗共住,非极明了。极字注意。则哲学家信任理智,而忽于修养者,诚当痛切反省。余原拟作《量论》时申说此旨。

《赞般若波罗蜜偈》:般若波罗蜜,实法不颠倒,念想观已除,言语法亦灭。无量众罪除,清净心常一。如是尊妙人,则能见般若。如虚空无染,无戏无文字,无戏,谓无戏论也。若能如是观,是即为见佛。若如法观佛,般若及涅槃,是三则一相,其实无有异。中略。般若是一法,佛说种种名,随诸众生力,为之立异字。若人得般若,议论心皆灭。譬如日出时,朝露一时失。中略。若人得般若,则为般若主。孔子言人能宏道,亦此意。般若中不著,何况于余法？般若无所来，亦复无所去。智者一切处，求之不能得。若不见般若，是则为被缚。若人见般若，是亦名被缚。真见般若者，直与般若为一，而见相不存矣。若有见相存焉，即此见成妄，非真见也。故亦名被缚。若人见般若，是则得解脱。若不见般若，是亦得解脱。是事为希有，甚深有大名。譬如幻化物，见而不可见。中略。言说为世俗，怜愍一切故，假名说诸法，虽说而不说。般若波罗蜜，譬如大火炎，四边不可取，无取亦不取。一切取已舍，是名不可取。不可取而取，是即名为取。

求佛道者，从初发心作愿，愿我作佛度脱众生，得一切佛法。行六波罗蜜，破魔军众，及诸烦恼。得一切智，成佛道。乃至入无余涅槃，随本愿行。从是中间所有智慧，总相、别相，一切尽知，是名佛道智慧。

复次，《佛说梵网经》中六十二见，若有人言神常，世间亦常，是为邪见。若言神无常，世间无常，是亦邪见。神及世间常，亦无常，神及世间非常，亦非非常，皆是邪见。以是故，知诸法皆空，是为实。问曰："若言神常，应是邪见。何以故？神性无故。言神之自性是无有。既无有神，何可言神是常耶？若言世间常，亦应是邪见。何以故？世间实皆无常。颠倒故，言为常。若言神无常，亦应是邪见。何以故？神性无故，不应言无常。若言世间无常，不应是邪见。何以故？一切有为法性，实皆无常。"答曰：若一切法，实皆无常，佛云何说，世间无常，是名邪见？是故可知，非实是无常。问曰："佛处处说观有为法无常、苦、空、无我，令人得道，佛说有为法是无常，是苦，是空，是无我。云何言无常堕邪见？"答曰：佛处处说无常，处处说不灭。如摩诃男释王，来至佛所，白佛言："是迦毗罗，人众殷多，我或值奔车逸马狂象斗人时，便失念佛心。是时自念，我今若死，当生何处？"佛告摩诃男："汝勿怖，勿畏，汝是时不生恶趣，必至善处。譬如树常东向曲，若有斫者，必当东倒。善人亦如是，若身坏死时，善心意识，长夜以信、戒、闻、施、慧熏心故，闻，谓所闻善教。施，谓一向所行布施功德。必得利益，上生天上。"以上，皆佛语。若一切法，念念生灭无常，佛云何言诸功德熏心故，必得上生？以是故，知非无常性。以佛语，证世间非无常。问曰："若无常不实，佛何以说无常？"问意，如无常之言非实，佛何故处处亦说无常耶？答曰：佛随众生所应而说法。佛破常颠倒故，说无常。众生妄执一切法皆是常，此即颠倒见，故佛与之说无常，以对治其执常的颠倒。以人不知、不信后世故，说心去后世，上生天上，罪福业因缘，百千万劫不失。是对治悉檀，非第一义悉檀。对治悉檀，但随众生所迷，而对治之。此非究竟义。第一义悉檀，则理绝言诠。常与无常等见，于此不容安立。诸法实相，非常，非无常。谈至诸法实相，即是第一义悉檀。于此，则常与无常，俱不容说。佛亦处处说诸法空。此云空者，空无之谓。诸法空中，亦无无常。已说诸法空无，还可于空无中，更说无常乎？以是故，说世间无常，是邪见。是故名为法空。

按：此言世间非是无常者，一、由会诸法入实相。即于世间，不作世间相想。于此，不应计是常，亦不应计是无常。二、由明诸法无自性故，说诸法皆空。此即世间相本空，何容更说无常？然此二义，实是一义。说诸法空者，将令人空诸法相，以会入实相耳。余谓，空宗本有二谛义：曰真谛，曰俗谛。即俗诠真，则即于万物，而皆见为一真显现，应说世间相常住。此即说世间是常,固无过。依真起俗,即依诸行,迁流不住,诸行,即心物之通名。说世间无常,于义无失。依诸行,假名世间。迁流不住,是无常义。言匪一端,义各有当。又如佛说,树常东向曲,斫时,必当东倒。善人临终,信、戒、闻、施、慧,一向熏心,必得利益。此足发人深省。恶业重者,死时怖畏心重。横渠存顺殁宁之言,亦符斯旨。

诸梨昌至佛所,问佛言:"一究竟道,为众多究竟道? 佛言:"一究竟道,无众多也。"梵志言:"佛说一道,诸外道师各各有究竟道,是为众多非一。"佛言:"是虽名有众多,皆非实道。何以故? 一切皆以邪见著故。不名究竟道。"

邪见破诸法令空。观空人,知诸法真空,一切物本不实在,故云真空。不破不坏。非起意破坏诸法而空之也,故异邪见。复次,邪见人,言诸法皆空、无所有,取诸法空相,戏论。观空人知诸法空,不取相,不取着空相。不戏论。

按: 不戏论者,凡任意想猜度,以构成一种理论,而实不应真理者,谓之戏论。观空人明知,如世间妄情所执一切物,本来非有。其心如理而住,既不着物,亦不起心分别,谓一切皆空,而堕空见,是谓不戏论。此乃菩萨境界,非凡愚所能了。

复次,邪见人虽口说一切空,然于爱处生爱,此言爱者,贪义。爱处,如名利声色权势等。瞋处生瞋,瞋处,如遇人不合己私意者。慢处生慢,痴处生痴,自诳其身。如佛弟子实知空,心不动,一切结使生处不复生。结使,即上云贪瞋痴等惑。是结缚自心,故云结。人之身心,实为诸结所役使,故结亦名使。譬如虚空,烟火不能染,大雨不能湿。如是观空,种种烦恼不复著其心。

复次,观真空人,先有无量布施、持戒、禅定,其心柔软,诸结使薄,然后得真空。邪见中无此事,但欲以忆想分别,邪心取空。

按:牺牲一己,以利众生,积极作诸功德,皆布施事。持戒则严以自律,禅定则心离沉掉,心不昏沉,不掉举,是定相。三毒不行,故心柔软。贪瞋痴名三毒,此万恶之源。众生怀三毒,其心刚很,杀机所由炽。观空人克治三毒,故心柔软。如此修行不懈,方许入空观。今僧俗初涉《中论》,漫谈空教,全不反己作实修工夫,丧身地狱,可哀也哉!

无智人闻空解脱门,不行诸功德,但欲得空,是为邪见,断诸善根。

菩萨摩诃萨,行般若波罗蜜,虽知诸法一相,亦能知一切法种种相。虽知诸法种种相,亦能知一切法一相。菩萨如是智慧,名为般若波罗蜜。

色等法,色,即物之异名。等字,所包括无限。除色以外法,皆等之一言所摄。非以空故空,非由人于色等作空想,故色等空也。从本以来常自空。色等法,非以智慧不及故,无所得,从本以来常自无所得。

无所得有二种。一者,世间欲有所求,不如意,是无所得。二者,诸法实相中,决定相不可得故,名无所得。

256

卷十九。菩萨虽久住生死中，亦应知实道，非实道，是世间，是涅槃。知是已，立大愿：众生可愍，我当拔出，著无为处。以是实法，行诸波罗蜜，能到佛道。菩萨虽学，虽知是法，未具足六波罗蜜故，不取证。如佛说，譬如仰射空中，箭箭相拄，不令落地。菩萨摩诃萨亦如是。以般若波罗蜜箭，射三解脱门空中。解脱门有三，而空解脱门其一也。由入空而得解脱，曰空解脱。门有二义：曰所由义，曰类义。复以方便箭，射般若箭，令不堕涅槃地。复次，若如汝所说，菩萨久住生死中，应受种种身心苦恼，若不得实智，云何能忍是事？以是故，菩萨摩诃萨求是道品实智时，以般若波罗蜜力故，能转世间为道果涅槃。修道为因，而得涅槃。涅槃即名道果。何以故？三界世间皆从和合生，和合生者无有自性。此云和合生，即后来唐奘师所译为缘生。奘译精当。和合生一词，欠妥。无自性故，是则为空。空故不可取。不可取相，是涅槃。以是故，说菩萨摩诃萨以不住法，生死涅槃，两不住著，是名不住法。住般若波罗蜜中。不生故，应具足四念处。不生，谓不由烦恼而生。四念处后详。复次，声闻辟支佛法中，不说世间即是涅槃。何以故？智慧不深入诸法故。菩萨法中，说世间即是涅槃。智慧深入诸法故。如佛告须菩提，色即是空，空即是色，受想行识即是空，空即是受想行识。空即是涅槃，涅槃即是空。《中论》中亦说，涅槃不异世间，世间不异涅槃。涅槃际、世间际，一际无有异故。菩萨摩诃萨得是实相故，不厌世间，不乐涅槃。三十七品是实智之地。三十七品，皆修行法。详《智论》卷十九，及余论籍中。文繁，此不述。

按：大乘法，说世间即是涅槃，似已倾向儒家之人生观与世界观。然出发点不同,自须有辨。儒者直从乾道流行,乾道,即谓本体。万物各正性命处,见形色即天性。万物各得大正之道,即所谓乾道者,以为其性命。故一一物,皆是乾道,无有虚妄。形色即天性,本《孟子》。与佛言世间即涅槃,义相合会。佛氏却以十二缘生,说人生。详《佛家名相通释》部甲。明人生始于迷暗,即无明。沦溺生死海,所谓流转。纯大苦聚。故小乘不说世间即是涅槃。大乘不舍众生故,吃紧。以般若波罗蜜力,转世间为涅槃。即以智慧力,观诸法空,空故不可取。不可取相,是涅槃。此则运智慧力,从世间之本为迷暗所堕之阱,或流转之苦海中,而转化为涅槃。覆玩前抄论文。其转化之几,即由智慧力,于世间,观是缘生法故,无有自性,无自性即空,空故不可取云云。后来无着世亲兄弟《唯识论》,其境随心转之大义,实与此通。此等转化观,以视儒者直下透澈乾道流行,即识得一一物莫非乾道显现,人生本不由迷暗而生,亦无所谓生死苦海,世间即一诚,又何须转?儒家"诚"字,含义深广无边。略言之,真实义、美善义、炤明义,皆其所。具佛氏根底,究与儒宗不似也。《新论》始援佛入儒。

众生心种种不同,此中心者,谓妄心。结使亦种种,所乐所解法亦种种。佛法虽一实一相,为众生故,于十二部经,八万四千法聚,分别说。若不尔,初转法轮,说四谛则足,不须余法。中略。譬如药师,不得以一药治众病。众病不同,药亦不一。佛亦如是,随众生心病种种,以众药治之。或说一法度众生。如佛告一比丘:"非汝物莫取。"比丘言:"知已,世尊。"佛言:"云何知?"比丘言："诸法，非我物不应取。"钝根众生，只教以不妄取，纳于善道。或以二法，度众生：定及慧。或以三法：戒、定、慧。或以四法：四念处。复次，诸菩萨摩诃萨信力大故，为度一切众生故，是中佛为一时说三十七品。若说异法道门，十想等皆摄在三十七品中。是三十七品，众药和合，足疗一切众生病。是故不用多说。是三十七品，十法为根本。何等十？信、戒、思惟、精进、念、定、慧……

问曰："何等是四念处？"答曰：身念处，受、心、法念处，是为四念处。观四法，四种：四法者，一身，二受，三心，四法。四种者，一不净，二苦，三无常，四无我。观身不净，观受是苦，观心无常，观法无我。是四法，虽各有四种，身，应多观不净；受，多观苦；心，多观无常；法，多观无我。何以故？凡夫人未入道时，是四法中邪行，起四颠倒：诸不净法中，净颠倒，于不净而计为净，是净颠倒。苦中乐颠倒，无常中常颠倒，无我中我颠倒。破是四颠倒故，说是四念处。破净倒故，说身念处。破乐倒故，说受念处。破常倒故，说心念处。破我倒故，说法念处。以是故说四，不少不多。受者，领纳义，即是情感。凡夫妄情逐种种乐。实则，于苦，而计为乐，是名乐倒。佛令人观受唯是苦，以救其倒。心者，念念生灭，故令人于此观无常。法者，心物诸有为法，乃至无为法，通名为法。于法，观无有我，所以破我执。身，不待释。于身观不净，所以对治诸欲。

观身五种不净相。何等五？一者，生处不净。二者，种子不净。三者，自性不净。四者，自相不净。五者，究竟不净。云何名生处不净？头足腹脊胁肋，诸不净物和合，名为女身。内有生藏熟藏，屎尿不净。外有烦恼业因缘风，吹识种，令入二藏中间，若八月，若九月，如在屎坑中。如偈说，是身为臭秽，不从华开生,亦不从瞻卜,又不出宝山,是名生处不净。种子不净者,父母以妄想,邪忆念风,吹淫欲火故,肉髓膏流,热变为精,宿业行因缘,识种子在赤白精中住,是名身种。此中以识喻如种子,非谓识有种子也。宜参考《稻竿》等经。如偈说,是身种不净,非余妙宝物,不由净白生,但由尿道出,是名种子不净。自性不净者,从足至顶,四边薄皮,其中所有,不净充满,饰以衣服,澡浴华香,食以上馔,众味饴膳,经宿之间,皆为不净。假令衣以天衣,食以天食,以身性故,卒为不净,何况人衣食? 如偈说,地水火风质,能变除不净,倾海净此身,不能令香洁,是名自性不净。自相不净者,是身九孔,常流不净,眼流眵泪,耳出结聍,鼻中洟流,口出涎吐,厕道水道,常出屎尿,及诸毛孔,汗流不净。如偈说,种种不净物,充满于身内,常流出不止,如漏囊盛物,是名自相不净。究竟不净者,是身若投火则为灰,若虫食则为屎,在地则腐坏为土,在水则膀胀烂坏,或为水虫所食。一切死尸中,人身最不净。不净法,九想中当广说。如偈说,审谛观此身,终必归死处,难御无反复,背恩如小人,是名究竟不净。是身从生至终,常有不净,甚可患厌。行者谓修行之人。思惟是身,虽复不净,若稍有常者犹差。而复无常。虽复不净无常,有少乐者犹差。而复大苦。是身是众苦生处,如水从地生,风从空出,火因木有。是身如是内外诸苦,皆从身出。内苦,名老病死等。外苦,名刀杖、寒热、饥渴等。有此身故,有是苦。中略。身实无我。何以故? 不自在故。譬如病风之人,不能俯仰行来;病咽塞者,不能语言。以是故,知身不自在。如人有物,随意取用,身不得尔,不自在故,审知无我。行者思惟是身,如是不净、无常、苦、空、无我,有如是等无量过患。如是等种种观身,是名身念处。后略。

  按:四念处,自释迦以此施教,小乘迄大乘空有二宗,相承修习。本论《智论》说四念处,文义繁广。兹节抄身念处一段,以见其概。佛氏以世间为浊恶,为苦聚,为火宅。因立大愿:众生可愍,我当拔出,著无为处。立大愿至此,系《智论》卷十九,《释初品》中三十七品文。前已抄及。余尝谓其为反人生的思想,而佛教徒每欲曲解顺俗,自乱本宗,诚可惜也。佛家初发心,必毁责人生,作种种厌离想,此不可胜引。而以清净法身为蕲向。法身,即诸法本体,亦云实相。此是清净真常,纯善无染,离诸系缚,具足至乐,亦云涅槃。若出世信念真切,竭诚修行,以趣寂灭,行,去声。虽非人道之常,而能脱离尘世一切系缚与浊恶,吾犹当尊之为独往之人。如其未能出世,而徒闻佛说人生如何丑陋不堪,世间如何浊恶可怖,即丧失人道尊严崇高之美感,与现实生活之乐趣,而复不能自拔于生死海,贪处生贪,瞋处生瞋,痴处生痴,人生堕没之惨,未有甚于斯也。儒者之学,即人道而显天德,克治小己之私,而实体夫所以生之理,万物皆以一诚,而成始成终。一诚者,即万物所以生之理,即一切物之本体。真实无妄,纯善无垢,清净炤明,生生不容已,故谓之诚。凡物皆裹一诚之理而生,自其始生,以至终尽,皆实现此诚。故曰:诚者物之终始。何所谓不净? 何所谓无常、苦、空? 何所谓不自在? 其见为不净、无常、苦、空、不自在者,皆由滞于分形,而迷执小己,缘此,忽起妄情,执小己故,忽起妄情。妄情无根,故云忽起。拣别秽净、苦乐、常无常等。若乃即形而识性,性者,一诚之理,众形所由之以成也。形成而各独。性则遍在众形,不随形而有分也。则一诚周遍,周遍者,无定在而无所不在。夐然绝待,浑全而无畛,不可分故。明净而无染,明者灵明,无迷暗故。《中庸》云:"诚则明矣,明则诚矣。"其义甚深。净者清净,本无垢染。德盛化神,生生而不容已,新新而不匮竭。实证乎此者,小己之相泯,形气之累亡,则不净、无常、苦、空等妄见,何自而起乎? 总之,滞形而迷性,则物皆相待,而善恶、好丑,一切不齐。即形而识性,则至诚无对,显成大用,其善恶、好丑,乃至一切不齐之情,皆于性分上无预也。"梃与楹,厉与西施,殊诡谲怪,道通为一",庄生盖就性分言之耳。知此,则不净等观,将以遗形,而实已有滞形之患,何如圣人直示人以践形之功乎? 践形,参看《语要》卷一。践形,则形即性也。不净、无常、苦、空等观不起,即无滞形之患可知。《易系传》曰:"天下之动,贞夫一者也。"一,谓绝对,即宇宙本体之称。克就吾人言之,亦名为性。动者变义。万变不齐,实皆一理之显。一理,即谓绝对之体。故从一理观之,则物虽万变,而莫不正固,故言贞也。若不明体用,不了形与性之分,性者,即以本体之在人而言。形则依用上立名。详玩《新论》。而但曰从宇宙某一部分着眼,某一部分者,如某人,或某一事物。是善是恶,是好是坏,是长是短,如此等类,皆有可说,若从宇宙整体着眼,则善恶、好坏、长短等等差别,都不容分。何以故?克就整体言,则各部分互相对待之相已泯,尧桀失其名,克就整体言,则部分之见已不存,何有尧与桀之名乎? 以下准知。厉与西施亡其称,屎尿华香泯其畔,丈尺分寸去其衡,衡者衡量。克

262

就整体言,即不析为部分以相衡量也。是故庄生高言齐物也云云。为是说者,实堕虚妄,无有理据。理据者,必见真理,方可据依,故云理据。须知所云宇宙整体一词,但是现象界各部分之总名。此总名,只是虚名。何以故?若离各部分,别无整体可得故。如说米聚,离一一粒,无聚可得故。故知总名是虚名。整体已是虚名,而又于虚名之上,更言遣一切差别相,是妄上添妄也。吾言宇宙本体,则非即现象界各部分,而综合为整体以言之,乃谓一一现象,即一一部分。皆是本体现为。譬如众沤,皆是大海水现为。众沤,喻一一现象。大海水,喻本体。识得本体,则知不净、无常、苦、空等观,皆缘滞于形而昧其性,始有一切差别相。性即本体。若见性,则无一切差别相可得。尧桀异其善恶,厉西施异其好丑,自形界言,形界,即谓现象界。无可泯其异也。自性体言,尧桀厉西施同一性体,元无异相。一一现象或一一物之不齐,原于本体之流行,而成为各个物。各个物、不免有拘于形,而未易显发其性。此则流行中,缘成形各别。于是形与形互相待,无端而有种种差别相起。如善恶净不净等。要未可以形而后有之种种差别相,遂妄臆为性体上所本有。即以善恶而论,桀之恶行,既非性体上有此恶根,即尧之善行,虽云顺性而发,然性体虽备万理,亦自其具有无限之可能而言,要非预贮若干固定的善之格式,以发为尧之善行也。故尧之善行,仍是尧之随事顺性而发。谓此善行之迹,注意迹字。为性体上所本有,则大谬不然。善恶如是。净不净、常无常、苦乐等等差别相,皆于性分上不容施设。应如理思。性体清净,无有不净。然世间之所谓净,与不净相对得名。此非性体上所固有。性体无形无象,复然绝待,不可计为无常。性体显成大用,流行不息,亦不可计为常。性体离苦。然世间妄情所计之乐,与苦相对得名,亦非性体上所有。性体无所谓不自在,故不容于此作无我计。性体无作意故,又非妄识可相应故,复不容于此计为我。据此,世间一切差别相,不可于性分上施设。如理云云者,如其理之实然而起思。不妄猜想。即思与理默契,云如理思。此思字义深。庄子齐物之论,俗学亦多误解。或复有言,佛家不净、无常、苦、空等观,所以訾形,正欲对治惑染,方可见性耳,非是滞于形也。答曰:此说吾非不知。然訾形以尊性,舍此以趣彼,终有裂痕在,何得云不滞于形乎?即形而识性,不訾形而性尽。尽性即践形,何须求性而訾形?性即形也,形即性也。一直向上,本自圆成,浩然无碍。至矣儒宗!《新论》所为援佛以同归也。

八圣道分中,正思惟者。菩萨于诸法空,无所得,住如是正见中,观正思惟相。空者,诸法本空,非以空故空。无所得,见前。知一切思惟,皆是邪思惟。一切思惟,皆于诸法空、无所得中,而妄执有实法,虚妄分别,故是邪思惟。乃至思惟涅槃,思惟佛,皆亦如是。思涅槃,思佛,仍有分别相故。何以故?断一切思惟分别,是名正思惟。诸思惟分别,皆从不实、虚诳、颠倒故,有分别。思惟相皆无,菩萨住如是正思惟中,不见是正是邪,过诸思惟分别,超过俗所谓思想或分别的境界。是为正思惟。一切思惟分别,皆悉平等。悉平等故,心不著,如是等,名为菩萨正思惟相。此所说思惟,实即证量。

卷二十。三昧如王。三昧者,定义。智慧如大臣。

智慧若不住定中,则是狂慧,多堕邪疑,无所能作。若住定中,则能破诸烦恼,得诸法实相。

如佛说,我坐道场时,智慧不可得,空拳诳小儿,以度于一切。

如《网明菩萨经》中,说菩萨处众生中,行三十二种悲,渐渐增广,转成大悲。大悲是一切诸佛菩萨功德之根本,是般若波罗蜜之母,诸佛之祖母。

菩萨以大悲心故,得般若波罗蜜。得般若波罗蜜故,得作佛。

复次,佛定众具足。定分浅深,与大小等境,故云定众。问曰:"持戒,以身口业清净故,可知。智慧以分别说法,能除众疑故,可知。定者,余人修定,尚不可知,何况于佛,云何得知?"答曰:大智慧具足故,当知禅定必具足。譬如见莲华大,必知池亦深大。又如灯明大者,必知酥油亦多。亦以佛神通变化力无量无比故,知禅定力亦具足。亦如见果大故,知因亦必大。复次,有时佛自为人说,我禅定相甚深。如经中说,佛在阿头摩国林树下坐,入禅定。是时大雨,雷电霹雳。有四特牛,耕者二人,闻声怖死。须臾便晴。佛起经行。有一居士礼佛足已,随从佛后,白佛言:"世尊,向者雷电霹雳,有四特牛,耕者二人,闻声怖死,世尊闻否?"佛言不闻。居士言:"佛时睡耶?"佛言不睡。曰:"入无心想定耶?"佛言:"不也,我有心想,但入定耳。"居士言:"未曾有也。诸佛禅定,大为甚深,有心想在,禅定如是,大声觉而不闻。"

卷二十二。问曰:"何等是佛法印?"答曰:佛法印有三种。一者,一切有为法,念念生灭,皆无常。二者,一切法无我。三者，寂灭涅槃。行者知三界皆是有为生灭作法，作法者，犹云托因缘而生起的东西。托因缘故，非实在的，缘生义。《新论》及《佛家名相通释》皆可考。先有今无，今有后无，念念生灭，相续相似生故，可得见知。如前一瞬之笔，确已灭，后一瞬之笔，乃此瞬顿生，与前瞬笔，相续相似。吾人见知，谓是故物。笔如是，一切物皆尔。如流水、灯炎、长风，相似相续故，人以为一。如流水，后水本非前水，但相似相续生故，人见前后水为一。灯炎、长风，皆可例知。众生于无常法中，常颠倒故，众生于无常法，而起计常的颠倒。谓去者常住。谓已灭去者，为常住不灭，是大谬误。是名一切作法无常印。此第一印，后来译籍，皆云诸行无常。一切法无我。诸法内无主，无作者，无知，无见，无生者，无造业者，一切法皆属因缘。如稻禾，以谷种为因，以水土、人工、岁月、阳光、空气、肥料等等为增上缘，而稻禾始生。故稻禾本无实物。稻禾如是，一切法皆然。属因缘故，不自在。不自在故，无我。我相不可得故，如《破我品》中说，是名无我印。此第二印。问曰："何以故，但作法无常，一切法无我？"无我，则通一切法。无常唯是作法。答曰：不作法，即不生不灭法。无因无缘故，不生不灭。不生不灭故，不名为无常。复次，不作法中，不生心著颠倒。不生不灭法，人无于此生心执着而陷于颠倒者。以是故，不说是无常。可说言无我。有人说，神是常，遍知相。谓神是常，是遍知，此即外道所谓神我也。以是故，说一切法中无我。所以破外道等之迷执。寂灭者是涅槃，三毒三衰火灭故，贪、瞋、痴三者，名为三毒，是万恶之根。此三毒火，使人堕没，亦名三衰火。断灭三毒，即证真故。名为寂灭印。此第三印。后来译诸经论者，于第三印，皆译云，涅槃寂静。后译为妥。大乘涅槃，为真如之异名，即一切法实体。诸惑永灭，寂静真体始显，故云涅槃寂静。问曰："寂灭印中，何以但一法，不多说。"一法，谓涅槃。

答曰：初印中说五众。五众即五蕴。参看《佛家名相通释》。二印中，说一切法皆无我。第三印中，说二印果，是名寂灭印。此中果者，谓前二印，是入寂灭印之因。而寂灭印，则是前二印所得之果。故三法印，究归一印，曰涅槃寂静。一切作法无常，则破我所、外五欲等。我之所有，曰我所。外五欲，谓色声等五尘，是我所欲故，亦名外五欲。若说无我，破内我法。众生皆执有内自我。今说一切法无我，即内我之执已破。我、我所破故，是名寂灭涅槃。说无常，即五尘皆不实，是我所执破。说无我，即我执破。我及我所之执都破，即寂静的真体呈现，故云是名寂灭涅槃。行者犹言修行人。观作法无常，便生厌世苦。观无常故，起厌苦想。此其所以趣入反人生的路向。既知厌苦，存著观主，谓能作是观。观主者，谓众生妄自计云："如我观作法无常，必内有能观之主，此观主，即我是也。如无我，谁作是无常观？故知有观主。易言之，即有我。"众生妄为此计。以是故，有第二法印，知一切无我。于五众即五蕴。十二入亦云十二处。十八界，十二因缘中，内外分别推求，观主不可得。不可得故，是一切法无我。五蕴至十二因缘，均须参看《佛家名相通释》。作是知已，不作戏论，无虚妄分别故。无所依止，我执空故，我所执亦空。我及我所俱空故，荡然无物为依止也。但归于灭。一切惑灭，一切虚妄分别所执之相都灭，现前即是寂然真体。以是故，说寂灭涅槃印。

问曰："《摩诃衍》中说诸法不生不灭，一相，所谓无相。此中云何说一切有为作法无常，名为法印？二法云何不相违？"答曰：观无常，即是观空因缘。此云因缘者，由义。言观空，必由观无常而入也。如观色，念念无常，即知为空。观色无常故，即知色法空无，本非有实色存在故。过去色灭坏不可见故，无色相。未来色不生，无作无用，不可见故，无色相。现在色亦无住，不曾留住也。不可见，不可分别知故,无色相。过现未三世,均无色相。无色相,即是空。空即是无生无灭。无生无灭,及生灭,其实是一。说有广略。

问曰:"过去未来色,不可见故,无色相。现在色住时可见,住时者,住而未灭时。俗计现在色尚住,故可见。云何言无色相?"答曰:现在色亦无住时,如四念处中说。若法,后见坏相,法者,犹言物。他处仿此。坏,犹言灭。当知初生时坏相,以随逐微细故,不识。俗计凡物生已必住,后乃见其灭。殊不知,物初生时,即便坏灭,实无住时。但前灭后生,相似相续,随逐流转。生灭之相,至极微细,故不识其初生便灭耳。复次,生灭相,常随作法,言凡是作法,必是才生即灭。无有住时。吃紧。若有住时,则无生灭。以是故,现在色无有住。才生即灭,实无一刹那暂住,其诡怪如此!现在色既不住,故知现在亦无色相。

复次,有为法无常。念念生灭故,皆属因缘,无有自在。无有自在故,无我无相。无我无相故,心不著。无相不著故,即是寂灭涅槃。以是故,摩诃法中虽说一切法不生不灭,一相,所谓无相。无相,即寂灭涅槃。

按:三法印,本由大乘提出,用为抵拒小乘力攻大乘非佛说之唯一武器。大乘经典,托于佛说,而小乘否认之。大乘必有义据,以折其口。故以三法印,印定大小各所传承,或所推演者,凡合此三印,即是佛法。有违此三印者,即非佛法。《智论》卷二十二有云:"一切有为法无常,一切法无我,寂灭涅槃,是名佛法义。是三印,一切论议师所不能坏。虽种种多有所说,亦无能转诸法性者。如冷相,无能转令热。诸法性不可坏。假使人能伤虚空,是诸法印,如法不可坏。圣人知是三种法印,于一切依止邪见、各斗诤处,得离。譬如有目人,见群盲诤种种色相,愍而笑之,不与共诤。"据此,可知三印,实总括大小各宗派法义,而得其同条共贯,约说此三,以是息斗诤。亦以是见佛家思想之发展为一全整体系,盖至纷而不可乱也。又复当知,虽有三印,要归于一,即第三涅槃寂静。《智论》云:"第三印中,说二印果,是名寂灭印。"已抄见前。故知前二印,趣入第三。佛家显体,显者显示。体谓实体。究归于寂,寂者寂静。不涉生化,此其究竟宗趣,须认清也。只见本体为寂静的,而不悟其亦是生生化化,刚健而不可穷屈的。《新论》融般若之空,佛氏彰空寂,自般若而深妙极矣。与《易》之健以动,《易·无妄》卦《象》曰:"健以动。"全经可蔽以此言。健动即生化不测。而显即寂即生,始救偏于趣寂之失。又《论》云:此云论者,即《智论》。后仿此。"观无常,即是观空因缘。"亦抄见前。佛家根本精神,要在出世,于此可见。夫无常者,言凡物刹那刹那,才生即灭,都不暂住,是以说为无常。无常本法尔如是。法尔,犹言自然。一切物无常,本自然如是,非有使之成为如是者,更非本不如是,只由吾人意想其如是者。故曰法尔如是。而佛家观无常,乃由之以观空,《论》云:"观无常,即是观空因缘。"此中因缘者,由义。谓观无常,而即由之以入法空观也。法空观者,谓观一切法皆空故,无所有故。故其最后归诸寂静,第三寂灭印。此为出世思想必然之趣向。大乘创始者为空宗,其根底无甚异于小乘。但以大悲不舍众生故,首明无住涅槃。又其穷高极远,小空无此境界,此其所以为大也。故三法印虽为调和小宗而设,实则大小根源,终始不二。故可以三印止诤也。大

269

空之后,大乘空宗,省言大空。复兴大有,大乘有宗,省言大有。仍奉持三法印。然其于无常法,诠以缘生,《智论》言作法属因缘者,即缘生义,似未译好。吾《新论》叙缘生义空有二宗不同处,宜参考。复立种子为因,则已变缘生说为构造论。《新论》评判甚详,此不赘述。由有宗在宇宙论方面的见地核之,则一切作法,《智论》译作法,即大乘有宗所云依他法,或缘生法。他者,缘义。依他,谓依托众缘而起,实与缘生一词不异。可考《佛家名相通释》。大有虽说缘生,而实成构造论,其特异空宗者唯此耳。虽是无常,而未始非有。空宗缘生是遮诠,有宗讲成构造论,便是表诠。表诠即明其为有而非空。详玩《新论》语体本中卷。此视空宗,固已大变。然在修行方面,其修法空观时,则于作法无常,仍是观空,究非全变。至第三印,大有大空,亦复同归。此三印所以为大小诸宗所莫能外也。《新论》依本体流行,说为翕辟成变。即克就流行,而说为一翕一辟,成其变化。复明翕辟,皆刹那顿现,无暂时住。以此见真体成用,新新而不用其故,进进而未尝有穷,德盛化神,富有无极。神哉神哉! 由大用流行,无有如世间所计实物故,亦可云空。即空世俗妄计之实物。然而,即流行识本体,一切真实,又如实非空。此视印度佛氏于无常法观空意义,完全变更。斯乃如理如量,如理者,如其理实,而无妄分别。如量者,量即知义。称实而知,无谬误故。不以厌苦度脱之情,猜卜真理故也。此吾《新论》所为与印度诸佛异也。

又《论》云:"如观色念念无常,即知为空。"至后结云:"空,即是无生无灭。无生无灭,及生灭,其实是一。"已抄如前,可覆看。此在其入观时,生灭与无生灭,固融而为一。然其显法性时，法性，犹云一切物的实体。却止说无为。无生无灭。其于缘生法，此《论》译作法，即生灭。亦不说是由无为法所现。如不肯说众沤是大海水所现。则生灭与无生灭，元是二片。只于生灭法即无常法。观空，而后见为一，固未明其所以为一也。核以《新论》体用不二之旨，实不相似。

有圣功德成就，而威仪语言不似善人。有威仪语言似善人，而圣功德不成就。有威仪语言不似善人，圣功德未成就。有威仪语言似如善人，而圣功德成就。汝云何不念是言，而欲称量于僧？

复次，是戒，一切善法之所住处，譬如百谷药水，依地而生。持戒清净，能生长诸深禅定、实相智慧，亦是出家人之初门，一切出家人之所依仗，到涅槃之初因缘。

按：佛家说戒，与儒家敬义相通。但彼则仗戒以求出世道，儒者无所谓出世，要必有敬，而后日进于善。

汝不闻佛说，四事虽小而不可轻。太子虽小，当为国王，是不可轻。蛇子虽小，毒能杀人，亦不可轻。小火虽微，能烧山野，又不可轻也。沙弥虽小，得圣神通，最不可轻。

是故行者，不应于无常危脆命中而信望活。如佛为比丘说死想义。有一比丘偏袒白佛："我能修是死想。"佛言："汝云何修？"比丘言："我不过望七岁活。"佛言："汝为放逸修死想。"有比丘言："我不过望七月活。"有比丘言七日。有言六五四三二一日。佛言:"汝等皆是放逸修死想。"有言从旦至食时。有言一食顷。佛言:"汝等亦是放逸修死想。"一比丘偏袒白佛:"我于出气不望人,于入气不望出。"佛言:"真是修死想,为不放逸比丘。"一切有为法,念念生灭,住时甚少,其犹如幻,欺诳无智,行者如是种种因缘念死想。

按:修死想,能除一切怖。人之所大怖者,无如死。能修死想,即死怖除。死怖除,则天下更无可怖者。余昔病重,几不起,中西医皆束手。余惟修死想,病渐痊。兵法所谓置之死地而后生也。

卷二十三。复有二种观无常相。一者有余,二者无余。如佛说一切人物灭尽,唯有名在,是名有余;若人物灭尽,名亦灭,是名无余。

按:后种观法,名相亦除,最吃紧。学者滞于名言,为入理之障,此观不可无。

十一智者,法智、比智、他心智、世智、苦智、集智、灭智、道智、尽智、无生智、如实智。

法智者,分别诸法。比智者,譬如见现在火热能烧,以此比知过去未来及余国火,亦如是。他心智者,知他人心。言心,即摄一切心所法。世智者,名为假智。圣人于实法中知,圣人无虚妄分别,于实理、实事,称实而知。如口饮水,冷暖亲知,非同猜度。凡夫人但假名

272

中知，世间通用语言，及各种学术中所有术语，及理论，与其概念等，皆是假名。凡夫人但于假名中生解，是非因之蜂起。**以是故**，名假智。**如栋梁椽壁名为屋，但知其事，不知实义**，知有栋梁等等名为屋之一事而已。此屋实有否，乃至栋梁椽壁为实有否，凡夫人皆不知也。**是名世智。复次，苦智，名知苦相实不生。**云何名苦智？以知苦相实不生故，遂名苦智。观苦相虚妄，如浮云实不生，故可断苦。**集智，名知一切法离，无有和合。**和合，谓一切法皆依托众缘而起。译和合，欠精。然缘亦非实，则缘生只是假说。一切法各各不相知，故云离。正明无实众缘会合，即缘生为假，可知。集智，知缘生不实，则众苦之因已除。**灭智，名知诸法常寂灭，如涅槃。**涅槃寂灭。若知诸法缘生无实，即诸法本来寂灭，犹如涅槃。**道智，名知一切法常清净，无正无邪。**邪正，相待之词。若知一切法常清净相，即本无邪。既无邪，则正之名亦不立。常清净相者，由以道智观一切法实相，故是常清净相。若世智，于一切法作一一物事想，而起着，即邪正纷然矣。**尽智，名知一切法无所有。**观一切法皆空故。**无生智，名知一切法不实不定故不生。**观一切法，非实在故，云不实。非固定故，云不定。既不实不定，即诸法未尝生也。**如实智者，十种智所不能知，以如实智故能知。十智各各相，**各各有其相状。**各各缘，**缘者思解。各各有其思解。**各各别异，各各有观法。**各各有其所观法。**是如实智中无相，无缘，无别，灭诸观法，**所观相已遣故。**亦不有观。**能观相已不存故。**十智中有法眼、慧眼。如实智中唯有佛眼。十智，阿罗汉、辟支佛、菩萨共有。如实智，唯独佛有。所以者何？独佛有不诳法。以是故，如实智独佛有。复次，十智，入如实智中，失本名字，唯有一实智。譬如十方诸流水，皆入大海，舍本名字，但入大海。知如是等种种分别十一智义，此中略说。**

按：十一智，但因方面不同，或浅深异度而分。及修养成熟，唯一实智。《论》有明文，深可玩味。但智之来源，此中未说。应知，智即实相，非由后起。由惑障故，本智未显。必经修养，智渐显发。如明镜蒙垢，其明若晦，垢去明生，还依本有，非外铄也。或问："尽智，知一切法无所有，此殆出世法，作如是观，似非正智。"答曰：出世思想，自是佛家人生态度有失当处。然以毁尽智，则不可。众生坚执有物质宇宙。自物理学日益进步，已破除实质的观念。菩萨尽智，观照更深，并电子或能力等相，亦复遣除。一切法毕竟无所有，理实如是，何庸妄执？儒者无所谓出世。然《易系传》曰：神无方，无方所。易无体。无形体。易即神也，变易之谓神。神即易也，神化之谓变易。无方无体，乃无滞而神，无碍而易。理无不备，德无不全，所以为众妙之门也。执有之迷情，不可以体神居易，是自绝于真理也。体神，则我即神也。居易，则我即易也。斯义深微，焉得解人而与之言？学者熟玩《新论》，方知《般若》《大易》相通处。

一切禅定摄心，皆名为三摩提。此言正心行处。是心从无始世界来，常曲不端。得是正心行处，心则端直。譬如蛇行常曲，入竹筒中则直。竹筒以喻禅定。禅定收摄此心，不令散乱，故不至流于邪曲。是三昧三种。三昧者，定义。欲界未到地初禅，与觉观相应故，名有觉有观。此是一种。二禅中间，但观相应故，名无觉有观。此是二种。从第二禅，乃至有顶地，非觉观相应故，名无觉无观。此是第三种。

问曰："三昧相应心数法，乃至二十，心数法，亦名心所。宜详《杂集论》等。何以但说觉观？"答曰：是觉观，挠乱三昧，以是故说。是二事虽善，而是三昧贼，难可舍离。觉观有是善性，有是不善性。即善的觉观，亦足挠乱定心。故云，虽善，犹是三昧之贼，况不善乎？

有人言，心有觉观者无三昧。以是故，佛说有觉有观三昧，但不牢固。佛不取有觉观无三昧之言。故云有觉有观三昧，但此三昧力不牢固耳。觉观力小微，是时可得有三昧。是觉观能生三昧，亦能坏三昧。善的觉观，能生三昧。常有人问余，曾修禅定否。余曰：实未修。但此心常思量义理，不杂入贪瞋痴等惑时，亦自有相当定味。只定力不深，不敢言禅定耳。吾所云思量义理时，即是善觉观。此觉观虽能引生三昧，然觉观不除，三昧终不坚牢，故云能坏三昧。譬如风能生雨，亦能坏雨。三种善觉观即下云有三种善觉。能生初禅。得初禅时，发大欢喜觉观故，心散还失。得初禅时，发大欢喜觉观。此境吾未到。然吾三十至四十之交，时或澄心玩索义理，忽大有所得，喜不自胜，旋即心散。以此类推，可想像初禅之境。以是故，但说觉观。

问曰："觉观有何差别？"答曰：粗心相名觉，其相粗动。细心相名观。初缘中，心发相名觉，缘者缘虑。心初缘虑某种境时，其发动之相，即名为觉。后分别筹量好丑，名观。

有三种粗觉：即不善觉。欲觉、瞋觉、恼觉。恼比瞋深。有三种善觉：出要觉、无瞋觉、无恼觉。出要，即离欲。有三种细觉：亲里觉、国土觉、不死觉。吾人日常生活中一切觉观，大概不离此三细觉。自家属、姻党，以至乡邑无限关联，其时涌现心头者，皆亲里觉也。凡社会政治无限关联，与国家兴衰天下安危之感，其时涌现心头者，皆国土觉也。吾人无一瞬一息可舍其求生之欲。人为此欲驱，恒不自察耳。不死觉，无时可遣。总之,人生一切牵天系地之事,繁广无边,鲜不与此三细觉有关。此三细觉,恒深伏吾人潜意识中,而不断涌出。吾人偶一静坐,便照察此三细觉之时起时伏。若终日撞扰,绝不曾作静功者,自不喻此。**六种觉谓三粗三细。妨三昧。**三粗觉固妨碍禅定,三细觉有一时起,亦令心不定也。**三种善觉,能开三昧门。**善觉不至昏扰,故为入定之门。**若觉观过多,还失三昧。如风能使船,风过则船坏。如是种种分别觉观。**

问曰:"经说三种法,有觉有观法,无觉有观法,无觉无观法;有觉有观地,无觉有观地,无觉无观地,今何以但说三种三昧?"答曰:妙而可用者取。**有觉有观法者,欲界未到地,初禅中觉观相应法。若善,若不善,若无记。**无记者,非善非不善。初禅中,善与不善无记等觉观皆得起。**无觉有观法者禅中间,观相应法。**此禅定位,介乎初与第三之间,故云中间。此时粗动相之觉不起,只有微细之观,与禅定心相叶合,故云观相应。**若善,若无记。**禅中间,则其不善之习,已被抑伏。故唯有善与无记观相应法。**无觉无观法者,离觉观法,一切色心不相应行及无为法。**离者离去,谓一切觉观不复起故,皆已离故。色心至无为法,此等名相,繁广极矣。参考《佛家名相通释》。"离"字吃紧。第三禅位,定力已深,觉观永离,即于一切色法心法以至无为法,皆不起觉观。大定之境,炯然恒寂故。问曰:"于无为法,亦不起觉观何耶?"答曰:观无为法时,心上必变似无为法之相,以为所观。此心便与无为法为二。有对峙故,非大定也。大定只是炯然恒寂。寂即定义。恒者,无不定时。炯然者,圆明貌。虽澄寂至极,不起觉观,而非无知故。

有觉有观地者,欲界未到地梵世。无觉有观地者,禅中间,善修是地,作大梵王。无觉无观地者云云。

按： 有人问云："禅定必离觉观，是唯出世法所必修，吾人不取出世思想，何须用是？"答曰：不然。出世为另一问题，而禅定工夫，确为人生所不可少。《大学》"知止而后能定"一节，何尝不是禅定境界？定静安虑，功候浅深，亦自井然。《论语》"仁者乐山"，山者，澄定至极，绝无摇动，此大定之相也。人生如全失禅定，即其生活浮昏，如浮尘野马，飘荡空中，全无人性，是可哀之极也。原夫无对之真，显为大用流行，于是而人得天以生焉。天者，本体之名，即无对之真也。得者，人皆得天以生，即天在人也。故人生真性，本来无对，本来清净圆明。但吾人若不能于流行中识取本来真性，而把握着清净圆明之本然，以立于无对，则人生将堕落而失去根蒂，飘如陌上尘。古诗所以致慨，非偶然也。把握之功，即是禅定。精神凝敛，由有觉有观，至无觉有观，极于无觉无观，炯然恒寂，则无声无臭之天，当下即是。天者，本体之名。即流行识主宰，即相对是绝对，斯乃天人合一之道也。合一之词勿泥。实则即人即天，非以此合彼也。或复问曰："三细觉非必不善，何可以为妨碍禅定而绝之乎？"答曰：吾人终日总须有修定一段时间。当入定时，必须以渐伏除觉观。如初禅犹未能伏除，中间以往，渐次伏尽。若出定时，则循理之觉观，自不须伏除。如对亲里，对国家，凡属人生职分所当尽者，日用间顺理行去，虽起觉观，而顺理即无扰动相。若关社会政治等大问题，以及一切格物穷理之事，格物之格，量度义。见《读经示要》第一讲。此因吾心本与天地万物一体周通，当顺其自然之神用扩充去，万不宜遏绝。《孟子》所谓"万物皆备于我"，此内外融一,实际理地也。老庄反知,便无端斥物于心外,将本来周通者而隔绝之;佛家小乘自利,亦是此弊。大乘知不舍众生,勤学五明,五明,除内明外,皆一切知识之学。超过小师,然究以度脱出世为归宿,与吾儒作用,似有合而实不合。犹幸其似有合,终贤于小师之绝不类也。《新论》明体用不二,以定宗极。然后大乘可儒,儒亦可融大乘。惜哉今之人,无可语斯理也。宋明儒大概从道家与禅宗转手,而少得其长,多得其短,检束身心工夫过严,知俗学玩物丧志之弊,而不悟圣人自有智周万物道济天下之大用,是因噎废食也。诸儒在讲论间,虽不废孔门格物与经世大义,而工夫毕竟全重在检束身心,遂于无形中,遗却民物而不自知。晚明诸子攻理学之言,未可全非。然其严于律己之精神,在今日实堪取法。但须知,己立己达,必立人达人,以人不在己外故。尽己性,必尽人之性,尽物之性,以人与物不在己外故。此其理虽宋明诸师所能言,而其行处,只知鞭辟近里切己,却不悟格物求知,并非切己分外事。治宋明学者,不可不慎所择。宋明儒皆有静功,而未免滞静。滞静,则心将失其流通,而难免遗民物之惠矣。余因论禅定,故并及之。或问:"先生之说,仍重在动,而又云终日须有修定一段时间,何耶?"答曰:吾固主动,但吾所云动,非离静之动也,乃即静即动也。若动而无静,则是浮昏,非吾所谓动也。即静即动,此境谈何容易? 非有以立其本,断不可几。立本之道无他,只在有修定一段工夫。《大学》"定静安虑"一节,明言修定工夫之层次,如何不察? 若全无静养工夫,以立其本,终日只发散,无凝敛,即心常逐物,而难言宰物、辨物。此孟子放心之说,宋儒丧志之戒,所以称切要,而不可不知惧也。唯有不舍定功,以立其本。入定,无觉无观,此心炯然常寂。出定,则随觉随观,一切顺理,无有昏扰。此心虽动用万端,毕竟未尝不寂。久之,动静融成一片,无入定出定可分,此则至人之诣,非始学可躐等妄希也。尤复须知,大慧真知,必由禅定田中开发。心不定者,其神浮散。纵有小知,不得真知。纵有浮慧,不得大慧。定力深者其知深。定力大者其慧大。人生慧由禅定,可以伏除现实生活中之杂染,而复其清净圆明之本然。是故禅定为智慧之田也。初禅及中间之觉观,皆未离杂染之觉观也。三禅便伏除已尽。然杂染之觉观既尽,则无染之觉观显发,即是智慧。决非枯槁其心之谓禅定也。

复次,未知欲知根,名诸法实相。《智论》卷二十三,谈三根义。而未知欲知根,则三根之一也。根者,发生义。言由有诸法实用故,使吾人于此,发生其未知而欲知之力用。此力用,即下文云信等五种是也。未知欲知故,生信等五根,是五根力故,能得诸法实相。中略。若菩萨得是信等五根,是时能信诸法相不生不灭,不垢不净,非有非无,非取非舍,常寂灭,真净,如虚空,不可示,不可说一切语言道过,谓超过一切语言道。易言之,即语言不可行于此,以不可示,不可说故。出一切心、心数法所行,心、心数法,参看《佛家名相通释》部甲。略言之,即心之思辨不可行于此。出者,出离义。此不是心想所行处故。如涅槃。涅槃者,寂灭义。是则佛法。佛法所求者,诸法实相而已。菩萨以信根力故,能受。信是一根,故云信根。下精进根等准知。**精进根力故,勤行,不退不转。念根力故,不令不善法入,摄诸善法。**念者,忆持义。依信根力能大受故,而起精进根。依精进力故,起念根。常忆持善法而广摄之,不使不善得入。**定根力故,心散五欲中,能摄实相中。**依念根起定根。先时心散乱,迷逐五欲中,今能将向外逐欲之散乱心,收敛不散,而一心摄入实相中。按孟子称文王"望道而未之见",其所云道,犹此言实相。虽儒者对于道之领会,与佛氏对于实相之领会不必全同,而二名皆为宇宙本体之目,则不异也。文王求至于道,若望之而未见。盖一心趣求乎道,积诚不纷。与此云摄实相中亦相似也。**慧根力故,于佛智慧中,少多得义味,不可坏。**依定根起慧根,散乱心中[1],必失慧故。**五果所依意根,必与受俱,若喜,若乐,若舍。**信等五根,同依意根而发。空宗尚未说八识,其所云意,即是第六意识。意根,谓过去意,即前念已灭去之意识。现在识起,必依前念识为意根。受者,领纳义。喜受、乐受、舍受,与此五根相应合。舍受,即不苦不乐受。若苦受,决不与此五根相应。**是根五根。入菩萨位。是名未知欲知根。**

按:《论》云:"菩萨以信根力故,能受。"学者宜念念服膺此语。孔子曰:"君子可大受,而不可小知也;小人可小知,而不可大受也。"其所以不可大受者,实由缺乏信根故耳。信根深厚,即心无浑浊,生命力充实,趣向远大,不安卑近,虚怀纳善,无有滞碍,勤求真理,荡尽俗情。此其所以可大受也。吾国学子最缺乏信根。所宜自省。

卷二十四。譬如释迦牟尼佛,若先不行六年苦行,而呵言

---

[1] 中,原本残缺,据文义及笔势补。

"但苦行,非道"者,无人信受。以是故,自行苦行,过于余人。成佛时,呵是苦行道。苦行道,只修诸苦行,而不求解悟。佛欲救彼,先自修苦行,而后呵之。人皆信受。是故六波罗蜜后,次第行声闻法。六波罗蜜是大乘法。声闻是小乘。菩萨欲度小乘,须学彼法故。复次,此非但是声闻法。是法中,和合不舍众生意,具足一切佛法。此处吃紧。于小乘法中将大乘不舍众生意贯入其间,便是佛法。吾于此有无限感触。西洋哲学裕于智,而缺乏吾孔子之仁、释氏之大悲。《新论》归极于生生之仁,以此。以不可得空了智故,名菩萨法。声闻法中,如谈有者,固未得空智;即谈空者,亦未荡尽一切执。故声闻法中,不可得空智。菩萨虽以不舍众生意和合之,而犹是菩萨法,不得名佛法。由此可见,大乘特别注重空智,以视小乘度脱思想,不独无变更,而且更进步。只因众生未度,故不舍之而遽求之。此乃大乘所以成其大耳。问曰:"若菩萨具足三十七品诸法者,云何不入声闻法位?"答曰:具足者,具足观知,而不取证。菩萨修声闻法,只对彼法,具足观知而已,而不取证小乘之果。果者,声闻便以修此法,而自视为已成道,谓之证果。菩萨则不然。了了观知,故名具足。

　　佛分别筹量,可度者为说法,不可度者为作因缘,譬如良医,知病可治不可治。声闻辟支佛小乘。所知少。少故,或不应度者欲度,应度而不度。行善人,或临死时,不善心生,是因缘故,亦生恶处。问曰:"临死时,少许时心,云何能胜终身行力?"答曰:是心虽时顷少,而心力猛利,如火如毒,虽少能成大事。是垂死时心,决定猛健故,胜百岁行力。是后心,最后时心。名为大心。以舍身及诸根事急故,如人入阵,不惜身命,名为健。垂死时心,当轻身命,发大愿度众生,才是健。未死之日,更须健。

　　好五欲,如孙陀罗难陀等。好名闻,如提婆达等。好世间财利，如须弥刹多罗等。好出家，如耶舍等。好信，如跋迦利等。好持戒，如罗睺罗等。好施，如佗跋罗。好头陀远离，如摩诃迦叶。好坐禅，如隶跋多等。好智慧，如舍利弗等。好多闻，如阿难等。好知毗尼，如优波离等。如是，佛弟子各各有所好。

多淫欲人，下净法门治。多瞋人，慈心法门治。多愚痴人，因缘法门治。因缘法，明万物皆不实，所以破其贪着。贪着破，即明解生，不陷于愚痴矣。如是，随所欲说法。所谓善欲，如好信，好持戒等等，皆善欲。随心为说，随其善心，而为之说善法。如船顺流。恶欲，以苦切语教，如以楔出楔。

是人可度，是人必不可度。是人略说可度，是人广说可度，是人略广说可度。是人赞叹可度，是人折伏可度。是人将迎可度，是人弃舍可度。是人细法可度，是人粗法可度。是人苦切可度，是人软语可度，是人苦软可度。中略。是悦不求，以不有所求为悦者。如不孳孳为利，亦不孳孳为善者是。是悦正求，以求正法为悦者。是悦邪求。以求邪道为悦者。是贵我，如外道信有神我，以修养其神我为贵。是贵五欲，即最下劣者。以下数等人皆然。是贵得利，是贵饮食，是贵戏乐事。是乐众，是乐愦闹，是乐远离。即以离欲为乐。此比上数种人为好。是多行爱，爱者，贪义。贪重之人多行贪。是多行见。好持己见者。是好信，是好慧。此与好信人，皆好。是应守护，谓是人应夹持之。是应舍。谓是人不必干涉之。是贵持戒，是人以持戒为贵。是贵禅定，是贵智慧。是易悟，是人容易开悟之。是讲说乃悟。是可引导，是句句解。是利根，是钝根，是中根。是易出易拔，是难出难拔。中略。如是等种种别异，佛悉遍知。佛善知众生根器利钝，所以称大医王。诸外道辈言：憍昙氏沙门，常寂静处住，知慧缩没。以是故，发至诚言：我十种智力，四无所畏，安立具足。在大众中，说真智慧，教化众生。如狮子吼，转梵轮，一切外道及天世人无能转者。为止谤故，说是十力。问曰："世间好人，一事智慧，尚不应自赞，何况无我无所著人，而自赞十力？"答曰：佛虽无我，无所著，有无量力，大悲，为度众生故，但说十力，不为自赞。譬如好贾客导师，见诸恶贼诳诸贾客，示以非道。导师愍念故，语诸贾客："我是实语人，汝莫随诳惑者。"又如诸弊医等，诳诸病人，良医愍之，语众病者："我有良药，能除汝病，莫信欺诳，以自苦困。"复次，佛功德深远，若佛不自说，无有知者。为众生说，所益实多。以是故，佛自说是十力。若不说，彼不得度。是故自说。譬如日月出时，不作是念：我照天下，当有名称。日月既出，必自有名。佛亦如是，不自念为有名称故，自说功德。中略。力，名能有所办。用是十种力，增益智慧故，能破论议师。用是十种力，增益智慧故，能好说法。用是十种力，增益智慧故，能摧伏不顺。用是十种力，增益智慧故，于诸法中得自在。如大国主，于臣民大众中得自在。

按： 十种力，文字太繁，未抄。学者欲知，可检《论本》卷二十四。有力，故能增益智慧。此义宜深玩。佛法求无上智慧，归本十力。此与《易》言"天行健，君子自强不息"，《论语》"吾未见刚者"之叹，同一意思。

卷二十五。复次，闻狮子吼者，除离欲人，余者皆怖畏。离欲之人，其心常无恐怖，故闻狮子吼亦不怖。余者，谓未离欲人。凡夫心常恐怖，故闻大兽声,即怖。**佛狮子吼,求涅槃,**佛说法声极猛利故,极大故,喻如狮子吼。令人求涅槃,故是大声。**离欲人不离欲人皆怖。**不离欲人,希得涅槃,离欲人犹未得涅槃,故皆怖。**狮子吼者,善人不善人皆怖。**善人虽向善,而未至离欲境地,故怖心难除。**佛狮子吼者,但善人怖。复次,狮子吼,一切时怖。佛狮子吼虽小,**佛之声自不如狮子吼声大。**怖畏众生,示世间罪恶,令不乐世间生。观涅槃功德利益,能除世间种种怖畏,闭恶趣,开善道,能令人到涅槃城。**

　　按: 佛狮子吼,但善人怖。不善人惑染障重,虽闻佛狮子吼,亦无所怖。孟子曰:"不仁者而可与言哉? 安其危,利其灾,乐其所以亡者。"众生长夜颠倒,向善者少,不善者多。此大乘所以大悲不住涅槃,而曾子以任重道远自誓也。佛狮子吼,怖畏众生,示世间罪恶,令不乐世间生。大乘犹是出世思想,于斯可证。

　　卷二十六。无异想者,佛于一切众生无分别,无远近异想:是贵可为说,是贱不可为说。如日出,普照万物。佛大悲光明,一切怜愍,等度。等度者,平等而度也。恭敬者、不恭敬者,怨亲,贵贱,一切悉等。如除粪人名尼陀,佛化度之,得大阿罗汉。亦如德护居士,火坑毒饭,欲以害佛,即于其日,除其三毒,灭邪见火。如是等,无有异想。复次,佛于舍利弗、弥勒菩萨等,顺佛法行,亦不爱;提婆达多、富罗那、外道六师邪见等,亦不憎。是为佛于无量阿僧祇劫修,熏心故。佛以积劫修行,善熏心故。是众生中宝,如真金不可令异。复次,佛种种因缘赞善法,种种因缘呵不善法,亦于善于恶,心无增减。真理自在天地间。善法兴时,于真理无所增;恶法兴时,于真理无所减。故佛心于善虽赞,于恶虽呵,而实无增减想。但为度众生故,有是分别。是为无有异想。复次,如《一切不行经》中说,佛观一切众生如己身,所作已办,无始,无中,无终。是名无异想。

无不定心者,定,名一心不乱。乱心中不能得见实事,如水波荡,不得见面。如风中灯,不得好照。以是故,说佛无不定心。中略。无不定心者,有种种义。定,名常摄心善法中住。佛于诸法实相中定,不退不失,是名无不定心。

> **按**:佛法于诸法实相中定,犹孔门所谓不违仁也。仁者,心之本体。由儒者言之,诸法实相即是仁。常不违仁,则静时定,动时亦定。动而无妄,故定。静而无染,故定。无染者,无闲思杂虑,无邪染潜伏也。

复次,散乱心法,诸结使疑悔等,佛皆无。结使,曾见前注。疑与悔,皆由惑未尽故有。唯佛无诸结使及疑悔。阿罗汉,一切法中处处有疑。佛于一切法中常定无疑,无不定智慧故,无有于不定中而得智慧者。佛常在定,故得真实智慧,故无疑。复次,声闻有诸烦恼习气故,有退法故,退者,退失。成佛乃无退。未成佛时,虽或精进,而不能无退。散乱。散乱,由烦恼习气故,由退失善法故。佛于一切智处中,智满,故无乱。如瓶中水满,则无声无动。

> **按**:诸佛心常在定中,故智满。散乱之心,其知浮浅,

不足言智。大智必资于大定也。

佛安立于诸法实相中故，心无不定。吃紧。

复次，现二种道，摄众生故。一者禅定，二者智慧。佛在大众说法，为现智慧；静处摄心，为现禅定。

佛于六尘中自在，不为物引也。于喜乐忧苦处，能生舍心。凡夫可喜可乐可忧可苦之处，佛能生舍心，不见为可喜乐忧苦也。佛心本大自在，离一切系。众生同有此心，惜不能操存之耳。

欲无减者，佛知善法恩故，常欲集诸善法故，欲无减。修习诸善法，心无厌足故，欲无减。譬如一长者比丘目暗，自缝僧伽梨，针衽脱，语诸人言："谁乐欲福德者，为我衽针？"尔时，佛现其前，语言："我是乐欲福德无厌足人，持汝针来。"是比丘斐亹见佛光明，又识佛音声，白佛言："佛无量功德海，皆尽其边底，云何无厌足？"佛告比丘："功德果报甚深，无有如我知恩分者。我虽复尽其边底，我本以欲心无餍足故得佛，是故今犹不息。虽更无功德可得，我欲心亦不休。"诸天世人惊悟：佛于功德，尚无厌足，何况余人？ 佛为比丘说法，是时肉眼即明，慧眼成就。问曰："如佛相，断一切善法中欲，今云何言欲无减？"答曰：言断一切善法中欲者，是未得欲得，得已欲增。佛无是欲，佛一切功德具足，无不得者，亦无增益。今言欲者，如先说，佛虽具得一切功德，欲心犹不息。譬如马宝，虽到至处，去心不息。佛宝亦如是。又如劫尽大火，烧三千大千世界悉尽，火势故不息。佛智慧火亦如是，烧一切烦恼，照诸法已，智慧相应，欲亦不尽。复次，佛虽一切善法功德满足，众生未尽故，欲复不息。

按：佛以欲功德故，得成佛。既成佛已，欲犹不尽。如欲而可尽也，则佛亦灭矣。然则人生可无欲乎？而孟子云寡欲者，寡其私欲，而非谓善欲可寡也。寡其贪护小己之细欲，而非谓求智慧，度众生之大欲可寡也。

佛告阿难："汝为诸比丘说法，我背痛，小息。"尔时世尊，四褺郁多罗僧，敷下以僧伽梨，枕头而卧。是时阿难说七觉义，至精进觉，佛惊起坐，告阿难："汝赞精进义。"阿难言："赞！"如是至三。佛言："善哉！善哉！善修精进，乃至得阿耨多罗三藐三菩提，何况余道？"以是义故，佛精进无减，病时犹尚不息，何况不病？复次，佛为度众生故，舍甚深禅定乐。种种身，如现作人或畜等身。种种语言，种种方便力，度脱众生。或时过恶险道，或时食恶食，或时受寒热，或时值邪难问，恶口骂詈，忍受不厌。佛世尊虽于诸法中自在，而行是事不生懈怠。如佛度众生已，于萨罗林中双树下卧，梵志须跋陀语阿难："我闻一切智人，佛号为一切智人。今夜当灭度。我欲见佛。"阿难止之言："佛为众生广说法，疲极。"佛遥闻之，告阿难："听须跋陀入，是我末后弟子。"须跋陀得入，问佛所疑。佛随意说法，断疑，得道，先佛入无余涅槃。诸比丘白佛言："世尊，甚为希有！乃至末后谓临终时。怜愍外道梵志而共语言。"佛言："我非但今世末后度，先世未得道时，亦末后度。乃往过去无量阿僧祇劫，有大林树，多诸禽兽。野火来烧，三边俱起。唯有一边，而隔一水。众兽穷逼，逃命无地。我尔时为大身多力鹿，以前脚跨一岸，以后脚踞一岸，令众兽蹈脊上而渡。皮肉尽坏，以慈愍力，忍之至死。最后一兔来，气力已竭，自强努力，忍令得过。过已，脊折，堕水而死。如是久有，非但今也。前得度者，今诸弟子，最后一兔，须跋陀是。"佛世世乐行精进，今犹不息，是故言精进无减。有人难言："佛先世为鹿事，此未足信。"余曰：轮回问题，未可以理智解决。信者自信，不信者无可强。然汝于此，不须疑佛有无先世为鹿事，当信佛度众生悲愿，决不徒托空言。又有人言："佛先世为鹿，只是示现为鹿身耳，与众生堕轮回者自不同。"余曰：依教义自如是。但轮回之事如无有，则佛亦无先世可说也。众生有轮回，故可随俗说佛有先世。

复次，佛智慧，以一切功德、持戒、禅定等助成故，慧无减。佛智慧，与凡夫所有知识不同者，即在其作诸功德以破小己之执，而涵养智慧，持戒修定，以收摄精神，而引发智慧。否则亦无由显发真实智慧也。复次，世世求一切经书，世俗法、佛法、粗细、善不善，悉皆学知故，慧无减。佛无所不学，与孔子博学工夫亦同。复次，从十方无量诸佛所，闻法、读诵、思惟、修习、问难故，慧无减。闻已必读。又不止于读也，必自用思惟。又不专恃思也，必修习而见诸实践。犹不自是也，更与人问难，使众理昭晰。复次，为一切众生故，为增益一切善法故，破一切处无明故，慧无减。凡夫学问知识，稍有造就，后渐减退，而佛广大智慧，终无有减。观上述种种无减之由，则圣虽天纵，要亦先难后获。且世俗法，与粗细、善不善，悉皆学知。是佛法所以异于世间宗教也。学者宜知。复次，是智慧，实知诸法相，此中诸法相，谓一切法实相，犹云万物之本体。不生不灭，不净不垢，无作无行。不分别是智非智，知诸法一等。唐奘师译经，于此等处，每译云平等一味，犹云无差别相。清净如虚空，无染无着。不以二法故，得入不二入法相。不二入法相，是实相。摄万理归一理。绝待，故云不二入。染净真俗等等，皆二法也。若会得不二入法相，则纯净无染。即染相不存，而净相亦泯。一真无对，即欲谛不立，而真谛废诠。故二法

288

都亡。孟子云"夫道一而已矣",焉得有二? 如其有二,则未可得不二入法相也。不二入法相,无量无边。以是故,慧无减。

按：智慧显发到极处,即实知诸法实相。亦可云智慧即是实相。所谓不二入法相,元无能所可分也。然佛家毕竟于实相,只证会得无作无行,而不悟其无作而作,无行而行。此则出世思想为梗。吾《新论》所由不得不作也。

知见或别者,如从人诵读,分别筹量,是名知;自身得证,是名见。譬如耳闻其事,犹尚有疑,是名知;亲自目睹,了了无疑,是名见。

复次,佛内常行无我智慧,外常观诸法空,如是者,云何有恶口? 是众生不解佛心故,求佛语短。以疑心求佛语有短,如谓其恶口之类。恶口,犹今云作骂人语。若众生解佛以深心怜愍者,假令教人大火,即时欢喜而入,如人热闹入清凉池。何况但语,而不受? 众生为恶魔覆故,不知佛以深心念之,是故不受佛语。以是故,佛言汝是狂愚人。

复次,若人说无者为有,有者为无,如是人则是过罪。佛不答,则无咎。如日照天下,不能令高者下,下者高,但以显现而已。佛亦如是,于诸法无所作。诸法,有者说有,无者说无。

佛法有二种空:一者众生空,二者法空。说无我,示众生空;说无有我所法,示法空。

佛处处说有我,处处说无我者,若人解佛法义,知假名者,说言有我。如某甲,依彼五蕴法,自计为是我。其实,五蕴是有,而我确无。所谓我者,只是假名而已。若知我是假名,而不妄起执着,则佛与之说有我,固无妨。五蕴,参看《佛家名相通释》。若人不解佛法义,不知假名者,说无我。中略。问曰:"若尔者,何等为实?"答曰:无我是实。如法印中说,一切作法无常,一切法无我。寂灭是安隐涅槃,法印名为诸法实相。若人善根未熟,智慧不利,佛不为说是深无我法。若为说,众生即堕断灭见中。问曰:"若尔者,如迦叶问中,佛说我是一边,无我是一边,离此二边,名为中道,今云何言无我是实,有我为方便说?"答曰:说无我有二种。一者,取无我相,着无我,取者,执取。亦执着义。执着无我之相,即于无我而生坚着,此着即是其过。二者,破我,不取无我,亦不着无我,自然舍离。舍离着我之一种坚执相。如先说无我,则是边。先说无我者,于此起坚着相,故是计无之一种边见。边者偏义,偏着无我故。后说无我,是中道。后说无我者,既于无我而不妄起有我之执,亦复于无我而不更起所谓无的坚着,是即有无二相俱舍,故名中道。若于有无随执其一,即皆是边执,非中道也。复次,佛说有我无我,有二因缘。一者,用世俗说故有我;二者用第一实相说故无我。第一实相,谓本体。若证得本体,则小己之执已除,云何有我?如是等,说有我,无我,无咎。

若了知无我,有如是人者,闻有法不喜,无法亦不忧。

问曰:"佛何以故,多赞叹空,而毁訾有?"答曰:空、无所有,是十方诸佛一切贤圣法藏。如《般若波罗蜜·嘱累品》中说,般若波罗蜜,是三世十方诸佛法藏。般若波罗蜜,即是无所有、空。佛或说有法,为教化众生故,久后皆当入无所有法藏中。

按:佛家虽说有法,久后皆当入无所有法藏中。此为出世思想必然之归宿。吾国玄奘大师西度，值有教正盛，如日中天。奘师亦尽得有宗之传，印人尊之为大乘天。然奘师晚年，归心大般若。基师承其业，于《唯识述记》中，虽多阙清辨，然卒亦曰，清辨有言，应当修学。似见《唯识别抄》。此语确明记无误。印度佛家本旨，唐贤犹谨守不失。后来谈三教合一者，遂于三家根本精神，及其思想体系，都不穷究，而轻为肤乱之谈，甚可厌恶。昔人言合一，实是拉杂，不可妄附融通之业。余于《破破新唯识论》中，已有辨正。学者宜知。

卷二十七。大慈，与一切众生乐。大悲，拔一切众生苦。中略。大慈，遍满十方三世众生，乃至昆虫，慈彻骨髓，心不舍离。

复次，为引导众生故，菩萨分别说是种种道，所谓世间道、出世间道等。问曰："云何菩萨住一相无相中，而分别说是世间、是出世间道？"答曰：世间名，但从颠倒忆想虚诳二法生。如幻如梦，如转火轮，凡夫人强以为世间。是世间，皆从虚妄中来，今亦虚妄，本亦虚妄。其实，无生无作，但从内外六情六尘和合因缘生。随凡夫所著故，为说世间。是世间种种邪见罗网，如乱丝相着，常往来生死中。如是知世间。以上明世间只是虚妄相。何等是出世间道？如实知世间，即是出世间道。所以者何？智者求世间、出世间二事不可得。若不可得，当知假名为世间与出世间。但为破世间故，说出世间。故非离世间而别有一境，名为出世间也。世间相，即是出世间，更无所复有。破世间虚妄相故，说出世间。故知世间相，即是出世间。所以者何？世间不可得。虚妄相故，无实世间可得。是世间出世间相常空。世间相，虚妄无实，是常空也。破世间故，说出世间。而实无有出世间相，亦是常空。世间法定相不可得故。虚妄法，何有定相？如是，行者不得世间，亦不着出世间。若不得世间，亦不著出世间，爱慢破故，不共世间诤。何以故？行者久知世间空，无所有，虚诳故，不作忆想分别。前云世间相不实，但从六情六尘和合因缘生云云。六情，谓六识。眼识至意识为六识。六尘，谓色声香味触法为六尘，亦云六境。此言六境为缘，而引生六识。六识复以六境为所缘，而有分别。即由识分别境故，幻现世间相。此识与境才起，即便谢灭，而有余习潜存。后念现起，名为忆想。此忆想妄现世间相，不应理实，故云颠倒。由颠倒忆想故，说世间是虚诳法。今知是虚诳，亦不作忆想分别，则世间与出世间相本空，昭然甚明。世间名五众。五众即五蕴。唐译诸经论，并作五蕴，甚谛。五众相假。五蕴都无定相。今十方诸佛求之亦不可得。无来处，无住处，亦无去处。若不得五众来住去相，即是出世间。五众来住去相，都不可得，是五众相本空。世间即五众之名。今五众相空，即是世间相空。世间相空故，即是出世间。行者尔时观是世间、出世间，实不可见。本来空故，何所可见？不见世间与出世间合，亦不见出世间与世间合。离世间亦不见出世间，离出世间亦不见世间，如是，则不生二识，所谓此世间、出世间。若舍世间，不受出世间，是名出世间。若舍世间，更有出世间可受，则是去一病又生一病也，何得名出世间？若菩萨能如是知，则能为众生分别世间出世间道。

按：昔闻俗士误谈佛家义，以谓佛氏言出世者，乃即世间即出世间，只是处世间而不沦溺之意。此似是而非之说也。佛家出世思想,在度脱生死海,其意义甚严格。此《论》云:"但为破世间故,说出世间。"又云:"是世间出世间相,常空。"此其极诣在观空,究归度脱。自与儒者不言出世意义全殊。